# TBI

새로운 경영분석 프로그램 TBI를 활용한

# 실전 경영분석

Total Business Intelligence

설동조 · 허정욱 · 양경수
문승권 · 김명호 · 윤선한 지음

부록 경영분석 프로그램 TBI Demo 제공

Business Analysis
TBI

KW 교우미디어

# 「실전 경영분석」을 출간하면서

2008년 미국발 금융위기의 발발로 세계경제에 어두운 그림자가 드리운 지 얼마 되지 않아서 그리스, 이탈리아 등의 유럽발 재정위기는 전세계는 물론, 우리나라에도 많은 영향을 미치고 있다.

이와 같은 경제의 내・외적인 불확실한 상황에 대비하기 위한 가장 확실한 전략은 건전하고, 강한 기업경영의 원칙과 합리적인 경영관리이며, 이를 위해서는 기업 스스로가 경영분석 기법을 통한 항시적인 체크가 필요하다.

지금까지 우리나라 기업은 상당부분 감과 경험을 중시하는 경영을 하였다고 해도 누구도 부인할 수는 없을 것이다. 물론, 감과 경험을 중시하는 경영도 필요한 부분이 있는 것은 사실이지만, 기업의 수치정보를 정량적으로 분석하는 부분도 필요하다. 더구나 의사결정에 적극적으로 활용할 수 있는 환경은 IT의 발달로 더욱 손쉽게 구축이 가능하므로, 기업 관계자는 좀 더 체계적으로 미래 상황을 현명하게 예측하기 위하여 경영의 안정성과 수익성에 관한 정보를 리얼 타임으로 분석하여 적극적으로 활용하여야 할 것이다.

또한, 합리적인 경쟁력을 갖춘 기업으로 성장하기 위해서는 기업의 핵심적인 역량을 계발하여야 하며, 구성원들이 하나의 성장목표를 향해서 매진할 수 있는 경영환경을 구축하여 경쟁력을 확보하여야 한다. 이를 위해서는 경영자는 경영을 재무적 관점에서 철저하게 분석하고, 시장진입 분야에서 경쟁력을 확보하기 위해 어느 정도의 자원을 투입하여야 하며, 또한 자원을 어떻게 조달 및 운용할 것인지에 대한 철저한 분석을 행하지 않으면 기업은 위기에 직면할 것이다.

본서는 기업경영에 있어서 재무적 관점에서 자원을 어떻게 투입하고, 성과를 어떠한 지표에 의하여 관리하는 것이 가장 효과적인가를 컨설팅 경험과 실무를 중심으로 서술하였다. 또한 실전을 위하여 개발한 강력한 경영분석 프로그램을 이용하여 실무적으로 쉽게 배우고, 활용할 수 있도록 구성하였다.

특히, 본서는 재무관리 전문가와 경영관리 전문가 등 각 분야의 실무 전문가가 기업의 경영분석을 재무적 측면뿐만이 아니라, 기업 경영실무자의 입장에서 어떻게 관리하는 것이 기업경쟁력을 유지하고, 지속가능한 기업으로 성장시킬 수 있는가 하는 관점에서 저술하였다.

따라서 본서는 기업경영 실무자나 컨설턴트를 위한 필독서, 대학에서 실무를 위한 부교재 등으로 활용할 수 있도록 만전을 기하였다. 그리고 미비점이 있다면, 앞으로 지속적인 증보를 통하여 보완하여 나갈 것이며, 경영분석 프로그램을 사용자 중심으로 더욱 편하게 개발하여 실무에 도움이 되도록 버전업하여 나갈 것을 약속드리는 바이다. 계정과목 용어는 모두 붙여서 표기하여야 하지만, 독자여러분의 이해를 돕기 위해 띄어쓰기를 하였다.

끝으로 출판에 도움을 주신 도서출판 교우미디어 관계자 여러분께 감사의 말씀을 드린다.

2012.2.25.

저자 일동

※ TBI 경영분석 프로그램에 관한 문의사항은 jbkim05@paran.com으로 하여 주세요.

# 차 례

## Chapter 01 회계의 기본 이해 / 1

01 CHAPTER

# 회계의 기본 이해

## 1.1 회계의 기초 개념

### 1. 회계의 정의

회계란 모든 기업활동을 거래의 요소로 파악하여 통일된 단위로 분류 및 장부에 기입하며, 이를 요약 및 분개, 분석하여 정보 이용자가 필요로 하는 정보를 산출하고, 보고하는 행위라고 할 수 있다. 그리고 기업의 모든 활동을 의미 있는 정보로 가공하기 위해서는 정보단위의 통일이 필요한데 그것이 화폐(돈)이다.

회계의 의미는 회계정보를 이용하는 측면과 생산하는 측면에 따라서 알아보면 다음과 같다.

첫째, 회계정보의 이용측면은 회계정보 이용자의 합리적인 판단이나, 의사결정을 할 수 있도록 기업실체에 관한 유용한 경제적 정보를 식별·측정·전달하는 과정이다.

둘째, 회계정보의 생산측면은 기업실체의 경제적 활동과 관련된 거래나 사건을 화폐액으로 측정·기록·분류·요약하고 그것을 해석하는 기술이다.

### 2. 회계의 원칙

회계원칙(GAAP; Generally Accepted Accounting Principles)이란 회계실무를 행할 때 준수해야 할 행위의 지침으로 기업실무를 이끌어 가는 지도원리가 된다. 회계원칙을 제정하는 이유는 재무제표에 기재된 회계정보의 신뢰성과 유용성을 제고시키기 위해서 필요하다.

회계원칙은 다음과 같은 주요 특징이 있다.

(1) 회계실무의 지침 : 회계원칙은 회계실무에서 준수되어야 할 행위의 지침이 된다.

(2) 일반적 수용성 : 대부분의 사람들에게 지지를 얻고, 받아 들여져야 한다. 즉 보편타당성을 갖는다.

(3) 다수 권위 있는 전문가의 합의 : 회계기준을 정립하기 위해서는 전문가로 구성된 인위적 기구를 구성하여 심도 있는 연구・조사와 토론을 거쳐 제정되었을 경우 공정성과 객관성이 유지된다.

(4) 귀납성(실용성) : 현실적으로 회계실무에 적용해야 하므로 실용성이 있어야 한다.

## 3. 회계의 목적 및 활동

회계는 '외부 이해관계자인 주주나 채권자에게 유용한 정보를 제공하는 것'을 목적으로 한다. 기업회계기준에서는 회계 목적을 '회계는 회계정보의 이용자가 기업실체와 관련하여 합리적인 의사결정을 할 수 있도록 재무상의 자료를 일반적으로 인정된 회계원칙에 따라 처리하여 유용하고 적정한 정보를 제공하는 것을 목적으로 한다.'라고 규정하고 있다.

회계활동이란 기업활동 결과, 거래결과는 분개 및 장부기입 행위를 통해서 회계정보를 기록, 관리, 보고하는 일련의 활동이라고 할 수 있다.

회계활동 프로세스

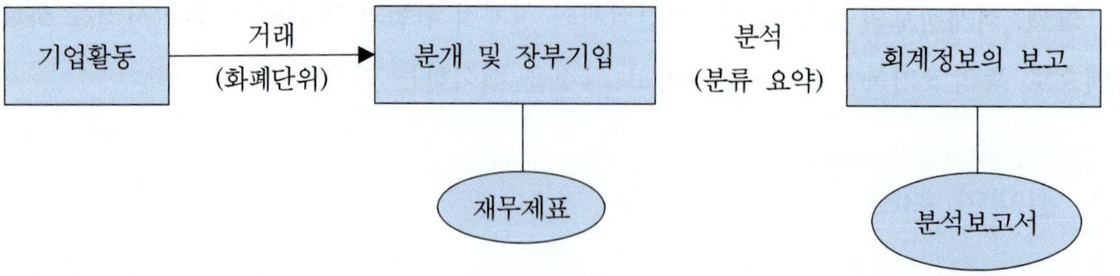

## 4. 회계적 기록

기업의 경영활동은 모두가 기업의 재무상태(자산, 부채, 자본, 수익 또는 비용)에 변동을 가져오는 경제적 효과를 수반하게 된다. 이와 같이 경제적 효과를 가져 오는 기업의 거래를 '회계적 거래'라 한다. 회계적 거래로 인식되기 위해서는 재무상태의 변동액을 합리적인 방법에 의해 객관적으로 측정이 가능하여야 한다.

회계적 거래의 종류는 자본거래와 손익거래로 분류할 수 있다. 먼저 자본거래는 수익이나 비용과 직접적인 관련이 없는 거래로써 자산의 증감거래, 자본의 증감거래, 자산, 부채의 증감거래 그리고 복합적 자본거래로 나타나게 된다.

회계적 거래를 예시하면 다음과 같다.

① 자산의 증감 거래 : 미지급금을 어음으로 지급
② 자본의 증감 거래 : 이익잉여금으로 이익준비금 적립
③ 자산, 부채의 증감 거래 : 부채의 조달 및 상환, 자산매입 후 미지급
④ 복합적 자본 거래 : 배당금을 미지급

그리고 손익거래는 수익이나 비용과 직접 관련이 있는 거래로써 차변에 비용발생, 대변에 수익발생이 되는 분개는 있을 수 없으며, 재무상태표상 각 항목의 변동과 더불어 상대 항목에 비용의 발생 또는 수익이 발생된다.

다시 말하면 재무상태표상의 재무변동만 발생되는 거래는 자본거래이고 손익계산서에 영향을 미치는 거래는 손익거래로 보면 된다. 회계적 거래가 발생하면 회계적 기록을 하여야 하는데 이것을 '분개'라고 한다. 구체적으로 살펴보면 분개란 다음과 같이 설명할 수 있다.

분개는 회계처리로써 기업활동 중 회계적으로 인식된 거래를 장부에 기장하는 방법이다. 장부에 기장(기입, 기록)하기 위해서 계정과목을 사용하며, 이러한 회계적인 거래를 알맞은 계정과목에 기입하는 것이 곧 '분개'이다.

분개를 하는 방법은 다음과 같다.

- 대차평균의 원리(회계등식, 복식부기의 원리) : 재무상태표 등식
  - 자산=부채+자본

■ 거래요소의 결합관계

부기의 8요소인 차변계정과 대변계정의 관계를 도식하여 보자.

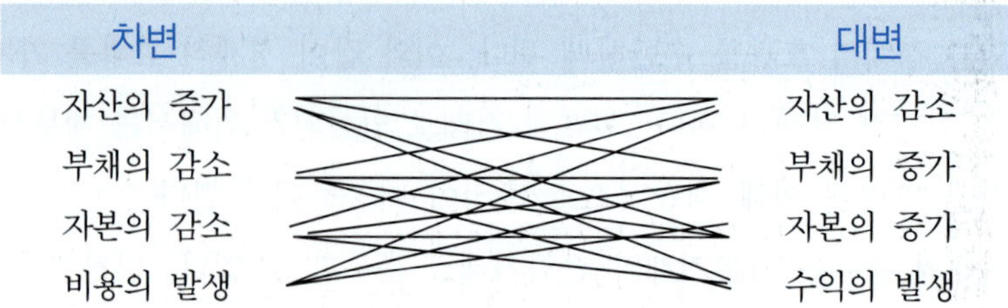


차변계정(자산의 증가, 부채의 감소, 자본의 감소)과 대변계정(자산의 감소, 부채의 증가, 자본의 증가)은 서로의 상대계정으로 사용할 수 있으나, 비용의 발생은 상대계정으로 대변계정(자산의 감소, 부채의 증가, 자본의 증가)을, 수익의 발생은 상대계정으로 차변계정(자산의 증가, 부채의 감소, 자본의 감소)을 교차하여 사용할 수 있다.

## 5. 회계순환과정

회계순환과정이란 회계기간에 맞추어 일정시점의 재무상태와 일정기간의 경영성과를 나타내기 위해서는 회계의 순환과정이 필요하다. 일반적으로 회계거래의 기록, 마감 및 재무제표 작성, 분석, 보고로 순환되어지는데 이것을 '회계순환과정'이라고 한다.

일반적으로 기업에서는 다음의 Cycle로 회계적으로 순환하게 된다.

① 거래의 발생 : 현업부서에서 회계시스템에 입력하여 전표출력(가전표)
② 거래의 발생보고(증빙 첨부) : 전표에 증빙 첨부하여 내부 결제
③ 회계팀으로 전표 발송
④ 회계팀 전표 확인하여 실 전표 확인 처리
⑤ 분개 및 마감
⑥ 재무제표 작성

## 6. 회계시스템의 기본 원리

### 1) 회계시스템의 정의

① 다양한 기업활동 중에서 회계거래를 인식하고 이를 장부에 기록 및 유지, 유용한 정보의 산출 및 보고를 체계적으로 하기 위하여 만들어진 시스템이다.

② 전산화 된 것만이 회계시스템이 아니라, ①에서 기술한 과정을 유기적으로 결합된 인력 및 장부 등에 의해 이루어지는 것이면 수작업으로 처리 하더라도 회계시스템이다.

### 2) 시스템의 개요

(1) 시스템이란 특정한 목적을 가지고, 이를 성취하기 위해 여러 구성인자가 서로 유기적으로 연결되어 목적 달성을 위해 상호작용하는 것이다.

① 특정한 목적 : 회계정보의 기록, 유지 및 보고

② 여러 구성 인자 : 회계거래 인식단위(현업, 재무부문), 기록단위(재무부문), 유지 및 보고단위(재무부문, 기획부문)

③ 상호 유기적 : 각종 자료, 정보가 상호간에 이동이 이루어지고 Feedback이 된다.

(2) 회계시스템의 특징

① 상호간에 Check 기능이 강하다.

② 직접적인 자산의 유출입을 동반하므로 기업내부 경영활동의 견제역할을 한다.

③ 회계기준, 세법, 경제정책 등 기업 외부환경의 영향을 많이 받는다.

④ 회계시스템은 유연성과 확장성을 고려해야 한다.

⑤ 객관적인 정보의 산출 및 Time Speed가 생명이다.

⑥ 회계기간 단위로 종결(마감)되는 시스템이다.
예를 들면, 손익계산서, 현금흐름표, 이익잉여금 처분명세서 등은 회계기간 단위로 종결되고, 그 성과가 재무상태표에 기표되어 다음 회계기간에 영향을 미친다.

⑦ 기업활동의 모든 단위시스템에서 최상위에 위치하고 있다.

### 3) 회계시스템의 업무 FLOW

전표를 입력후 회계시스템에서 마감 작업을 하고 원장 작성, 그후 결산작업을 완료하게 되면 재무제표를 생성하게 된다.

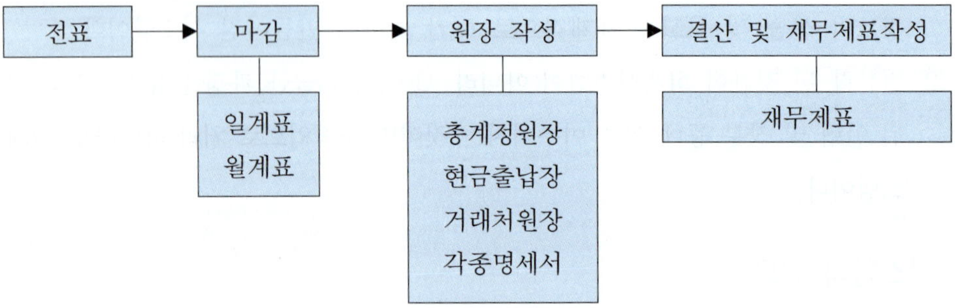


## 7. 회계의 분류

회계의 종류로는 관리회계, 원가회계, 재무회계, 세무회계 등으로 분류할 수 있으며, 이에 대한 정의는 다음과 같다.

### 1) 재무회계

재무회계는 기업의 내부 경영진이나 노조, 외부 이해관계자인 투자자나 채권자 등에게 경제적 의사결정에 유용한 재무정보를 측정・보고하는 것을 목적으로 한다. 또한 재무회계는 여러 가지 유형의 회계정보를 위한 기초자료를 제공하기 위한 기본적인 회계 시스템이다. 재무회계 시스템을 통하여 작성되는 재무제표는 광범위한 이용자를 대상으로 하고 있다는 점에서 '일반목적회계(general purpose accounting)'라 한다.

### 2) 관리회계

관리회계란 기업의 내부 이해관계자인 경영자가 경영의사결정을 하는데 필요한 회계정보를 재무회계 정보를 분석, 가공하여 제공하는 내부보고 목적의 회계를 말하며, 재무회계와 비교하여 다음과 같은 특징을 가지고 있다.

① 통일적인 개념・기준・원칙이 없다.

② 일반적으로 인정된 회계원칙(GAAP)의 지배를 받지 않는다. 즉, 경제적 의사결정의 이론적 관점에 따라 처리된다.

### 재무회계 · 관리회계 · 세무회계의 비교

<table>
<tr><th colspan="2">구 분</th><th>재무회계</th><th>관리회계</th><th>세무회계</th></tr>
<tr><td colspan="2">1. 의의</td><td>• 기업의 재무상태, 경영성과, 현금흐름의 변동을 표시<br>• 외부보고</td><td>• 경영의사 결정을 위한 정보제공<br>• 경영계획 · 통제를 위한 제공<br>• 내부보고</td><td>• 정부재정지원의 조달을 위해 세액을 결정<br>• 세무보고</td></tr>
<tr><td colspan="2">2. 목적</td><td>• 정보이용자의 의사결정에 유용한 정보의 제공<br>• 기업회계기준에 의한 기간손익의 결정</td><td>• 경영자의 관리적 의사결정에 유용한 정보의 제공</td><td>• 세법에 의한 과세소득의 결정</td></tr>
<tr><td colspan="2">3. 보고 대상(정보이용자)</td><td>• 광범위한 이해관계자(외부이용자)<br>• 투자자 · 채권자 등</td><td>• 경영자(내부이용자)</td><td>• 세무서 등</td></tr>
<tr><td colspan="2">4. 기준(원칙)</td><td>• 일반적으로 인정된 회계원칙(기업회계기준서 · 기업회계기준 등)</td><td>• 회계학, 경제이론, 의사결정과학, 행동과학 등</td><td>• 세법(법인세법 · 소득세법 · 부가가치세법 등)</td></tr>
<tr><td colspan="2">5. 모형</td><td>• 회계등식<br>• 회계의 개념적 틀<br>• 목적–공준–질적 특성–기준–규칙</td><td>• 통일된 개념, 원칙, 이론이 없음</td><td>• 세무상 익금과 손금을 결정하여 과세소득을 산출</td></tr>
<tr><td colspan="2">6. 자료수집의 시점 · 방법</td><td>• 거래발생과 동시에 회계장부에 기입</td><td>• 필요에 따라 사전적 · 동시적 · 사후적으로 기록</td><td>• 재무자료(재무제표)에 근거하여 사후적으로 작성</td></tr>
<tr><td rowspan="4">7. 정보</td><td>본질(지향방향)</td><td>• 과거적 정보(과거지향)</td><td>• 과거적 · 미래적 정보(과거 · 미래지향)</td><td>• 과거적 정보(과거지향)</td></tr>
<tr><td>화폐적 · 비화폐적 정보</td><td>• 화폐적 정보</td><td>• 비화폐적 정보도 포함</td><td>• 화폐적 정보</td></tr>
<tr><td>정보의 세부구분 여부</td><td>• 기업 전체로 종합하여 요약</td><td>• 관리적 목적에 따라 부문별 · 제품별로 구분</td><td>• 기업 전체로 종합하여 요약</td></tr>
<tr><td>정보의 정확성 등</td><td>• 정밀하고 정확한 정보로 작성</td><td>• 정보로써 가치와 유용성이 있으면 개략적인 정보로도 작성</td><td>• 정밀하고 정확한 정보로 작성</td></tr>
<tr><td rowspan="3">8. 보고서</td><td>보고양식</td><td>• 재무제표</td><td>• 관리회계 보고서(일정 양식 없음)</td><td>• 세무신고서</td></tr>
<tr><td>보고시점</td><td>• 보통 1년 단위(분기 · 반기로도 보고함)</td><td>• 일별 · 주별 · 월별 · 분기별 · 반기별 · 연도별로 보고될 수 있음</td><td>• 보통 1년 단위</td></tr>
<tr><td>법적 강제 여부</td><td>• 법적 강제가 있음<br>• 회계처리의 자유로운 선택이 억제됨</td><td>• 법적 강제가 없음<br>• 경영자의 관리적 목적에 따라 선택</td><td>• 법적 강제가 있음</td></tr>
</table>

③ 각종 보고서는 경영자의 경영 관리상의 필요에 따라 작성되며, 의무적으로 작성되는 것은 아니다.

④ 비화폐적 정보도 포함되며, 미래적 정보를 강조한다.

⑤ 기업 전체에 관한 정보뿐만 아니라 부문(segment)정보도 중요시한다.

⑥ 정밀성보다는 보고의 적시성이 더욱 강조된다.

⑦ 재무보고는 목적이라기보다는 수단으로 이용된다.

### 3) 원가회계

재무회계를 원가를 산출하기 위한 계정으로 재분류하고, 원가계산 정보를 분리하여 원가계산을 하기 위한 회계를 지칭하는 것이다,

### 4) 세무회계

세무회계는 세법에 근거하여 국가 및 지방자치단체에 납부하는 세금에 대한 회계로 세액의 결정, 세무신고서의 작성, 세무계획의 수립, 세무관리 등을 다루는 회계이다.

## 8. 회계정보의 이용

회계정보를 주로 이용하는 사람은 외부 이용자와 내부 이용자로 나눌 수 있다.

외부정보 이용자는 주주, 채권단, 은행, 정부 등이며, 재무제표, 공시사항(정량적, 정성적), 세무조정, 각종 통계수치를 주로 이용하게 된다. 즉, 내부정보 이용자는 임직원, 노동조합, 경영자 등이며, 손익, 원가, 관리회계적, 성과평가, 미래예측 정보 등을 주로 이용하게 된다. 회계정보가 유용한 정보가 되기 위해서는 우선 객관적(신뢰성)이어야 한다. 둘째, 비교가능성(공간적: 수평, 시간적: 수직)이 있어야 한다. 셋째, 미래 예측성이 있어야 한다. 또한 정보의 이용효과를 높이기 위해서는 정보를 다양하게 비교할 수 있어야 하고, 지속적인 변화관리를 분석할 수 있어야 한다.

정보의 비교가능성과 시계열분석이 가능하기 위해서는 회계의 기본원칙이 필요한데, 일반적으로 인정된 회계원칙(GAAP)으로는 기업회계기준, 국제회계기준 등이 있는데, 이 때 정보의 객관성을 높이기 위해 외부감사제도, 감리제도 등 공정한 기관의 감사가 필요하다.

정보의 이용자 그룹별 이용정보

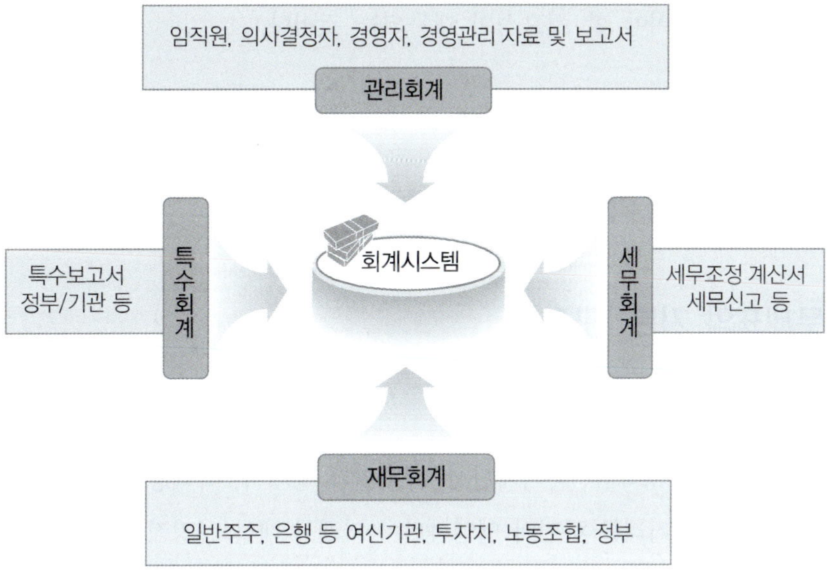


## 9. 회계의 장 · 단점

기업의 생산량, 불량률과 같이 수량, 길이, 비율 등은 유용한 정보이지만 화폐로 측정이 불가능한 요소들이 매우 많다. 즉, 기업의 모든 활동이 화폐로 측정될 수 있는 것은 아니다. 그래서 비수치로 표현되는 정성적인 회계정보는 공시를 통해서 외부정보이용자(특정사업 부문 매각, 합작 등 중요한 경영상의 정보)에게 전달하기도 한다.

비록 화폐로 측정이 된다하더라도 R&D비용 등은 실제 지출된 비용과 투자의 가치가 다르며, 이를 회계에서는 효과적으로 측정하지 못한다. 따라서 계량적 회계수치만으로 나타나는 처리결과는 불완전한 정보일 수 밖에 없다. 특히 벤처기업들처럼 기술력이 중심이 되는 회사는 기술개발을 위한 투자가 금전적 · 물질적 · 정신적인 것 등등 정성적 요인에 대한 객관적 측정이 불가능한 부분이 많기 때문에 벤처기업이 담보제공에 어려움을 겪는 것이다.

회계정보는 기업의 완전한 재무적 정보를 주는 것이 아니다. 불확실하고 부정확한 회계정보인 점을 인정하기 때문에 객관성이 부족할 수 있다.

이러한 한계에도 불구하고 경영상태를 객관적으로 비교 가능한 수준으로 제공하는 것은 회계정보밖에 없기 때문에 모든 기업들은 회계처리에 대해서 더 명확하고 분명하게 이해하고 관리하여야 할 필요성이 대두되는 것이다.

## 1.2 재무제표의 기본

### 1. 재무제표의 기본 개념

#### 1) 재무제표의 의의

재무제표에는 재무상태표, 손익계산서, 제조원가 명세서, 이익잉여금 처분계산서 및 현금흐름표가 있다. 거래를 하면서 영업사원이 거래처 대한 안정적인 거래를 유지하기 위해서 거래처에 대한 재무현황을 알고자 하며, 이 재무정보는 기업의 재무상태를 나타내는 재무상태표와 경영성적을 나타내는 손익계산서를 통하여 얻을 수 있다. 물론 이익잉여금 처분계산서나 현금흐름표도 알면 도움이 될 수 있지만, 전자는 경영활동의 결과로 남은 이익을 배당할 계획인지, 또는 사내에 적립할 계획인지를 나타내는 것으로써 과거에 자금운용표 또는 재무상태변동표라는 보고서 명칭이 변화한 것으로써 현금의 원천과 현금의 사용내역을 표시한다.

또한 재무상태표는 회사는 얼마의 현금을 보유하고 있는지, 또한 자산을 얼마나 소유하고 얼마의 빚을 지고 있는가? 그리고 회사가 무엇을 소유하고 있고, 지불해야 할 금액이 얼마인가와 같은 중요한 정보를 알 수 있다.

#### 2) 재무제표의 유용성

재무제표는 기업의 재무상태를 파악할 수 있는 표로써 다음과 같은 경우에 효과적으로 활용할 수 있다.

① 지불능력은 있는가? 즉, 자산이 부채보다 많은가? 만일 회사가 내일 당장 청산이라도 된다면 오너는 그 동안의 노력을 보상받을 만한 뭔가를 소유하고 있는가? 재무상태표는 이러한 질문에 대해 현재 기업의 지불능력이 어느 수준에 있는지를 개략적으로 파악할 수 있게 해준다.

② 유동성은 충분한가? 단기부채를 감당하기에 충분한 현금과 현금으로 전환할 수 있는 다른 유동자산을 보유하고 있는가? 다음 영업기에 돌아올 청구서들을 결제할 능력이 있는가?

③ 회사의 자산은 무엇으로 구성되어 있는가? 재무상태표는 현금, 또는 단기투자 형태의 자산을 얼마나 보유하고 있는지, 받아야 할 채권은 얼마나 있는 지를 알려주며, 재고나 공장설비에 현금이 얼마나 묶여있는가를 나타낸다.

④ 회사의 자산에 대해 청구할 권리는 누구에게 있는가? 물론 재무상태표에 그 이름이 나타나 있지는 않다. 그러나 재무상태표는 회사에 제품이나, 그 외의 물품을 판매한 판매자나 자금을 빌려준 대출자, 국세, 종업원의 급여 및 퇴직금 등 다양한 종류의 채권자들이 받아야 할 금액이 얼마인지를 보여준다.

재무제표의 유용성은 다음과 같다.

① 기업 등 경제적 실체(economic entity)의 재무상황을 기록하여 재무회계의 기초가 된다.

② 정보이용자(이해관계자)의 의사결정에 유용한 정보가 된다.

③ 경영자가 회계정보를 관리적으로 이용하는 데에 도움이 되어 관리회계의 기초가 된다. 즉, 경영자가 기업목적을 달성하기 위하여 효과적・효율적인 경영계획의 수립과 경영통제를 수행하는 데에 도움이 된다.

④ 정보이용자 간의 이해관계 조정을 위한 정보를 제공한다.

⑤ 경제통계의 중요 자료가 된다.

⑥ 정부의 경제정책 수립, 물가관리, 정부 규제, 가격 결정 등에 도움이 되는 정보를 제공한다.

⑦ 과세의 기초자료가 된다.

⑧ 투자자를 위한 기업의 투자 및 투자에 대한 이익 배당의 기초자료가 된다.

⑨ 기업의 부채의 차입, 합병, 영업 양수도, 파산 또는 회사정리 등에 중요한 자료가 된다.

⑩ 기업의 재무상황을 활용한 재무분석, 기업평가(경영평가)의 중요자료가 된다.

### 3) 재무제표의 한계

① 일반적으로 인정된 회계원칙에 의하여 재무제표가 작성되므로, 현행의 기업회계기준 자체의 한계가 바로 재무제표의 한계가 되고 있다.

② 재무상태표 계정, 특히 자산을 시가(현행가치)로 표시하지 않고 있어 화폐가치의 변동을 무시하고 있다.

③ 많은 질적 정보 또는 비계량적 정보가 생략되고 있다.

④ 많은 추정(estimates)이 적용된다.

⑤ 대체적 회계방법(alternative accounting methods)이 다수 인정되고 있다.

⑥ 재무제표간의 연계성(articulation)으로 인한 문제가 있다.

⑦ 발생주의 원칙으로 인한 정확한 현금 유동성의 표현에 한계가 있다.

### 4) 재무제표의 분석시 유의사항

① 매출액 대비하여 재고자산이 과다한 재무제표

② 총자산 중 재고자산이 과다한 재무제표

③ 주석사항의 공시가 허술한 재무제표

④ 공인회계사의 감사의견이 한정, 의견거절, 또는 부정적인 재무제표

⑤ 빈번한 회계변경으로 당기순이익 및 이익잉여금을 증가시킨 재무제표(감가상각방법의 변경 등)

⑥ 최근 계속적인 적자로 자기자본 잠식상태인 기업이 근소한 당기순이익을 보고한 재무제표

⑦ 영업이익은 결손(−)이나, 당기순이익(+)이 발생한 재무제표

⑧ 2~3년 전부터 매출액은 감소하였으나, 당기순이익이 증가한 재무제표

## 2. 재무제표의 종류

'기업회계기준'에 의하면 재무제표(F/S)는 크게 네 가지로, ① 재무상태표(B/S), ② 손익계산서(P/L), ③ 이익잉여금 처분계산서 또는 결손금처리 계산서, ④ 현금흐름표 등이 있다.

### (1) 재무상태표(balance sheet)

기업의 일정시점 재무상태를 표시하는 표로 자산, 부채, 자본을 표시한다. 현재 및 미래에 대한 수지분석을 파악할 수 있는 기업의 재정상태를 알 수 있는 표이다.

### (2) 손익계산서(incom statement, profit and loss statement)

기업의 일정기간 경영성과를 표시하는 표로 수익, 비용, 순이익(순손실)을 표시한다. 기업의 손익결과를 표시하는 표이다. 일정기간의 영업활동, 투자활동, 재무활동의 결과를 표시하는 표이다.

### (3) 이익잉여금 처분계산서(statement of appropriation of retained earnings)

기업의 일정기간 경영성과에 대한 이익잉여금의 처분내용을 표시하는 표로 처분전 이익잉여금이 배당금, 법정적립금, 임의적립금 등으로 얼마나 처분되었는가를 나타낸다. 주식회사일 경우에는 주주에 대한 배당액이 표시되며, 투자자들이 투자한 자본에 대하여 배당액을 알 수 있는 표이기도 하다.

### (4) 현금흐름표(statement of cash flows)

기업의 현금흐름(cash flows)을 나타내는 표로 일정기간의 현금 원천(유입)과 운용(유출)을 영업활동·투자활동·재무활동으로 나누어 표시하며, 기초현금·기말현금도 표시하므로써 기업이 운용하고 있는 현금의 유동성을 파악하게 하여주는 표로 현재 기업의 현금보유 및 지출에 대하여 파악이 가능한 표이다.

재무제표의 종류와 기능

| 기초 재무상태표 | | 기말 재무상태표 |
|---|---|---|
| | 손익계산서(제조원가 명세서 포함)<br>(일정기간의 경영지출 성과를 나타낸다 ) | |
| | 이익잉여금 처분계산서<br>(이익잉여금의 활용내용을 나타낸다) | |
| | 현금흐름표<br>(기업의 현금유동흐름을 보여 준다) | |

### 1) 재무상태표(B/S)

재무상태표는 기업의 재무상태, 즉 보유재산상태, 갚아야할 부채, 받아야할 채권를 표시하는 표로써 기업의 입장에서 자기의 재정상태를 파악하게 하는 표가 바로 재무상태표이다. 재무상태표라는 말을 재산상태표, 또는 재무상태표의 역할을 하므로 일정한 기록관리 체계가 있다.

재무상태표가 표시하고 있는 기업의 순재산은 자본을 의미하며, 자본은 기업의 자산에서 부채를 차감하여 계산된다. 그러므로 재무상태표는 기업의 재무상태를 나타내는 자산 · 부채 · 자본의 금액이 각기 얼마이며, 각각의 세부적인 구성내역은 무엇인지를 보여주는 표라고 할 수 있다.

자산 = 부채 + 자본

#### (1) 자산(Assets)

회계에서 쓰이는 자산이라는 용어는 우리가 일상적으로 사용하고 있는 재산이라는 말과 비슷하다. 재산이란 현금 · 예금 · 증권 · 채권 · 건물 · 자동차 · 토지 · 저작권 같은 모든 동산 및 부동산, 각종 유무형의 법적 권리 등 금전적 가치가 있는 물건 및 권리를 의미한다.

자산은 기업이 가지고 있는 각종 재산(현금, 상품, 비품, 건물 등)과 채권(외상매출금, 대여금, 미수금 등) 및 무형의 권리(특허, 지적재산권 등)를 모두 합한 개념이다. 자산은 유동자산, 투자와 기타자산, 비유동자산 및 이연자산을 유동성이나 환금성의 정도에 따라 구분하여 재무상태표에 표시된다. 구체적으로 1년 이내에 현금화되는 자산을 유동자산, 1년을 초과하는 자산을 비유동자산으로 구분한다.

투기목적을 갖는 관계회사 유가증권, 투자부동산 등의 투자자산과 장기대여금, 전세권 등과 같은 기타자산을 '투자와 기타자산'이라 한다. 또한 지출의 효과가 차기 이후의 기간까지 계속 영향을 미치는 해당기간 중 분할하여 비용으로 처리하기 위하여 이연자산(창업비, 신주발행비, 시험연구비)으로 구분한다.

##### ① 유동자산

유동자산이란, 영업순환과정에서 1년 이내에 직접 또는 간접으로 현금화되는 자산을 말한다. 유동자산은 현금화의 용이성에 따라 당좌자산, 재고자산, 기타 유동자산으로 분류된다.

가. 당좌자산

당좌자산은 유동자산 중 환금성이 가장 높은 것으로써 판매과정을 거치지 않고, 단기간 내에 현금화하여 화폐로 상환할 수 있는 자산을 말한다. 이에 속하는 자산으로는 현금과 예금, 유가증권, 매출채권(외상매출금, 받을어음 등), 기타 당좌자산 등이 있다.

- 현금과 예금 : 현금은 기업이 보유하고 있는 상거래상의 통화나 주화 및 은행을 통하여 자유로이 교환할 수 있는 타인발행 당좌수표, 송금환어음, 송금수표, 전신환 및 통화대응증권이 포함된다. 예금에는 금융기관에 대한 각종의 예금, 적금, 금전신탁이 포함된다.
- 유가증권 : 유가증권은 자금운용의 수단을 위하여 매입한 증권으로 기업이 일시적으로 보유하고 있는 시장성 있는 자산으로써 국채증서, 지방채증서, 공채증서, 사채권, 주권 등을 말한다.
- 외상매출금 : 외상매출금은 상품, 제품, 원료 등 영업의 주거래 대상인 물품을 신용을 바탕으로 외상 판매함으로써 발생하는 채권으로써 미수액과 임가공 등 용역제공에 의한 영업상의 미수채권을 말한다.
- 받을어음 : 받을어음은 상품 및 제품의 매출대금, 외상매출금에 대한 현금 대신 받은 타인발행의 약속어음, 또는 당좌어음의 경우와 같은 거래처와의 신용거래 결과 취득한 어음상의 채권, 즉 일반적인 상거래에서 발생한 어음채권을 말한다.
- 기타 당좌자산 : 상기에서 열거한 항목 이외의 당좌자산에 속하는 계정으로 금액이 작은 계정을 계정 코드화 하지 않고, 기타로 처리한 당좌자산을 말한다.

나. 재고자산

재고자산은 기업이 판매, 또는 제조를 목적으로 보유하는 자산으로써 판매과정을 거쳐서 현금화가 가능하다. 이에 속하는 자산으로는 상품, 제품 및 반제품, 원재료, 기타 재고자산 등이 있다.

- 상품 : 상품이란, 기업이 판매를 목적으로 보유하고 있는 일체의 물품을 말하며, 미착상품, 적송품도 이에 포함된다.

- 제품 : 제품은 제조 작업이 완료되어 판매가능 상태에 있는 완성품을 말하며, 제품의 제조과정에서 발생하는 부산물과 작업폐물도 이에 해당된다.
- 반제품 : 반제품은 이미 상당한 가공을 끝내고, 그 자체가 판매 또는 저장 가능 상태에 있다는 점에서 재공품과 구별된다.
- 재공품 : 제품 또는 반제품을 제조하기 위하여 재공과정에 있는 것으로 한다.
- 원재료 : 원재료란 제품생산에 소비할 목적으로 외부에서 매입한 모든 소재 적재화 중에서 아직 제조과정에 투입되지 아니한 것을 말하며, 지급재료와 자사 가공재료도 매입재료와 같이 원재료에 포함시킬 수 있다.
- 기타 재고자산 : 상기 항목 이외의 재고자산을 합하여 기재하며, 이에는 재공품, 저장품이 포함된다. 재공품은 제품 또는 반제품의 제조를 위하여 재공과정에 있는 것을 말하며, 저장품은 소모품과 소모공구, 기구, 비품 및 수선용 부분품 등을 말한다.
- 선급금 : 선급금은 상품, 원재료 등의 매입을 위하여 선급한 금액으로 한다.
- 선급비용 : 선급된 비용 중에서 1년 내의 비용으로 되는 것으로 한다.
- 기타 유동자산 : 상기의 자산에 속하지 않는 유동자산을 말한다.

② 비유동자산

비유동자산은 전매를 목적으로 하지 않고, 영업활동 또는 투자활동, 재무활동을 위하여 비교적 장기간 계속하여 사용할 목적으로 취득한 자산을 말한다. 비유동자산은 장기간 기업내부에 고정화되어 경영수단으로 반복 사용되어도 그 형태가 급격한 변화를 가져오지 않은 자산을 말한다. 비유동자산은 존재형태에 따라 유형자산과 무형자산으로 분류한다.

가. 투자자산 및 기타자산

투자자산은 순수하게 투자를 목적으로 소유하는 관계회사 유가증권과 시장성이 없는 유가증권과 시장성이 있더라도 자본참가의 목적 없이 보유하게 된 유가증권 등 보유가 장기화되는 투자자산을 말한다.

- 장기성예금 : 만기일이 1년이 넘는 장기의 예금을 말한다.
- 투자유가증권 : 1년 이상 장기로 보유하는 유가증권으로 투자목적으로 소유하는 주식 · 사채 및 국 · 공채 등으로 한다.

- 관계회사 유가증권 : 관계회사 주식, 관계회사 채권, 관계회사 출자금 등으로 한다.
- 투자부동산 : 투자부동산은 임대료 수익을 얻을 것을 목적으로 소유하는 임대부동산과 장래의 가격 상승을 예상한 투기적 목적으로 소유하고 있는 토지 등을 말한다.
- 기타 투자자산 : 상기에 속하지 않는 투자자산을 말한다.
- 장기성 대여금 : 1년 안에 회수하지 않는 장기대여금, 주주, 임원, 종업원 장기대여금, 관계회사 대여금 등을 말한다.
- 장기성 받을어음 : 발행일로부터 만기일이 1년이 넘는 받을어음을 말한다.
- 특정현금과 예금 : 사용이 제한되어 있는 현금과 예금을 말한다.
- 전세권 : 전세권을 지급하는 타인의 부동산을 사용하는 권리를 말한다.
- 임차보증금 : 타인의 부동산, 또는 동산을 사용하기 위해 지급하는 보증금을 말한다.
- 영업보증금 : 타인이 생산한 상품을 판매하기 위하여 지급하는 보증금을 말한다.
- 부도어음 : 지급거절로 인하여 지급기일이 1년이 경과한 받을어음을 말한다.
- 기타 : 투자자산, 유형비유형자산, 무형비유형자산, 이연자산 등에 속하지 않는 자산을 말한다.

나. 유형자산

유형자산은 구체적 형태를 가지고 있는 토지, 건물, 구축물, 기계장치, 차량, 선박, 운반구 및 건설중인 자산 등으로 기업이 보유하며, 대출을 받을 시에 담보의 역할을 할 수 있는 자산을 말한다.

- 토지 : 토지는 영업용과 투자용 또는 전매용 및 자원용으로 구분되는데, 이중 유형자산으로 처리되는 것은 영업용과 자원용 토지이다. 영업용 토지는 공장, 사무소의 대지, 운동장, 임야, 전답, 삽종시 등이다.
- 건물 · 구축물 : 건물은 기업이 영업 · 생산목적으로 토지 위에 건설한 건축물과 그 일부인 영속적 부속설비를 말하며, 구축물은 토지에 정착하는 토목설비 또는 공작물을 총칭한다.
- 기계장치 : 기계장치에는 일반기계 장치와 컨베이어, 기중기 등의 운반설비, 그리고 이와 관련된 기타의 부속설비를 포함한다.

- 차량·선박·운반구 : 차량, 선박, 운반구는 철도차량, 자동차 및 기타의 육상운반구와 선박, 선박 부대시설 및 기타의 수상운반구를 포함한다.
- 건설중인 자산 : 건설을 목적으로 재료와 기계설비의 매입을 위해 지출을 하였으나, 현품이 도착하지 아니한 경우에 건설을 완료할 때까지 지출된 비용을 일시적으로 처리하기 위한 계정을 말한다. 이 계정을 건설이 완료되거나, 현품이 도착하면 각각 해당 유형자산계정(건물)로 대체 처리한다.
- 기타 유형자산 : 상기한 항목 이외의 유형자산을 합계하여 기재한다.

다. 무형자산

무형자산은 구체적 형태는 없으나, 장기에 걸쳐 경영에 이용됨으로써 특별수익을 얻을 수 있는 권리로써 영업권, 4대 공업소유권(특허권, 실용신안권, 의장권, 상표권), 차지권, 어업권, 광업권 등이다.

- 영업권 : 합병, 영업양수 및 전세권 취득 등의 경우에 유상으로 취득한 것을 말한다.
- 4대 공업소유권(특허권, 실용신안권, 의장권, 상표권)
- 차지권 : 임차료, 또는 지대를 지급하고 토지를 사용할 수 있는 권리를 말한다.
- 어업권 : 수산업에 의하여 어업을 경영할 권리를 말한다.
- 광업권 : 광업법에 의하여 광물을 취득할 수 있는 권리를 말한다.
- 창업비 : 회사 설립을 위한 설립비용, 발기인의 보수와 설립 등기비 등을 포함한다.
- 개업비 : 회사 설립일로부터 영업 개시일까지 발생한 개업준비를 위한 비용을 말한다.
- 신주 및 사채 발행비 : 신주(사채) 발행 수수료와 신주(사채) 발행시 발생한 기타 비용을 말한다.
- 시험연구비 : 신제품, 신기술 연구 등을 위한 비용으로써 경상적이 아닌 것을 말한다.
- 환율조정차 : 장기외화채권 및 장기외화채무에 대한 임시거액의 외화평가손실로써 차기 이후의 기간에 배분처리하기 위해 설정되는 계정을 말한다.

### (2) 부채(Liabilities)

회사가 영업활동·투자활동·재무활동을 위해서 자산을 취득하는 데에는 자본이 필요하고, 이를 위해 외부의 자금을 조달하여야 한다. 이때 자금을 조달하는 방법으로는 크게 자금을 차입하는 방법(부채)과 주주들로부터 자금을 납입하게 하는 방법(자본)이 있다.

부채는 기업의 지급능력의 대소와 상환기일 기준으로 보통 1년을 기준으로 유동부채와 비유동부채로 구분한다.

① 유동부채

유동부채는 상거래상의 영업상 채무와 1년 이내에 지급기일이 도래하는 부채로 구성된다. 유동부채에서는 지급어음, 외상매입금, 단기차입금, 미지급금, 선수금 및 단기의 부채성 충당금 등이 있다.

- 지급어음 : 일반적 상거래에서 발생한 어음상의 채무로 당좌어음을 발행한 경우나, 환어음을 인수한 경우에 발생한 채무를 말한다.
- 외상매입금 : 일반적 상거래에서 발생한 매입대금 중 지급을 하지 않은 외상 거래를 말하며, 미지급액과 영업비용의 미지급액을 말한다.
- 단기외국차관 : 지급기일이 1년 이내에 도래하는 외국으로부터의 차입금을 말한다.
- 단기은행차입금 : 당좌차월 등 지급기일이 1년 이내에 도래하는 은행으로부터의 단기성 차입금을 말한다.
- 기타단기차입금 : 1년 이내에 상환기일이 도래하는 단기성 차입금으로 은행 이외로부터 증서, 또는 어음차입의 형식으로 차입한 것을 말한다.
- 기타유동부채 : 상기 이외의 부채로써 미지급금, 미지급비용, 선수금, 예수금, 선수수익, 상품권 등 1년 이내에 사용되는 부채성 충당금을 말한다.

② 비유동부채

비유동부채는 장기성 부채로 지급기한이 1년을 넘는 부채이다. 비유동부채에는 사채, 외국차관, 장기차입금, 관계회사 장기차입금 및 부채성 충당금이 속한다.

- 사채 : 주식회사가 당해 회사의 확정채무임을 표시한 증권을 발행하여 불특정 다수인으로부터 좌당 균일한 금액을 장기간 차입하는 경우에 발생하는 채무를 말한다. 또는 사채시장에서 자금을 조달한 경우를 말하므로 이에 유의하여야 한다.
- 외국차관 : 상환기간 1년을 초과하는 차관은 물론이고, 상환기간이 3년을 넘기는 장기차관도 포함된다.
- 장기차입금 : 상환기간 1년을 넘기는 은행차입금을 말한다.

- 부채성충담금 : 1년 후에 사용되는 장기성 충담금으로 퇴직급여 충담금, 특별수선 충담금, 기술개발 준비금 등이 있다.
- 기타 비유동부채 : 상기한 비유동부채 중에서 지급기한이 1년 이상인 장기부채 중, 제외된 항목 이외의 것을 말한다.

### 3) 자본(Stockholders's Equity)

사업을 시작하기 위해서, 또는 사업 중에 사업주가 투자하는 자금을 말한다.

회계에서 자본이란 말은 기업의 소유주, 또는 주주가 사업을 위해서 회사에 납입한 자금을 의미하는 자본금과 사업을 하면서 투자한 금액보다 늘어난 부분(예: 이익)을 의미하는 잉여금을 포함한다.

이러한 자본은 자산에서 부채를 차감한 나머지로써 순수한 의미로 '순재산' 또는 '자기자본'이라고 하며, 이는 회사의 주주들에게 돌아가는 몫을 의미한다. 자본은 크게 자본금, 자본잉여금, 이익잉여금 및 자본조정으로 분류된다.

- 자본금 : 소유주나 주주가 기업에 투자한 원금
- 자본잉여금 : 자본거래에 의해 발생한 잉여금으로, 주식발행 초과금, 합병차익, 감자차익, 기타 자본잉여금이 있다.
- 이익잉여금 : 영업활동에 의해 이익으로 배당하지 않고, 내부에 발생한 유보한 잉여금으로 이익준비금, 기타 법정적립금, 임의적립금, 차기이월 이익잉여금이 있다.
- 자본조정 : 자본에 대한 가감항목으로 주식할인 발행차금, 배당건설이자, 자기주식 등

## 3. 재무상태표의 구성

재무상태표를 자금의 사용이라는 측면에서 분석하여 보면, 부채와 자본은 자금을 어디에서 조달하였는지를 나타내는 것이며, 자산은 그렇게 조달된 자금이 어떤 용도로 사용되어 어떤 상태로 남아 있는지를 나타낸다. 그리고 부채는 다른 사람으로부터 돈을 빌려서 자금을 조달하였다는 의미이며, 자본은 자기가 사업을 위하여 출자하였거나, 사업에서 남은 이익으로 가져가지 않고 모아 둔 금액을 나타낸다.

재무상태표는 현재와 미래의 자금능력과 지급되어야 하는 부채를 보여지는 표이다.

### 재무제표의 구성도

| 자산 | 부채 |
|---|---|
| | 자본 |
| 미래의 사용처에 대한 자금현황 | 자금을 갚아야 할 금액과 자본현황 |

물론 자산총액은 부채와 자본총액의 합과 일치하며, 일반적인 재무상태표의 형식은 다음 표와 같다.

### 재무상태표

2011년 12월 31일 현재

(단위 : 천원)

| 자 산 | | 부채와 자본 | |
|---|---|---|---|
| 과 목 | 금 액 | 과 목 | 금 액 |
| I. 유동자산 | (54,815) | I. 유동부채 | (31,225) |
| (1)당좌자산 | (48,135) | 1. 매입채무 | 4,507 |
| 1. 현금및현금등가물 | 5,345 | 2. 단기차입금 | 17,351 |
| 2. 유가증권 | 10,572 | 3. 미지급금 | 1,065 |
| 3. 매출채권 | 29,955 | 4. 유동성장기부채 | 5,303 |
| 4. 선급금 | 45 | 5. 기타 | 2,999 |
| 5. 선급비용 | 473 | II. 비유동부채 | (15,881) |
| 6. 기타 | 1,745 | 1. 사채 | 7,280 |
| (2)재고자산 | (6,680) | 2. 장기차입금 | 682 |
| 1. 상품·제품·반제품 | 4,512 | 3. 퇴직급여충당금 | 7,675 |
| 2. 재공품 | 465 | 4. 기타 | 244 |
| 3. 원부재료 | 1,570 | 부채 총계 | 47,106 |
| 4. 기타 | 133 | I. 자본금 | (7,350) |
| II. 비유동자산 | (17,173) | II. 자본잉여금 | (900) |
| (1)투자자산 | (8,144) | (재평가적립금) | |
| 1. 장기금융상품 | 1,196 | III. 이익잉여금 | (16,632) |
| 2. 투자유가증권 | – | (차기이월이익잉여금) | (16,632) |
| 3. 출자금 | 287 | (당기순이익: 3,099) | |
| 4. 보증금 | 1,223 | 자본 총계 | 24,882 |
| 5. 퇴직보험예치금 | 5,438 | | |
| (2)유형자산 | (8,745) | | |
| 1. 토지 | 2,936 | | |
| 2. 건물·구축물 | 4,785 | | |
| 3. 기계장치 | 512 | | |
| 4. 차량운반구 | 139 | | |
| 5. 공구·기구·비품 | 360 | | |
| 6. 건설중인 자산 | 13 | | |
| (감가상각누계액 계) | (4,689) | | |
| (3)무형자산 | (284) | | |
| 자산 총계 | 71,988 | 부채와 자본 총계 | 71,988 |

재무상태표는 일반적으로 계정식과 보고식의 두 가지 표기법이 있는데, 위에서 예를 든 형식처럼 자산을 표의 왼쪽, 부채와 자본을 표의 오른쪽에 표시하는 방식(계정식)이 있으며, 또 하나는 왼쪽과 오른쪽으로 나누지 않고 자산을 먼저 기재한 후에 이어서 부채와 자본의 순서대로 표시하는 방식(보고식)도 있다.

오늘날 재무제표에서는 일반적으로 전자를 보편적으로 사용하고 있기 때문에 후자에 대한 설명은 생략하고, 전자의 재무상태표에서 주로 사용하는 용어에 대해서 간단하게 설명하기로 한다.

### 1) 단기 / 장기

일반적으로 장·단기를 구분하는 기준은 법률적으로도 명확히 규정하고 있지 않다. 기록을 하는 사람마다 장·단기를 기준으로 정하여 구분할 수도 있고, 또 구분할 필요가 굳이 없을 수도 있다. 그러나 회계에서는 이를 1년 기준으로 명확히 구분하고 있다. 회계에서 이를 구분하는 이유는 같은 외상대금이라 하더라도 다음 달에 받을 것과 1년 후에나 받을 수 있는 가치가 같다고 볼 수 없는 것처럼, 같은 자산이나 부채라도 그것이 장·단기에 따라 현재의 가치가 다르기 때문이다.

회계원리에서의 장·단기 구분은 1년을 기준으로 한다. 즉 사업기준일을 기준으로 1년 이내에 현금화할 수 있거나, 기일이 도래하는 자산이나 부채는 단기성 자산·부채로 보며, 그렇지 않은 것은 장기성 자산·부채로 판단한다. 이것을 1년 기준이라고 하며, 재무상태표의 모든 과목은 1년 기준에 따라 과목의 이름도 다르게 쓰며, 배열방법도 다르게 한다.

### 2) 유동자산 / 비유동자산

기업경영에서 쉽게 현금화할 수 있거나(물론 1년 이내), 팔려고 가지고 있는 자산도 있고, 생산설비나 기업이 보유하고 있는 시설 등 기업 고유의 활동을 위하여 계속 사용하려고 보유하고 있는 자산도 있다. 회계원리에서는 1년 기준을 적용하여 1년 이내에 현금화할 수 있거나, 그러한 목적으로 보유하고 있는 자산을 '유동자산'이라고 하고, 1년 이내에 현금화할 수 없거나, 현금화를 목적으로 보유하고 있는 것이 아닌 생산설비나 기업이 보유하고 있는 시설 등을 '비유동자산'이라고 한다.

유동자산에는 현금과 예금, 유가증권, 매출채권(외상매출금, 받을어음), 판매하기 위하여 보유하고 있는 상품・제품・부품・원재료와 같은 재고자산 등이 있다. 그리고 비유동자산에는 토지, 건물, 기계장치, 비품 등과 같이 생산활동이나 기업이 보유하고 있는 자산이 있다.

유동자산과 비유동자산의 구분은 어떤 자산이냐가 중요한 것이 아니라, 보유하고 있는 목적이 무엇이냐가 중요한 기준이 된다.

예를 들면, 자동차 대리점을 하는 사업자가 고객에게 판매하기 위해서 자동차를 구입하여 전시하였다면, 그 자동차는 유동자산(재고자산)에 포함되고, 사업주가 직접 운행을 하고 있으면 그 자동차는 비유동자산(비품)에 포함된다.

또 하나의 예는 목장에서 기르는 소의 경우를 계정과목으로 분류하여 보면, 송아지를 낳아 기르는 소의 수를 늘리기 위하여 기르고 있는 암소는 생산활동(송아지 출산)을 위해 보유하고 있는 자산이므로 비유동자산으로 분류한다. 그러나 길러서 식용으로 팔기 위한 경우는 영업목적용 재고자산으로 분류한다.

### 3) 매출채권(외상매출금 / 받을어음)

일반적 거래는 현금보다는 외상으로 물건을 사고 파는 것이 더 일반적이다. 더구나 기업 간의 거래에 있어서는 물건거래 시에  현금을 지급하는 것이 아니라, 신용을 기반으로 하여 어음이나 외상으로 거래를 이루어지고 있는 현실이다.

외상매출금은 재화 또는 용역, 상품을 판매・제공하고, 그 금액를 나중에 받기로 함에 따라 발생한 매출채권이다. 즉 외상매출금은 일반적으로 말하는 외상대금을 말하며, 이는 나중에 받을 권리가 생긴 것으로 상대방에 대한 청구권을 나타내며, 그 채권을 입증하는 구체적인 증서가 존재하는 것은 아니다.

반면에 받을어음은 어음용지 상에 발행인이 그 어음을 소지한 사람에게 일정한 금액을 지급하겠다는 약속을 기재한 은행이 보증하는 유가증권이다. 따라서 받을어음은 외상매출금과는 달리 쉽게 다른 사람에게 양도할 수 있으며, 일정한 이자를 지급하고 미리 현금으로 바꿀 수도 있다. 전자를 어음의 배서(또는 이서)라고 하며, 후자를 어음의 할인이라고 한다.

### 4) 상품 / 제품

일반적으로 사고 파는 물품을 상품이라고 하고, 재료를 투입하여 만든 물품을 제품이라고 한다. 즉 만든 물품인 제품도 시장 출시를 위해 사고 파는 대상이 되면 상품이 된다. 그런데 회계에서는 상품과 제품을 사전적인 의미와는 약간 다르게 사용하고 있다. 상품은 다른 사람이 만든 제품을 구입해서 보유하고 있는 재고자산이며, 제품은 자기가 직접 제조하여 판매하려고 보유하고 있는 재고자산이다. 즉 회계에서는 누가 물품을 제조하였는가에 따라 상품과 제품을 구분한다.

상품과 제품처럼 판매를 위하여 보유하고 있는 자산이나 제조 시에 사용하기 위하여 구입한 원재료 등을 포함하여 '재고자산'이라 한다. 또한 제품의 원가는 제조원가라고 하는데 비하여, 상품은 외부에서 구입한 것이므로 상품의 원가는 제조원가라고 하지 않고 매입원가라고 한다.

### 5) 유동부채 / 비유동부채

유동부채와 비유동부채의 구분은 자산의 구분기준과 마찬가지로 1년 기준을 이용한다. 비유동부채는 상환기간이 1년 이상인 채무를 말하며, 사채, 장기차입금, 관계회사 장기차입금, 주주・임원・종업원 장기차입금, 장기성 매입채무, 부채성 충당금 등이 있다.

유동부채는 상환기간이 1년 이내인 채무를 말하며, 매입채무(외상대금, 어음채무), 단기차입금, 선수금, 예수금 등이 있다.

### 6) 매입채무(외상매입금 / 지급어음)

매입채무에서는 외상매입금과 지급어음이 있으며, 외상매입금과 지급어음은 재화 또는 용역, 상품을 제공 받으므로써 발생한 채무이다. 예를 들어 을지상사에서 아이나비라는 상품을 매입하여 대금을 어음으로 지급했으면 지급어음이 발생한다.

### 7) 사채 / 차입금

재무상태표에서의 사채는 기업이 거액의 장기자금을 조달하기 위해 '회사채'라는 증권을 발행하여 일반대중으로부터 차입하는 채무로, 일반적으로 이야기하는 주식과 비슷한 의미로 이해하면 된다. 회사채는 일반적으로 상장법인, 또는 금융감독원에 등록된 법인만이 발행할 수 있으므로, 사채를 발행하는 기업은 경영성적이 양호한 편이라고 생각하면 된다.

차입금이란, 증권을 발행하지 않고, 금융기관 등으로부터 빌린 돈을 말한다. 참고로 악성사채와 같은 것은 재무상태표에 잘 나타내지 않거나, 다른 과목과 섞어서 '차입금' 등으로 표시하는 것이 일반적이다. 따라서 기업의 자금상태를 파악하려면 차입금의 세부적인 내용을 파악하여야 한다.

지금까지 살펴본 재무상태표의 개념에 따라 좋은 회사와 나쁜 회사를 식별해 보면, 좋은 회사란 결국 이익이 많이 나고, 자기자본이 충실한 회사를 의미한다. 다시 말해서 좋은 회사란 재무상태표상에서 볼 때, 총자산에서 자기자본이 차지하는 비율이 상대적으로 높은 회사를 의미한다. 당연한 이야기 같지만 자산규모가 같은 회사를 비교해 볼 때, 자기자본이 상대적으로 크다는 것은 처음에 투자한 금액(자본금)이 크거나, 아니면 영업결과 이익이 많이 생겨서 다시 모아둔 금액(잉여금)이 크다는 것을 의미하기 때문이다. 이를 그림으로 표시하면 다음과 같다.

자본이 많을수록 좋은 회사

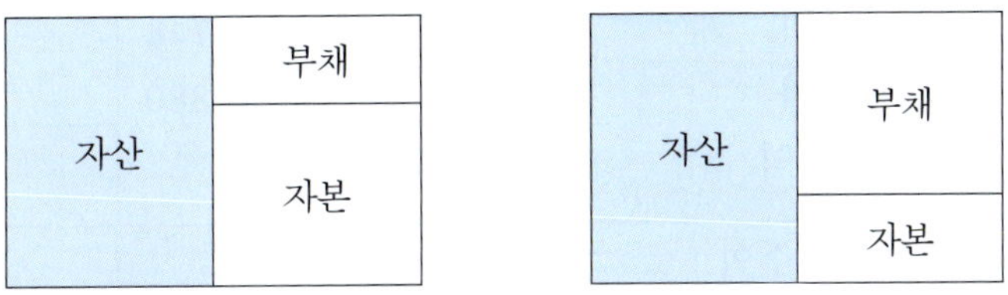


〈좋은 회사〉 〈나쁜 회사〉

## 4. 손익계산서(P/L)

### 1) 개념

손익계산서는 일정기간 동안의 기업 경영성과를 계수적으로 나타내는 표이다. 기업의 경영성과를 어떻게 나타낼 것인가는 기업에 따라 다를 수 있다.

그러나 기업은 위에서 열거된 개별적인 경영성과를 바탕으로 이익을 추구하는 것을 존재목적으로 하고 있으므로, 결국 기업의 경영성과는 이익이라고 볼 수 있다. 다시 말해, 손익계산서는 이익은 일정기간 동안 발생된 수익과 수익을 얻기 위해서 발생된 비용을 체계적으로 대응시킴으로써 파악할 수 있게 하는 표이다. 따라서 손익계산서는 총수익과 총비용을 합계로 표시하는 것이 아니라, 수익과 비용의 특성별로 구분하여 각각의 세부적인 내용이 무엇인지를 보여주고 있으며, 일반적인 손익계산서의 양식은 다음과 같다.

손익계산계산서는 구분계산을 위해 매출액, 매출원가, 매출총이익, 판매 및 일반관리비, 영업이익, 영업외수익, 영업외비용, 법인세비용 차감전 순이익, 법인세비용, 당기순이익으로 구성된다.

### 손 익 계 산 서

2011년 1월 1일부터 2011년 12월 31일까지

(단위 : 천원)

| 과 목 | | | 금 액 | |
|---|---|---|---|---|
| 법인세차감전순이익 | 영업손익 | 매출액 | | 75,454,506 |
| | | 매출원가 | | 54,647,739 |
| | | 매출총이익 | | 20,806,767 |
| | | 판매비와 관리비 | | 17,269,633 |
| | | 판매비 | 12,088,744 | |
| | | 관리비 | 5,180,889 | |
| | | 영업이익 | | 3,537,134 |
| | 영업외손익 | 영업외수익 | | 504,078 |
| | | 이자수익 | 100,820 | |
| | | 임대료 | 403,258 | |
| | | 영업외비용 | | 1,074,479 |
| | | 이자비용 | 851,634 | |
| | | 사채이자 | 186,840 | |
| | | 외화환산손실 | 36,005 | |
| | 법인세비용 차감전 순이익 | | | 2,966,733 |
| 법인세비용 | | | | 828,365 |
| 당기순이익 | | | | 2,138,368 |

손익계산서는 매출액에서 시작하여 비용과 수익을 순차적으로 차감, 가산하여 당기순이익이 산출되는 과정을 나타내고 있다. 기업의 경영성과를 나타내는 이익은 최종적인 순이익 이외에도 기업의 여러 가지 활동을 구분하여 매출총이익, 영업이익, 법인세

비용 차감전 순이익, 당기순이익 등으로 이익개념이 있다는 것을 이해할 수 있을 것이다.

### 2) 손익계산서의 특징

① 손익계산서는 일정기간 회계상에서의 경영성과를 나타내며, [수익 – 비용]의 구조로 되어있다.

② 수익이란, 일정기간 동안 고객에게 인도한 재화, 또는 제공한 용역의 판매가액이다. 이러한 수익은 영업활동에서 발생된 매출액과 영업외적 수익인 영업외수익이 있다.

수익은 수익의 인식기준이 중요하며, 일반적으로 발생주의를 채택하고 있다.

※ 발생주의 : 현금의 수취나 지급에 관계없이 실제로 재화나 용역이 제공되었으면 수익으로 인식

※ 현금주의 : 실제의 현금의 유입이 발생할 때만 수익으로 인식한다.

③ 비용이란, 수익을 실현시키기 위해 발생한다. 즉, 재화나 용역을 취득하기 위하여 지급한 대가는 원가(Cost)이고, 수익을 얻기 위해 지급한 대가는 비용(Expense)이다. 원가는 모두 자산으로 기록(대체)되고, 이러한 재화나 용역이 수익을 얻기 위해 소비되었을 때 비용으로 인식된다(그러므로 비용은 재화 등이 소비되었을 때만 발생하는 것은 아니다).

④ 이렇게 비용과 수익을 인식하는 것이 발생주의 회계이다. 즉 수익은 발생주의 원칙에 따라 발생된 기간에 인식하고, 비용은 수익비용 대응의 원칙에 따라 특정 수익의 창출과 관련하여 발생된 모든 비용을 관련 수익이 보고되는 기간에 귀속시켜 보고하게 된다.

⑤ 손익계산서는 각 관리부문의 경영성과를 나타낸다. 매출총이익은 제조부문(영업부문도 일부포함)의 성과를 나타내다. 영업이익은 영업부문과 일반관리부문의 성과를 나타낸다.

⑥ 손익계산서에서 보고되는 당기순이익은 반드시 현금흐름과 일치하지 않는다. 그 이유는 일반적으로 발생주의에 의해 손익계산서가 작성되기 때문이다.

### 3) 주요 용어

손익계산서의 항목배열은 기업의 고유 목적사업인 영업활동과의 관련성이 높은 항목을 먼저 표시하는 방식을 사용하고 있다. 여기서는 손익계산서와 관련된 주요 용어에 대하여 간단히 소개한다.

#### (1) 매출총이익

매출총이익은 매출액에서 매출원가를 차감한 것으로써, 영업활동을 통하여 창출된 부가가치를 나타내는 이익이다. 여기에서 매출원가라는 용어는 제조원가(상품일 경우에는 매입원가) 중에서 팔리지 않고 남아 있는 제품의 원가를 빼고, 판매된 제품에 대응하는 제조원가만을 의미하는 것으로써, 간단히 말해서 판매된 제품의 제조원가이다.

*매출총이익 = 매출액 – 매출원가

그리고 매출총이익을 매출액으로 나눈 비율을 매출총이익률이라고 하는데, 이것을 통해 제품별 매출총이익률을 구하여 제품별 수익성을 분석할 수도 있으며, 생산설비가 제한되어 있을 때 우선적으로 생산할 제품을 선택하는 기준으로도 이용될 수 있다.

#### (2) 영업이익

영업이익은 매출총이익에서 판매비와 일반관리비를 차감한 것이다. 판매비는 영업활동에 수반되는 비용인 영업사원에 대한 급여・광고선전비・운반비 등을 말하며, 관리비는 경영자를 포함한 일반관리직원의 급여・통신비・보험료와 같이 관리활동에 소요되는 비용을 말한다.

판매비와 관리비는 영업을 통하여 이익을 창출하는데 필수적인 비용이므로, 영업활동에서 얻은 이익, 즉 영업이익을 구하는데 반영하여야 한다.

*영업이익 = 매출총이익 – 판매비와 관리비

#### (3) 법인세 차감전 세전이익

법인세 차감전 세전이익은 영업이익에 영업외 수익을 가산하고, 영업외 비용을 차감하여 계산한다. 영업외 수익과 영업외 비용은 제조활동, 영업활동 및 관리활동 이외의 분야에서 발생한 수익과 비용을 말한다.

여기서 영업외 수익은 주된 영업활동으로부터 생기는 수익은 아니지만, 경상적으로 생기는 수익으로 이자수익, 배당금 수익, 유가증권 처분익 등이 있다. 그리고 영업외 비용은 영업외 수익과 마찬가지로 영업수익을 얻기 위한 직접적인 비용은 아니지민, 부수적이고 보조적으로 발생하는 비용으로 이자비용 등이 있다. 주로 자금을 예금하거나 빌린 경우에 발생하는 이자수입액이나, 이자지급액과 같이 재무활동에서 발생하는 수익과 비용이다.

따라서 법인세 차감전 세전이익은 재무활동을 포함한 모든 기업활동의 결과 산출된 경상적인 수익이라고 할 수 있다.

*법인세 차감전 세전이익 = 영업이익 + 영업외 수익 − 영업외 비용

## 5. 제조원가 명세서

① 제조원가 명세서는 기업의 제조활동 전반을 보여준다.

재 료 비
노 무 비 ─ 원가의 3요소
제 조 경 비

당기총제조비용
(+)기초재공품재고
(+, −)타 계 정 입 출
( )기말재공품재고
당기제품제조원가

② 타계정 대체입출

일반적인 제조활동에서는 원재료가 재료비, 재공품이 제품으로 흐른다. 그러나 원재료가 공정에 투입되어 비용화(재료비) 되는 것이 아니라, 외부로 판매가 될 때 타계정으로 처리를 하며, 재공품 타계정도 동일한 개념이다.

③ 각 구성비의 변동추이를 분석하면 원가절감의 요소가 보인다.
원가절감과 기업의 현금흐름은 별개의 문제이다. 일반적으로 원가가 절감되어 수익성이 향상되면 현금흐름이 좋아지는 것이지만, 반드시 일치되는 것은 아니다. 예를 들어 시설투자를 많이 하게 되면 현금의 유출이 증가하지만, 시설 투자액은 단기간에 회수되는 것이 아니다. 또한 시설투자 후 감가상각를 해야 비로소 원가에 영향을 주므로 현금흐름과 수익성, 원가절감은 서로 별개의 개념이며, 장기적으로 관련성이 있을 뿐이다.
④ 구성비가 제일 큰 항목이 원가절감의 제일 우선이 되어야 한다.
⑤ 부문별, 또는 제품별 제조원가명세서가 신뢰성 있게 산출이 되기 위해서는, 각 관리단위에서 정확한 기본 자료를 생성, 관리해 주어야 한다(특히 수불이 정확해야 한다).

## 6. 현금흐름표

### 1) 의의

회계상 자금은 보통 현금, 운전자본, 재무자원의 세 가지 의미로 쓰이고 있는데 그 밖에 단기화폐성 자산, 순화폐성 자산이 자금으로 될 수도 있다. 일반적으로 회계상의 자금은 운전자본을 가리키며, 회계상 자금은 기금의 의미로도 쓰인다.

회계상 자금이 중요시되는 것은 다음과 같은 이유 때문이다.

첫째, 이 개념을 이용하여 현금흐름표가 작성된다.
둘째, 기금회계의 의미로 비영리회계의 기초가 되고 있다.
셋째, 자금흐름의 예측을 위하여 중요한 개념이 된다.
넷째, 자금흐름을 평가함으로써 기업의 유동성, 지급능력, 재무구조의 안정성을 평가할 수 있다.

### 2) 현금흐름의 분류

현금흐름표에서 현금흐름은 두 가지로 파악되고 있다. 첫째, 기업의 경영활동의 분류에 따라 현금흐름의 분류는 영업활동, 투자활동, 재무활동에 의한 현금흐름의 세 가지로 분류되고 있다. 둘째, 현금의 유출입 여부에 따라 현금흐름의 분류는 현금 유입액과 현금 유출액으로 분류된다. 현금흐름표에서는 이 두 분류를 결합하고 있는데, 예를 들면, 직접법에서는 영업활동으로 인한 현금흐름에 대해 현금유입액과 현금 유출액을 각각 열거하고 있다.

(1) 영업활동(Operating Activities)

영업활동으로 인한 현금흐름은 손익계산서 항목에 관련하여 나타나는데, 당기순이익의 결정에 관련하여 현금효과(cash effects)가 있을 경우 나타나는 현금흐름이다. 이들 현금흐름은 주로 기업의 영업활동과 관련하여 나타나므로, 영업활동으로 인한 현금흐름이라고 부른다.

'기업회계기준' 제83조(영업활동으로 인한 현금흐름)에서는 영업활동을 "일반적으로 제품의 생산과 상품 및 용역의 구매・판매활동을 말하며, 투자활동과 재무활동에 속하지 아니하는 거래를 모두 포함한다."고 되어 있다.

기업회계기준에서 영업활동의 종류로 현금유입액에는 매출, 이자수익, 배당금수익, 그리고 현금 유출액에는 매입 및 종업원에 대한 현금 유출액, 이자비용, 법인세비용 등을 열거하고 있다.

(2) 투자활동(Investing Activities)

투자활동으로 인한 현금흐름은 일반적으로 비유동자산(generally long-term assets)에 관련하여 나타난다. '기업회계기준' 제85조(투자활동으로 인한 현금흐름)에서는 투자활동이란 "현금의 대여와 회수활동, 유가증권(현금 등가물은 제외), 투자자산 및 비유동자산의 취득과 처분활동 등을 말한다."로 되어 있다. 기업회계기준에서는 투자활동의 종류로 현금 유출액에는 현금의 단기대여, 유가증권의 취득, 투자자산과 유형자산의 취득 등이 있다. 이러한 투자활동은 주로 유형자산의 처분・취득과 관련되나, 유동자산(예, 유가증권, 단기대여금, 단기차입금)의 거래와도 관련될 수 있다.

(3) 재무활동(Financing Activities)

재무활동으로 인한 현금흐름은 일반적으로 비유동부채와 자본항목(generally long-term relialbility and equity items)에 관련하여 나타난다. 재무활동은 재무적 거래로 나타나는 것으로 현금의 차입과 상환, 주주로부터의 자본조달 및 투자액의 환원인 배당금의 지급에 관련된 활동이다. '기업회계기준' 제86조(재무활동으로 인한 현금흐름)에서는 재무활동이란 "현금의 차입 및 상환활동, 신주발행이나 배당금의 지급활동 등과 같이 부채 및 자본계정에 영향을 미치는 거래를 말한다."고 규정하고 있다. 기업회계기준에서는 재무활동의 종류로 현금유입액에는 당좌차월, 단기차입금 · 장기차입금의 차입, 어음 · 사채의 발행, 주식의 발행 등이 있고, 현금 유출액에는 배당금 지급, 유상감자, 자기주식의 취득, 차입금의 상환, 자산취득에 따른 부채의 지급 등이 있다. 이러한 재무활동은 주로 비유동부채 · 자본항목의 거래와 관련되나 유동부채의 거래와도 관련이 있을 수 있다.

① 기업의 현금흐름을 한눈에 볼 수 있다.
영업활동으로 인한 현금의 유출입(영업을 통한 자금의 조달 및 손실)
투자활동으로 인한 현금의 유출입(자금의 사용처, 비유동자산의 증감)
재무활동으로 인한 현금의 유출입(자금의 외부 조달)

② 영업활동으로 인한 현금의 유입은 기업의 미래 가치이다. 즉 영업활동으로 인한 현금의 유입이 많으면, 기업의 수익성이 좋다는 의미이다.

③ 흑자도산의 예 : 손익계산서에는 이익으로 표시되나, 현금흐름표상의 현금흐름이 악성일 경우, 또는 영업활동으로 인한 현금의 유입보다 유출이 많을 경우, 재무활동의 현금 유입이 악성일 경우(단기차입의 증가) 등에는 현금유출을 가속하게 되어 도산에 이르게 된다.

## 7. 이익잉여금 처분계산서

### 1) 의 의

이익잉여금 처분계산서(statement of appropriation of retained earnings)는 기업의 이월 이익잉여금 처분사항을 명확히 보고하기 위하여 작성되는 재무보고서이다. 즉, 이익잉여금 처분계산서는 일정기간 동안 발생한 이월 이익잉여금의 총변동 사항을 요약하여 보고하는 동적보고서이다.

이월 이익잉여금은 재무상태표에 속하는 하나의 계정에 불과하다. 그러나 이익잉여금 처분계산서를 별도로 제공하는 이유는 이익잉여금의 변동에 관한 정보가 중요할 뿐만 아니라 재무상태표가 제공하지 못하는 정보, 즉 이월 이익잉여금의 처분 및 변동내역에 관한 정보를 제공하여 주는 역할을 하기 때문이다.

① 이익의 적립은 이익금을 사내에 유보하는 것이며, 사내에 유보한다는 것은 기업의 자산화를 의미하는 것이다.

② 이익금을 주주에게 배당한다는 것은 기업의 주가상승으로 이어지고, 주가가 상승하게 되고 경영성과가 좋아져서 기업의 자금조달이 원활해진다.

이익잉여금 처분계산서는 다음과 같이 처분 전 이익잉여금, 임의적립금 등의 이입액, 이익잉여금 처분액, 차기이월 이익잉여금으로 구성된다. 그리고 손실이 나는 경우에는 결손금 처리계산서를 작성하는데, 이는 처리전 결손금, 결손금 처리액, 차기이월 결손금으로 구성된다.

이익잉여금 처분계산서

| 과 목 | 금 액 | |
|---|---|---|
| Ⅰ.처분전 이익잉여금 | | ××× |
| 전기이월 이익잉여금 | ××× | |
| 당기순이익 | ××× | |
| Ⅱ.임의적립금 등의 이입액 | | ××× |
| Ⅲ.이익잉여금 처분액 | | ××× |
| 이익준비금 | ××× | |
| 기타 법정적립금 | ××× | |
| 배당금 | ××× | |
| 임의적립금 | ××× | |
| 기타 이익잉여금 처분액 | ××× | |
| Ⅳ.차기이월 이익잉여금 | | ××× |

### 2) 유용성

① 이익배당에 관한 정보를 제공한다.

② 배당금 이외의 법정적립금, 임의적립금 등에 관한 정보를 제공한다.

③ 전기 오류사항 등에 관한 정보를 제공한다.

④ 회계변경에 관한 정보를 제공한다.

## 8. 자금의 운용과 조달 상태

자금의 측면에서 살펴보면 회사가 일정 시점에 자금을 어디에서 조달하여 어떻게 운용하고 있는지를 보여주는 것이다. 자금을 조달하기 위해 부채와 자본의 구성상태가 어느 정도이며, 이렇게 조달한 자금을 사용하여 어떠한 자산을 보유하고 있는지를 보여주고 있다.

자금의 형태, 자금조달, 지급대가와의 관계

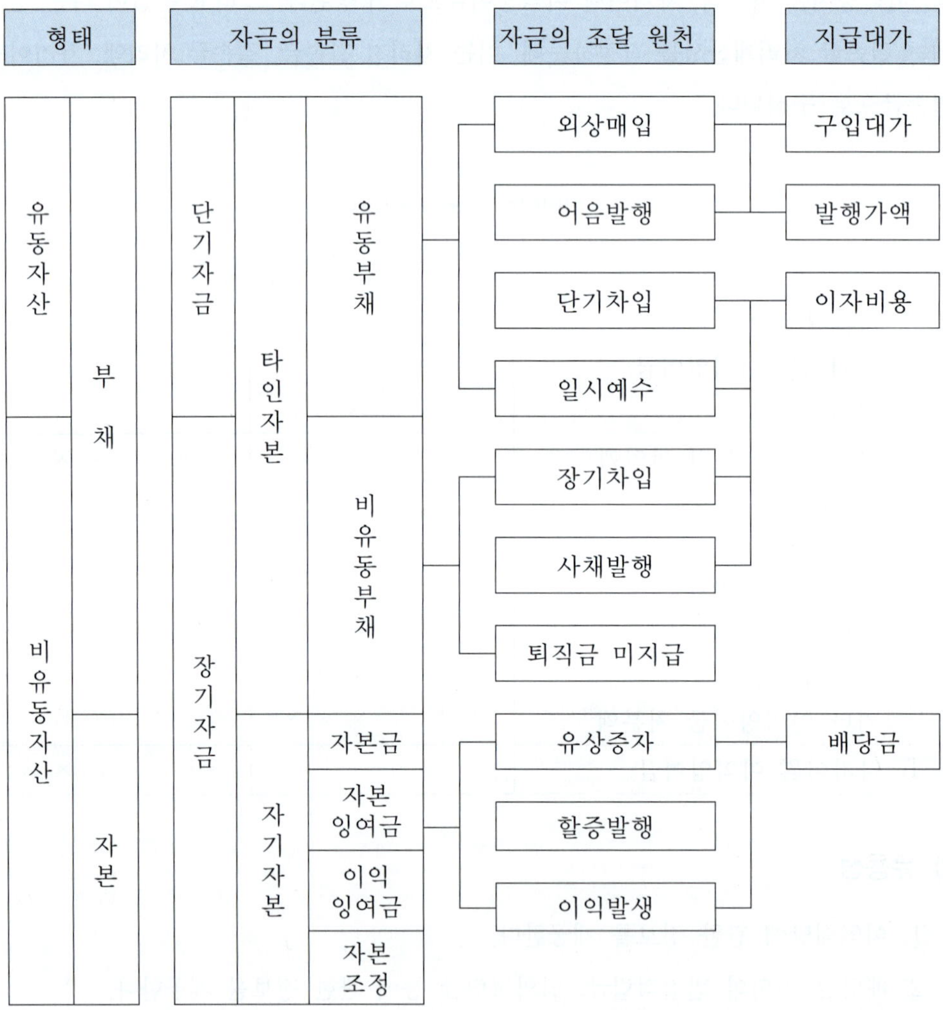

# 1.3 경영분석의 기초

## 1. 경영분석의 의의

경제가 발전할수록 기업에 대한 경영성과가 좋은지 나쁜지에 대한 분석이 중요하다. 기업에 자금을 빌려주는 입장에서는 빌린 자금에 대하여 갚을 능력이 있는 지, 투자자 입장에서는 미래의 수익이 보장되는 지, 경영자 입장에서는 기업을 운영하기 위하여 기업의 현재 상태가 어떤지, 노동조합의 입장에서는 기업이 정상적으로 운영이 되어 급여의 지급이 가능한 지에 대한 회계정보가 필요하다.

넓은 의미의 경영분석이란 기업을 둘러싸고 있는 경영환경에서 그 기업의 재무적 · 비재무적 요소 및 경기변동의 대응 정도 등을 분석자의 목적에 따라 고찰하는 과정을 말한다.

좁은 의미에서의 경영분석이란 재무자료를 분석하여, 기업의 과거 경영의 실태나 업적을 평가하고, 현재 기업의 재무상태를 파악하는 활동이라 할 수 있다. 즉 회사가 결산을 할 때, 작성하는 재무상태표, 손익계산서, 제조원가 명세서, 현금흐름표, 시산표 등의 기업 재무제표를 분석자료로 하는 것으로써, 기업의 재무상태나 영업실적을 파악하는 재무제표분석의 내용과 같다. 따라서 재무제표분석을 '경영분석'이라 한다.

## 2. 경영분석의 발전

경영분석이 본격적으로 이용된 것은 재무제표 작성이 정착된 이후라 할 수 있다. 재무제표분석의 기원은 19세기 후반까지 거슬러 올라갈 수 있으며, 기업의 재무제표를 체계적으로 분석해야 할 사건을 꼽는다면, 첫째, 주식회사가 출현하여 소유와 경영이 분리됨으로 인해 투자자와 금융기관이 재무자료를 체계적으로 분석하여 경영성과를 평가하게 되었으며, 둘째, 자본의 공급자로 은행의 역할 증대에 따라 지급능력의 평가를 분석목적으로 하였다.

재무분석 발전의 다음 단계는 1910년대로써, 이때부터 재무비율이 본격적으로 이용되었다. 이 당시에는 신용평가가 재무분석의 주요 기능이었기 때문에 기업의 자금능력을 나타내는 유동비율이 가장 흔히 사용된 재무비율이었다. 이것이 재무제표 분석의 과학적 연구가 시작되었다.

그러나 기업의 종합적 실태를 파악하기 위한 재무비율이 새롭게 개발되었다. 1920년대에는 기업의 재무담당자, 금융기관, 학술기관 등이 재무제표 분석을 많이 이용하여 경영분석이 보편화되기 시작하였다.

비율분석을 중심으로 한 경영분석은 1960년대 중반까지 별로 진전을 보이지 않다가 1970년 이후 미국에서는 재무이론을 통합시켜 경영분석을 실증과학의 단계까지 발전시키려는 노력이 나타나기 시작하였다.

경영분석의 발달과정

| 19세기후반 | 1910년대 | 1920년대 | 1970년대 |
|---|---|---|---|
| 주식회사 출현 →<br>체계적 분석 시작<br>은행 역할 증대 →<br>지급 능력 평가 | 재무비율의 본격 이용<br>→ 유동 비율 | 경영분석의 보편화 | 실증 과학으로써의<br>경영분석 |

우리나라에서는 1962년 처음으로 한국은행에서 산업평균 재무비율을 기업경영분석에 수록·발간함으로써 경영분석이 실무에 반영되었으나, 본격적으로 실무에 반영된 시기는 1970년대 경영규모의 확대에 따른 경영합리화의 필요성, 신용대출, 투자정보의 필요성에 따라 본격 활용되기 시작하였다.

## 3. 경영분석의 종류

경영분석 주체에 따라 기업의 내부 이익자와 외부 이익자로 나누며, 내부분석과 외부분석으로 나누어진다.

### 1) 내부분석

내부분석은 경영자가 경영관리를 함에 있어서 경영관리의 합리화를 기하기 위한 내부적 관리목적의 수단으로 영업성적이나 재무상태가 적절한가의 여부를 판정하기 위한 분석이다. 경영자는 경영합리화를 기하기 위하여 유동성, 활동성, 안전성 및 생산성 등의 분석을 통해 재무상태와 경영성과의 양·부를 판단하여야 한다.

이러한 내부분석의 목적을 대별하면 다음과 같다.

첫째, 경영자는 업무계획의 수립이다. 내부통제에 필요한 정보를 얻기 위하여 경영분석을 실시한다.

둘째, 경영자는 경영전략이나 장기 경영계획의 수립에 필요한 정보를 얻기 위하여 경영분석을 실시한다.

셋째, 경영분석을 통하여 문제점 및 취약점을 통한 경영개선 및 미래에 대한 나아갈 바를 설정할 수 있다

## 2) 외부분석

외부분석은 기업의 외부자인 여신자, 투자가, 행정기관, 공공단체, 종업원, 노동조합 등에 의해서 재무상태와 경영성과를 측정・분석하는 것을 말한다. 여기에는 신용분석, 투자분석, 세무분석, 감사분석, 공익분석, 영업분석 등이 있다.

### (1) 신용분석

기업의 외부자인 은행, 거래처와 같은 여신자들은 거래기업의 지급능력과 수익성을 판단하기 위해서 거래기업의 재무제표를 분석한다. 이 분석은 주로 지급능력의 정도를 조사하는 것이 목적이다.

신용분석은 자금공급자인 여신자가 기업에 대출시 대출의 목적, 기간, 용도, 대출자 등에 따라서 분석의 중점이 달라지는데, 단기여신의 경우 유동성 분석이 중요시되고, 장기여신의 경우에는 안전성 분석과 수익성 분석이 중요시 된다.

### (2) 투자분석

투자분석이란, 투자자나 주주가 투자수익성과 투자안전성을 확보하기 위한 분석이다. 즉 투자자와 주주가 자금을 투자함에 있어서 원금의 회보는 물론, 충분한 배당을 받을 수 있을지의 여부를 판정하기 위한 분석이다. 투자자들은 과거 및 현재 이익의 크기는 물론, 미래의 경영성과 또는 경영이익의 크기에 보다 많은 관심을 가지고 경영분석을 한다. 앞으로 불량하다고 예측될 경우에는 투자 안전성 확보 차원에서 투자의사 결정을 재고하게 될 것이다.

이러한 투자자들은 재무상태와 경영성과에 필요한 경영분석기법을 어느 정도는 알

아야 한다. 그러나 투자자들은 정보입수가 곤란하고, 경영분석능력도 떨어지므로 증권회사, 신문, 전문잡지, 연구소 등에서 제공하는 2차 자료 등의 정보를 입수하여 판단하여야 할 것이다.

#### (3) 세무분석

세무분석이란, 세무당국이 세금을 징수함에 있어서 과세소득이나 납세액이 적정한가의 여부를 판정하기 위한 분석을 말한다. 주로 적정과세의 조사를 목적으로 한다.

#### (4) 감사분석

감사분석이란, 공인회계사나 감독관청이 감사를 수행하는 분석을 말한다. 결산서가 회계원칙에 준하여 실시되었는지의 여부를 판정하고, 계속기업의 가능성을 평가하는 분석으로써 주로 적법성을 조사하는 것이 그 목적이 된다.

#### (5) 공익분석

공익분석이란, 국가 및 공공단체가 경제장책이나 산업정책, 가격정책, 임금정책 및 기타 정책에 필요한 자료를 얻기 위하여 기업의 재무제표를 수집하여 분석・검토하는 것을 말한다. 공익분석의 주요 조사대상은 원가구성요인과 수익성이다.

#### (6) 영업분석

영업분석이란, 종업원들이 기업의 임금 및 지급능력을 판단하기 위한 분석을 말한다. 종업원들의 임금 및 급여는 기업의 재무상태와 경영성과에 큰 영향을 받게 된다. 따라서 종업원 입장에서 임금 및 급여조건을 개선하기 위해 경영분석을 하게 된다.

## 4. 경영분석의 목적

경영분석자의 공통적인 목적은 기업의 성장성, 수익성 그리고 안정성 및 유동성을 파악하고자 하는 것이다. 다시 말해 위험과 이익정도를 성장성을 고려하여 파악하고자 한다.

성장성이란, 기업의 영업신장 능력을 말하는 것으로 매출액 증가율로 측정한다. 일정 수익만 유지된다면, 기업의 목표는 수익성보다는 성장성에 우선을 두게 된다.

수익성이란, 그 기업활동의 성과를 나타내는 수익력의 정도를 말한다. 즉 기업이 일정한 자본으로 어느 정도의 이익을 올렸느냐, 또는 올릴 수 있겠느냐 하는 것을 분석하는 것이다. 수익성 평가는 매출액 순이익률, 총자본 영업이익률(ROA) 및 자기자본수익률(ROE), 투자자본 수익률(ROI) 등을 중심으로 이익의 안정성을 측정하는데, 이에 대한 자세한 사항은 비율분석에서 자세히 설명하기로 한다.

안전성이란, 기업의 경영활동을 지속적으로 할 수 있는가를 재무구조 측면에서 고려하여 검토하는 것으로써 건전성이라고도 한다. 재무적으로 건전치 않으면 흑자 도산의 원인이 되며, 대표적 비율은 부채비율, 자기자본비율이며, 고정장기적합율, 차입금의존도 등이 보조지표로써 활용된다.

유동성이란, 기업의 단기지급 능력을 의미한다. 여러 가지 형태의 타인자본과 유동부채를 지급하기 위해서는 이에 상응한 현금, 예금, 또는 기타 유동자산이 있어야 지급능력을 유지하고 신용을 지킬 수 있다.

## 5. 경영분석의 방법

경영분석의 방법은 크게 나누어 분석자료로 무엇을 쓰는가에 따라 재무자료 분석법과 비재무자료 분석법으로 나눈다.

재무자료 분석은 회계자료를 중심으로 분석하는 실수분석법과 비율분석법으로 이루어진다.

실수분석법은 분석자료인 재무제표를 실수 그 자체로 그대로 이용하여 분석하는 방법이다. 실수분석법은 다시 단순분석, 증감분석, 균형분석으로 나누어진다. 단순분석은 재무제표상의 2개 수치를 상호 비교하여 경영성과나 재무상태의 양・부를 분석, 판단하는 항목별 분석법이 있다. 증감분석은 비교 대차대조표와 비교 손익계산서상의 각 항목의 증감을 분석함으로써 자본의 조달원천과 그 운용상태의 이동결과를 알 수 있으며, 경영실적을 판단하기 쉬운 분석이다. 균형분석은 기업에서 수익과 비용의 균형을 이루어지고 있는가를 보는 것으로 손익분기점 분석이 이에 해당한다.

### 경영분석의 방법

- 경영분석
  - 재무분석
    - 실수분석법
      - 단순분석 – 공제법, 절하법, 항목법, 분석법
      - 증감분석 – 비교재무제표분석
      - 균형분석 – 손익분기점분석
    - 비율분석법
      - 구성비율법
      - 관계비율법
      - 정태비율
      - 동태비율
  - 비재무분석

비율분석법은 재무제표상의 실수를 그대로 이용하는 것이 아니라, 각 항목을 대비시켜 구한 비율, 관계비율 등을 분석 및 평가하는 것이다. 비율분석법은 구성비율분석, 관계비율, 정태비율, 동태비율로 나눈다. 구성비율 분석은 재무제표상의 전체 중에서 차지하는 백분율로 나타내는 방법으로 분석하며, 관계비율 분석은 개념을 달리하는 상위숫자와 그 구성부분인 하위숫자를 관계지어 분석하는 방법이다. 정태비율은 어느 시점에서의 재무구조의 내용을 파악하는 것으로써 재무상태표상의 각 항목간의 관계비율이다. 이에는 유동비율, 당좌비율, 현금비율, 부채비율, 유동부채비율, 비유동부채비율, 고정비율 등이 대표적이다. 동태비율은 일정기간 내의 활동상황 내용을 표시하는 것으로, 이익률과 회전율을 나타내는 비율 등이 전부 여기에 해당한다.

비재무자료 분석은 재무제표 상에 표시되지 않지만, 기업경영에 중대한 영향을 미치는 질적 자료를 분석하는 것을 말하는데, 비재무자료에는 주로 경영자의 창의성, 종업원의 성향, 제품의 질, 경제상황, 경영관리시스템, 사회적 책임 등을 중심으로 산업분석, 업계지위 및 경쟁력, 영업효율성, 경영자로 나누어 설명될 것이다.

기업의 경영분석에 기초가 되는 것은 여러 가지 경영분석 방법론을 적용하여 서로 다른 분석 방법론을 비교하여 분석하는 것이 좋지만, 이 보다 앞서서 기초자료가 중요하다. 예를 들면, 회계 계정과목에서 재고 자산 중에는 활용처가 전혀 없는 불용재고가 포함되어 있다. 그렇다고 불용재고를 가지고 기업의 매출을 올릴 수도 없고 불용재고를 매매하고자 해도 구입가의 절반도 안되는 폐기처리 비용밖에는 안되는 액수로 매매를 하여야 하므로, 단지 창고에 저장하고 있을 뿐이다. 경영분석을 하기 위해서는 이러한 불용자산을 재고자산에서 공제하여 실제 매출을 올릴 수 있는 새고자산 금액으로 기업을 경영분석 하여야 한다.

기업은 기업을 설립하여 도입기, 성숙기, 성장기, 쇠퇴기로 나누어 볼 수 있다. 이는 제품 또는 상품에 대하여 평가 분석하고 있지만, 기업에 대하여도 평가 분석을 하여야 한다. 기업이 어디쯤에 와 있을까? 하고 한번 생각을 할 수도 있다. 기업체 사장님들과 대면시 현재 경영하고 있는 기업이 시장에 한계성을 느끼는 데 새로운 사업이 없을까? 하고 많은 고민을 하고 있는 것을 볼 수 있다. 많은 기업체 기획실에서는 이러한 경영자의 고민을 충분히 이해하지 못하는 경우가 많다.

# 02 CHAPTER 재무제표 분석 실무

## 2.1 자산의 실전적용

### 1. 유동자산(Liquid Assets)

회사의 자산 중에 강물이 상류에서 하류로 흘러가듯이 움직이는 자산을 지칭하며, 일반적으로 1년 이내에 현금화할 수 있는 자산을 유동자산이라 한다.

유동자산의 분류

| 구분 | 내용 |
|---|---|
| 당좌예금 | 즉시 현금화가 가능한 자산을 의미 |
| | - 현금 및 현금등가물<br>- 단기 금융상품<br>- 단기 매매증권<br>- 매출채권<br>- 단기 대여금<br>- 미수금과 미수수익<br>- 선급금과 선급비용<br>- 기타의 당좌자산 |
| 재고자산 | 생산이나 판매의 과정을 거치면서 현금화가 가능한 자산을 의미 |
| | - 상품 및 제품<br>- 반제품과 재공품<br>- 원재료 · 부재료 · 미착품<br>- 저장품 · 소모품<br>- 기타의 재고자산 |

유동자산은 당좌자산과 재고자산으로 분류가 되고, 자산의 활동 중에 영업활동에 해당한다.

유동자산의 분석방법은 재무상태표에서 기업의 현금에 대한 유동성을 파악하기 위한 큰 틀로써 얼마나 현금 유동성이 좋은지를 판별하기 위함이므로, 비유동자산 보다는 자산의 구성비가 커야 기업의 현금 활용성을 높이게 되어 원활한 현금유동성을 확보하게 된다. 기간산업(플랜트 산업)과 기업의 초기 성장과정에 있는 기업은 유동자산보다 비유동자산의 구성비가 클 수 있다. 다시 세분화하여 유동자산에는 당좌자산과 재고자산으로 구분되어 있으므로, 유동자산 안에서는 당좌자산의 구성비가 재고자산보다 커야 된다.

유동자산이 변화하는 과정

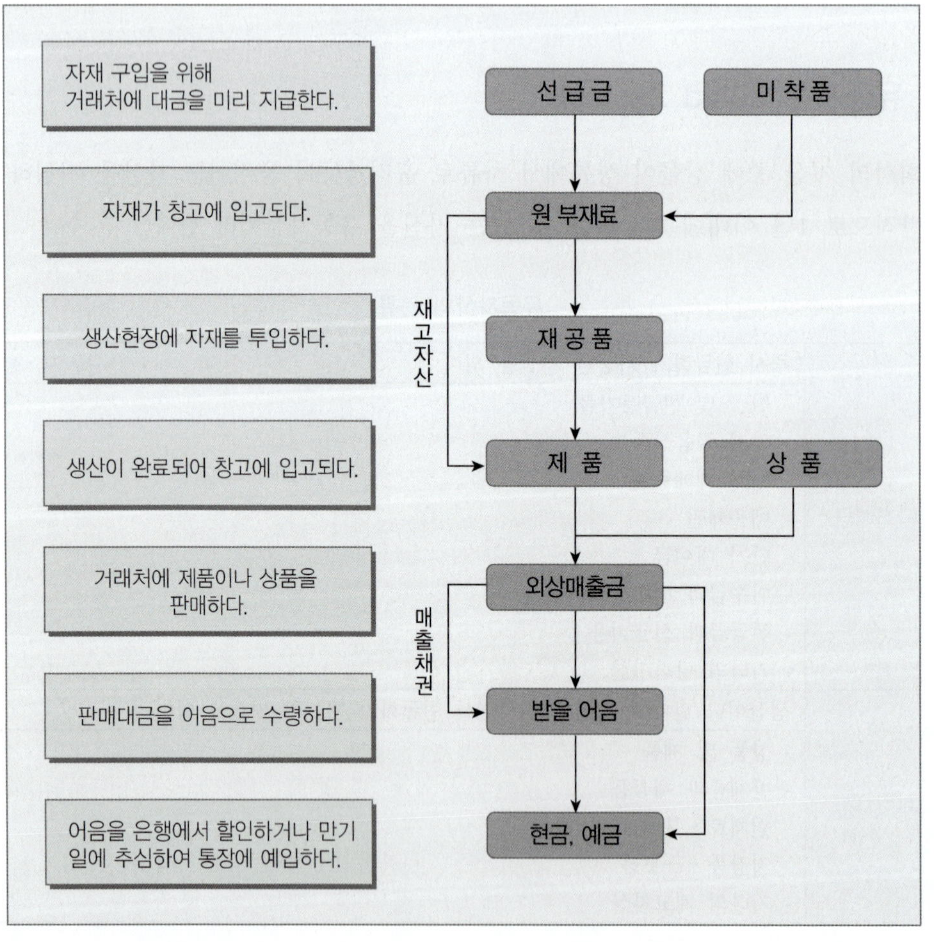

유동자산을 적용하는 비율분석의 종류로는 유동자산비율, 유동비율, 당좌비율, 순운전자본대 총자본비율, 당좌자산대 유동자산, 유동자산 증가율, 경영자산 회전율, 재고자산 증가율, 현금비율, 매출채권대 매입채무, 순운전자본대 총자본, 재고자산 회전율, 상품제품 회전율, 매출채권 회전율 등이며, 비율분석에 의한 상대계정으로는 총자산(총자본), 유동부채, 당좌자산, 전기 유동자산, 매출액 등으로 상대계정을 같이 분석하여야 한다.

## 2. 당좌자산(Quick Assets)

현금이나 현금으로 용이하게 전환할 수 있는 것을 말하며, 현금 지급수단 및 구매력으로 즉시 이용할 수 있는 자산, 즉 현금, 예금, 매출채권 등을 말한다.

당좌자산의 분석방법은 유동자산은 당좌자산과 재고자산으로 구별되고 있지만, 유동자산에서 당좌자산의 구성비가 재고자산 구성비보다는 높아야 한다. 당좌자산은 기업이 현금의 필요시에 언제든지 현금화할 수 있는 자산계정의 모음으로 재고자산 보다 현금화를 용이하게 할 수 있다. 유동자산의 분석보다는 기업의 현금 유동성이 얼마나 되는가 분석할 경우, 당좌자산만 분석하는 것이 좋다.

당좌자산의 분류

| 계 정 | 종 류 |
|---|---|
| 현금 및 현금 등가물 | 현금, 통화대용증권, 예금, 현금등가물 |
| 단기금융상품 | 금융기관의 정기예금, 정기적금, 우편저금, 금전신탁, CMA, CP, CD, MMF, 표지어음, 단기 공사채형 펀드, 주식형 상품 등 |
| 유가증권 | 국채, 지방채, 사채, 주권, 자기주식, 보관유가증권 등 |
| 매출채권 | 받을어음, 외상 매출금 등 |
| 단기 대여금 | 대여금, 어음 대여금, 관계회사 대여금 등 |
| 미수금 | 어음미수금, 채권의 미수금, 비유동자산이나 유가증권의 미수액 등 |
| 미수수익 | 미수이자, 수입임대료, 미수사용료, 미수이자 할인료 등 |
| 선급금 | 상품, 원재료 등의 구입비 등 |
| 선급비용 | 역무를 제공받고 차기 이후의 비용을 위해 지출한 것(선급 보험료, 선급 임차료, 선급이자 할인료, 선급 광고선전비 등) |
| 기타 당좌자산 | 당좌자산의 계정에 정의를 하지 않은 당좌자산을 일괄 처리하기 위함 |

당좌자산의 상세계정에 대한 구성비를 비교 및 분석하여 보는 것도 하나의 방안이다. 기업이 현재 이후의 미래에 대한 지출을 얼마나 할 수 있느냐를 분석하는 것이다. 여기에서 유의할 점은 매출채권 중 불량채권은 제외하고 분석하는 것이 올바른 분석 방법이다.

당좌자산을 적용하는 비율분석의 종류는 당좌비율, 방어기간, 당좌자산 대유동자산이 있으며, 당좌자산의 상대분석 계정으로는 유동자산, 현금지출액의 합산, 유동부채 등이 있다.

### 1) 현금 및 현금 등가물(Cash and Equivalent)

현금이나 현금으로 용이하게 전환할 수 있는 것을 말하며, 현금 지급수단 및 구매력으로 즉시 이용할 수 있는 자산, 즉 현금, 예금 등을 말한다.

현금 및 현금등가물의 분석방법은 지출을 요청하였을 경우, 즉 대응 할 수 있는 지불능력을 평가할 수 있으므로, 증감률 중심으로 분석을 하며, 회사에서 당기에 지불할 금액에 대비하여 분석을 하여야 한다. 또한 현금 및 현금 등가물의 상세계정에 대한 구성비 및 증감률을 분석하여야 한다. 이에 다음과 같이 현금 및 현금등가물을 상세하게 분류하여 보자.

#### (1) 현금

현금이란 거래의 결제에 즉시 사용할 수 있는 자산으로 기업이 보유하고 있는 지폐와 주화는 물론, 상거래에서 통화와 자유로이 교환할 수 있는 타인발행 수표, 자기앞수표, 우편환, 가계수표, 은행환 어음 및 소액 현금, 지급기일이 도래한 공사채의 이자표와 같은 통화대용 증권 등이 포함된다. 예금은 당좌예금, 보통예금, 정기예금, 정기적금 및 기타의 예금으로 1년 이내에 기한이 도래하는 예금으로 한다. 단, 특정목적에 사용하기 위하여 사용이 제한된 현금 및 예금, 쉽게 교환될 수 없는 선일자 발행수표, 우표, 인지 등은 기타자산으로 분류한다.

#### (2) 현금 등가물

현금과 성격적으로는 다르지만, 현금과 유사한 역할을 하는 금융상품이나 유가증권 등이 있는데, 이들을 현금 등가물이라고 한다. 큰 거래비용 없이 현금으로 전환이 용이하고, 이자율 변동에 따른 가치변동의 위험이 중요하지 않은 유가증권 및 단기금융상품으로 취득 당시(결산시점이 아닌 취득시점 기준임에 유의하여야 한다)에 만기, 또는 상환일이 3개월 이내에 도래하는 것을 말한다.

#### (3) 당좌 예금

은행과의 당좌거래 약정에 의하여 개설하고, 예금은 현금이나 수표 만기된 어음 등으로 할 수 있고, 인출 시는 반드시 수표를 발행하여야 한다.

#### (4) 기업자유예금 등

현금 및 현금등가물의 분석방법은 재무상태표를 보면, 현금 및 현금 등가물로 그룹으로 계정을 설정한 기업과 현금 및 현금 등가물로 표현하지 않고, 각각 표현을 한 재무상태표가 있다. 따라서 분석을 할 때는 이런 경우에는 그룹으로 묶어서 분석을 하고, 각 상세계정의 구성비 및 증감률을 분석하는 것도 좋을 것이다. 실제로 기업을 운영하기 위하여 지출할 수 있는 현금 능력을 판별할 수 있는 계정이므로, 분석을 하고자 하는 기업의 현금이 얼마나 가지고 있는지를 판단할 수 있는 기준이다.

현금 및 현금등가물의 비율분석의 종류로는 현금비율 있으며, 상대 분석계정으로는 유동부채가 있다.

### 2) 시장성 유가증권(Marketable securities)

단기 자금운용, 또는 1년 이내에 현금으로 전환할 목적으로 일시적으로 보유하는 시장성 유가증권으로 국채증서, 지방채증서, 공채증서, 회사채권, 주권(납입금 영수증 및 주식청약 증거금 영수증 포함)등을 말한다. 따라서 장기적인 투자목적이나, 다른 회사의 지배, 통제를 목적으로 보유하는 주권, 회사채권 등은 유가증권에서 제외하여 투자자산으로 분류한다.

유가증권의 분석방법은 유가증권을 많이 보유하는 것은 현금흐름에 여력이 있을 경우에는 유리하지만, 여력이 없을 경우에는 보유하는 것이 유리하지는 않다. 회사마다 당좌자산의 상세계정에 대한 상한 구성비를 설정하여 관리하는 것이 좋다. 당장 현금화되는 것이 아니기 때문에 이에 대한 고려가 필요하다. 또한 유가증권을 만기일 전에 매도하는 것은 처분손실이 발생하고, 만기일에 현금화하면 유가증권 처분이익이 발생한다. 그러므로 처분손실이나 처분이익에 대하여 동시에 분석을 하여야 한다.

처분을 하여 이익이 발생하여도 보유기간에 대한 은행 이자율과 비교하여 분석 관리하여야 한다. 매도의 시기분석에 활용하면 좋을 것이다.

### 3) 매출채권(Account Receivable)

기업의 주된 영업활동 과정에서 재화나 용역을 판매하는 것과 같은 수익창출 활동으로부터 발생한 채권을 말한다. 즉 매출채권이란, 당해 기업의 사업목적을 위한 경상적 영업활동인 재화의 판매 및 용역의 제공과 관련된 신용채권으로 외상매출금과 받을어음이 이에 해당한다.

매출채권의 분석 방법은 제품, 또는 상품을 외상매출이나 제품(상품)을 판매하고, 현금 대신 어음을 받은 경우에는 받은 어음으로 외상 매출채권이나 받을어음 등을 총칭하여 매출채권이라고 표현한다.

매출채권은 1개월, 또는 수개월에 거쳐서 현금으로 환원되므로, 이에 따른 현금흐름이 막힐 수가 있으므로, ERP와 어음관리 프로그램과 연계하여 현금화되는 시점까지의 기간을 파악 및 분석하여야 한다.

또한 받을어음에 대한 부도어음도 분석을 실시하며, 부실채권도 관리하여 이를 분석하여야 한다. 이때 부실채권은 업종에 따라 상품 또는 제품을 판매한 후에 일정기간을 설정하여 부실채권으로 규정하여 관리하면 된다.

받을어음일 경우에는 어음의 종류(할인, 배서)등을 분류하여 분석을 실시한다. 가장 중요한 것은 매출시점(세금계산서 발행일)과 수금시점은 다르므로, 이에 유의하여 분석을 하여야 한다.

매출채권의 종류로는 외상 매출금, 받을어음, 부도어음, 매출채권 대손충당금, 카드매출 등이 있다.

매출채권의 비율분석의 종류에는 매출채권대 매입채무비율, 매출채권대 재고자산, 매출채권 배수, 매출채권 회전율, 매출채권 회전기간(일/회) 등이 있으면 비율분석에 의한 상대계정으로는 매입채무, 재고자산, 순매출액 등이 있다.

### 4) 대손충당금

대손충당금(Allowance for Bad Debts)은 매출채권 대여금, 기타 이에 준하는 채권에 대한 차감적 평가계정으로 미래에 발생할 대손에 대비하여 설정하는 충당금이다. 기업회계기준에서는 기말에 채권에 대하여 개별적으로 대손 추산액을 산출하는 방법, 또는 과거의 대손경험률에 의하여 대손충당금을 설정하고, 그 후 대손이 발생하면 대손충당금과 상계하고, 부족하면 그 부족액을 대손상각으로 계상하도록 하고 있다. 세법에서는 대손 추산의 자의성을 배제하기 위하여 기말의 외상 매출금 대여금, 또는 미수금, 기타 이에 준하는 채권의 합계액에 대하여 100분의 1(금융기관 등은 100분 2)에 상당하는 금액과 대손충당금 설정채권금액에 대손실적률을 곱하여 계산한 금액 중 큰 금액을 한도로 하는 대손충당금을 손금(또는 필요경비)으로 인정한다.

### 5) 대여금(Loan)

대여금이란 금전을 대여한 경우에 회계 처리하는 계정이다. 대여금은 대여기간에 따라 장기대여금과 단기대여금으로 구분된다. 장기대여금은 재무상태표의 사업기간일로부터 1년 이후에 회수되는 것으로 비유동자산 중의 투자자산 과목으로 표시하며, 단기대여금은 유동자산 중의 당좌자산 과목으로 표시한다.

대여금은 누구에게 자금을 빌려 주었는가에 따라 여러 가지 유형으로 구분된다. 임직원들에게 가불을 해주거나, 주택구입 자금을 회사가 보조하기 위해 대여하는 경우 등 주주나 임직원에게 자금을 일시적으로 대여하는 경우, 그 금액이 커서 중요하다고 판단되는 경우에는 주주 · 임원 · 종업원단기대여금이라는 계정과목으로 처리한다.

다만 위 계정은 과다한 계상으로 오류를 일으키지 않도록 유의할 필요가 있다.

계열사를 거느리고 있는 모회사가 자금의 여유가 있어 일시적으로 자회사나 계열회사에 자금을 대여하는 경우에는 관계회사 단기대여금이라는 계정과목으로 처리한다.

가지급금 가운데 회계처리를 할 때까지 계정과목이 정해지지 않은 금액이나 차입증서를 쓰고 빌려간 돈은 대여금 항목으로 처리한다.

대여금의 분석방법은 회사의 복리후생 차원에서 분석을 할 수 있으며, 직원 또는 그 이외의 가지급금의 증감을 분석할 수 있다. 회사의 현금흐름에 관한 분석과 병행하여 분석을 실시하며, 종업원 대여금은 회사의 복리차원이므로, 이에 대하여 분석을 하는 것 보다 타회사, 자회사에 대여금 발생 시에는 현금흐름을 분석을 실시하여 회수 및 추가에 대하여 의사결정을 할 수 있다.

대여금의 종류는 대여기간이 1년을 기준으로 단기대여금, 장기대여금으로 분류하고 있다.

### 6) 미수금

상품이나, 제품 이외의 자산이란 유휴자산 또는 불용자산을 말하며, 이를 매각함으로써 발생한 채권은 일반적·일상적 상거래에서 발생한 채권이 아니라, 임시적으로 거래처 이외에서 발생하는 채권이다. 따라서 이러한 채권은 외상 매출금과 구별하여 당좌자산인 미수금 계정으로 처리한다.

① 기업회계에서 기업의 일반적 상거래, 즉 당해 회사의 상거래 이외의 경상적 내지는 비정상적 영업활동에서 발생한 미수채권

② 증권용어로는 보통거래 및 신용거래와 관련하여 고객이 증권회사에 납부해야 할 현금, 즉 매수대금의 미납금, 신용상환의 결제 부족금, 무상주에 대한 제세금의 미납금 및 유상증자 청약대금 미납액을 말한다. 미수금이 많이 발생하였을 경우에는 미수금 정리를 위한 매도물량이 늘어나기 때문에 장세도 영향을 받게 되며, 따라서 미수물량의 증감이 시장의 강약을 갈음하는 척도가 되기도 한다.

미수금의 분석방법으로는 미수에 대한 비유동자산에 대하여 발생한 시점에서 분석시점까지의 은행이자를 적용한 손실을 분석하여야 한다. 이 경우에는 회수가능 시점도 분석 보고서에 추가를 하여야 한다.

회수를 못하여 이로 인한 회사의 손실이 된 경우, 현금흐름과 관련하여 분석을 실시한다.

미수금의 분석의 종류 계정으로는 미수금, 미수금대손충당금 등이 있다.

### 7) 미수수익(Accrued Income)

일정 계약에 따라 계속적으로 노무를 제공하였을 경우, 이미 제공한 노무에 대해서 아직 그 대가수입을 받지 않는 금액을 말한다. 미수수익은 당기에 속하는 수익 중 미수액으로 한다. 기간손익을 발생주의로 인식하는 경우, 계속적 용역에서 기간경과에 따라 발생한 수익 중에 미수로 계산된 경제적 채권계정이다. 예컨대, 토지를 임대하고 있는 경우의 미수 임대료나 예금을 하고 있는 경우의 미수이자 등은 미수수익이다.

모든 수익과 비용은 기업회계상 발생한 기간에 바르게 할당하도록 처리를 하지 않으면 안 된다(발생주의). 따라서 미수수익은 당기에 현금수입이 없어도 손익계산서의 수익에 계상함과 동시에 재무상태표에서 자산으로 계상할 필요가 있다. 미수수익에 유사

한 것에 미수금이 있다. 미수금은 유가증권이나 비유동자산의 매각대금의 미수액과 같이 특정의 계속성이 없는 계약에 의해서 발생되는 것이다. 그리고 미수수익의 금액이 중요성을 갖지 않는 경우에 한하여 재무제표에 계상하지 않을 수도 있다. 즉 아직 입금이 되지 않은 매출이외의 수익금을 지칭한다.

미수수익의 분석의 방법으로는 미수에 대하여 발생한 시점에서 분석시점까지의 은행이자를 적용한 손실을 분석하여야 한다. 이 경우에는 회수가능 시점도 분석 보고서에 추가를 하여야 한다. 회수를 못하여 발생한 회사의 손실을 분석한다.

### 8) 선급금

상품, 원재료 등이 매입을 위하여 먼저 지급한 금액이다. 상품, 원재료 등의 매매에 있어서 매매계약을 확실히 하기 위하여 미리 대금의 일부를 지급하거나, 공사를 착수하거나, 완성하기 전에 계약금・착수금 등으로 미리 공사대금을 지급하는 경우에 나타나는 것으로, 기타 유동자산으로 분류된다. 이와는 반대로 수주공사・수주품 및 기타 일반적 상거래에서 발생한 선수액를 선수금이라 하여 유동부채로 처리한다.

선급금의 분석방법으로는 선급금을 지급한 시점에서 상품이나 제품을 납품을 받은 시점까지 은행이자를 적용한 손실을 분석하여야 한다. ERP시스템과 연계하여 분석을 하며, 정성적인 점에서도 분석을 하여 선급금이 발생한 경우에 대해서 분석을 하여야 한다.

### 9) 선급비용

손익계산상의 비용으로 지출한 부분 중에서 그 비용의 귀속이 차기 이후에 이루어지는 것을 말한다. 선급비용은 아직 비용화하지 못하고 이연되는 것이므로, 올바른 기간손익을 산정하려면 그 부분의 비용을 당기의 비용항목에서 공제하여 차기로 이연시켜야 한다. 그 예로는 차량 유지비, 보험료(선급 보험료), 임차료, 이자비용, 지급수수료, 리스료 등을 들 수 있다.

선급비용의 분석으로는 현금흐름 관점에서 미래에 발생한 비용에 대하여 선급으로 지급을 한 경우이므로, 이를 분석하여 선지급에 관련한 비용의 통제용으로 분석을 실시한다.

### 10) 가지급금(Provisional Payment Account)

가불금 계정이라고도 하며, 가수금 계정과 함께 대표적인 가계정의 하나이다. 현금 지급은 이루어졌으나, 처리할 계정과목(용도)이나, 금액이 확정되지 않은 경우, 확정될 때까지 일시적으로 처리하기 위해 설정된 가계정을 말한다. 즉 현금이 지급되었지만 어디에 어떻게 쓰일지 몰라 회계처리상 계정과목을 명시하지 않은 법인의 지출금이 가지급금이다.

자산계정의 일종으로, 가지급금은 용도를 명시하지 않고 대주주・임원 등 업무와 관련이 없는 특수 관계인에게 지불되는 금액, 직원 출장비나 상품대금의 선불금・보증금 등 업무와 관련된 지출금으로 구분한다. 출장비・계약금・보증금을 비롯하여 각종 내용불명의 가지급금은 용도가 확정되면 확정계정으로 대체해야 한다.

그러나 내용이 명료하지 않아 가지급 계정을 부정을 은폐하기 위한 수단으로 악용하는 경우도 있으므로, 증권협회 같은 기관에서는 최대주주 등을 위한 금전의 가지급금을 공시하도록 하고 있다.

가지급금의 분석방법으로는 공장이나 지사에 대한 운영비에 대하여 기업은 운전자금으로 얼마나 항상 준비를 하여야 하는지에 대한 분석과 구성비를 분석하여 볼 수 있다.

## 3. 재고자산(Inventories, Inventory Assets)

창고에 보관하는 자산이라는 뜻으로, 회사의 주된 영업활동을 수행하기 위해서 보유하는 자산이다. 이러한 자산은 즉시 현금화가 되는 것이 아니라, 판매나 생산 가공과정을 거쳐서 현금화가 되는 것이므로, 당좌자산과 별도로 구분하여 처리한다.

기업의 자산표시 항목 가운데 유동자산의 중요한 부분이 되는 것이다. 통상적인 영업과정에서 판매할 것을 목적으로 보유하는 재화, 또는 용역(환매자산), 제조중의 판매자산, 판매자산을 생산하기 위하여 단기간에 소비되는 재화 및 판매활동에서 단기간에 소비되는 재화를 말한다. 구체적으로는 상품・제품・재공품・반제품・원자재・소모품 등이다. 토지・건물 등의 부동산이라도 부동산 업자에게는 재고자산이 되고, 유가증권도 증권회사에서 통상적인 영업과정에서 판매목적으로 보유하는 경우에는 재고자산이다. 재고자산은 비교적 단기간에 판매되어 자금으로 전환된다는 점에서 유동자산에 포함된다. 재고자산은 일반적으로 수량이 많고 입고・출고도 빈번하기 때문에 특정한 시점(월말이나 결산일)에 실제 재고조사를 하여 실재고량을 파악하는 것이 필요하다. 따라서 재고자산은 실지재고를 이루는 자산이라는 뜻으로도 쓰인다. 상품・제품 등의 재고자산을 그 취득원가, 또는 제조원가보다 비싸게 판매함으로써 영업수익을 가져오게 된다. 이런 경우 이익률을 높이는 것 외에 회전율을 높여서(재고자산의 보유기간을 단축) 이익확대를 추구하므로, 기업의 이익획득에 중요한 수단이 된다.

재고자산의 분석방법으로는 유동자산은 당좌자산과 재고자산으로 구별이 되고 있지만 유동자산을 100%로 하였을 때, 당좌자산 구성비 60%이며, 재고자산의 구성비가 40% 되므로, 유동자산에서 당좌자산의 구성비가 재고자산 구성비보다는 높아야 한다. 당좌자산은 재고자산보다 현금화를 용이하게 할 수 있다.

재고자산의 상세계정에 대한 구성비를 비교 및 분석하여 보는 것도 하나의 방안이다.

즉 현금화가 가능한 상(제)품이 재고자산에서 차지하는 구성비가 많다고 한다면 판매가 안 되어서 적재되고 있는지, 아니면 계절성 상(제)품인 경우에는 판매를 할 계절인지를 판단하여야 한다.

재고자산 중에서 시장성이 없는 판매 불가능한 제품・상품의 재고, 불량재고, 장기사장재고가 있는가를 판단하여야 한다.

재고자산의 경우에는 재고자산 금액과 자산을 구매 시에 들어가는 비용(운송비 등)을 합산하여 분석하여야 한다.

재고자산의 평가는 어떤 방법을 사용하고 있는가, 재고자산의 가치가 상승・하락한 자산이 있는가 등을 고려하여야 한다.

### 1) 재고자산의 단가 평가방법

#### (1) 취득원가의 결정방법

취득원가의 결정방법으로는 부대비용, 이자비용, 매입할인으로 구분할 수 있는데, 이에 대하여 알아보자.

① 부대비용

부대비용에는 상품이나 원재료를 구입 시에 구입비용 외의 수용에 들어가는 비용을 말하며, 이에는 매입운임, 하역료, 통관료, 관세, 보험료, 직접노무비와 간접경비 등 제반비용을 포함한다.

| 미착상품의 매입운임 | 선적지 인도기준(FOB shipping point) : 재고자산 원가에 포함 |
|---|---|
| | 도착지 인도기준(FOB destination) : 재고자산 원가에 불포함 |

② 이자비용

이자비용은 상품이나 원재료를 구입 시에 차입으로 구매한 경우를 말하는 것으로 차입금에 대한 이자비용은 재고자산의 원가에 포함시키는 것이 타당하나, 재고자산은 일상적·반복적으로 생산, 또는 구입되고, 이를 개별 재고자산에 배분하는 것이 어렵기 때문에 일반적으로 기간비용으로 처리한다. 그리고 제조, 매입 또는 건설에 장기간 소요되는 재고자산의 경우에는 사용된 차입금에 대하여 제조 또는 건설완료시까지 발생된 이자비용과 기타 이와 유사한 금융비용은 재고자산의 취득원가에 포함(차입금의 일시적 예금에서 생기는 이자수익은 이자비용에서 차감)한다.

③ 매입할인 : 상품이나 원재료를 구입 시에 하자가 발생하거나 대량 매입으로 인한 구매금액의 일부를 상계하여 구매하는 경우를 말하며, 구매금액의 일부 할인된 금액을 매입할인이라고 한다.

## 2) 재고자산의 부가비용 구성항목

재고자산의 부가비용에 포함되는 항목

| 구분 | | 매출수익의 인식시기 | 재고자산의 귀속주체 |
|---|---|---|---|
| 미착품 | 선적지 인도조건 | 선적시점 | 선적 전에는 매출자, 선적 후에는 매입자 |
| | 도착지 인도조건 | 도착시점 | 도착 전에는 매출자, 도착 후에는 매입자 |
| 적송품 | | 수탁자가 판매한 시점 | 수탁자가 판매하기 전까지는 위탁자 |
| 시송품 | | 매입의사표시를 한 시점 | 매입 의사표시 전까지는 매출자 |
| 특별 주문품 | | 예약매출이므로 진행기준 | 완성 이후에는 발주자 |
| 제품금융계약 상품 | | 인식불가 | 재고자산을 담보로 제공한 차입자 |
| 할부판매 상품 | | 인도시점2 | 매입자 |

*1 기업회계 기준상으로는 장·단기를 불문하고, 진행기준이 원칙이나 중소기업의 특례규정에 따라 중소기업은 단기예약 매출의 경우에 제품 등을 완성한 날에 수익을 인식할 수 있다.

*2 중소기업 특례규정에 해당되는 중소기업은 장기할부 매출의 경우에 회수기일 도래일 기준을 적용할 수 있다.

### 3) 재고자산의 수량결정 및 기록방법

#### (1) 재고자산의 수량결정 방법 [실지재고 조사법과 계속 기록법]

| | 실지재고 조사법(실사법) | 계속 기록법 |
|---|---|---|
| 정의 | 기말에 재고량을 실제로 조사하는 방법 | 재고자산의 입·출고시마다 수량을 계속적으로 기록하여 재고자산의 기중변동과 기말재고 수량을 결정하는 방법 |
| 장점 | 기장사무가 간단한 외부보고 목적에 충실 | 통제목적에 적합 |
| 단점 | 통제목적에 부적합 | 기장사무가 증가하고 불편 |

#### (2) 재고자산의 기록방법

| 거래구분 | 실지재고 조사법 | | | | 계속 기록법 | | | |
|---|---|---|---|---|---|---|---|---|
| 매입시 | 매 입 | ××× | 매입채무 | ××× | 매 입 | ××× | 매입채무 | ××× |
| 매출시 | 매출채권 | ××× | 매 출 | ××× | 매출채권<br>매출원가 | ××× | 매 출<br>재고자산 | ×××<br>××× |
| 매입환출 등 | 매입채무 | ××× | 매입환출 | ××× | 매입채무 | ××× | 재고자산 | ××× |
| 결산시 | 매출원가<br><br>재고자산(기말) | ×××<br><br>××× | 재고자산(기초)<br>매입(순매입)<br>매출원가 | ×××<br>×××<br>××× | | | | |

### 4) 재고자산의 원가배분

#### (1) 원가배분의 의의

재고자산의 총원가(판매가능 재고자산의 원가)는 기초 재고자산 금액에 당기 매입액을 가산하여 결정되는데, 원가총액을 판매된 자산의 원가인 매출원가와 보유중인 자산의 원가인 기말 재고원가로 배분하는 과정을 재고자산의 원가배분이라 한다.

기업회계기준에서는 기말재고 자산가액을 개별법·선입선출법·후입선출법·이동평균법·총평균법 또는 매출가격 환원법을 적용하여 결정하도록 하고 있다. 개별법과 매출가격 환원법을 제외한 여타의 방법은 원가 흐름을 가정하여 원가를 배분하는 방법이고, 개별법은 실제 흐름대로 원가를 배분하는 방법이며, 매출가격 환원법은 일종의 추정에 의해 원가를 배분하는 방법이다. 따라서 매출가격 환원법은 기준에서도 당해 회사의 업종이나 재고자산의 특성에 비추어 다른 방법을 적용하는 것보다 합리적이라고 인정되는 경우에 한하여 적용할 수 있다고 제한규정을 두고 있다.

### (2) 원가배분 방법

① 개별법 : 재고자산별로 취득원가를 일일이 추적하여 단가를 결정하는 방법

② 평균법 : 동일, 또는 유사한 재고자산의 원가를 평균하여 평균원가로 기말 재고자산을 평가하는 방법

※ 실사법 하에서는 총평균법, 계속 기록법 하에서는 이동평균법이라 한다.

③ 선입선출법(FIFO) : 물량의 실제 흐름과 관계없이 먼저 매입된 재고자산이 먼저 매출된 것으로 가정하는 방법

④ 후입선출법(LIFO) : 나중에 매입된 재고자산이 먼저 판매된다고 가정하여 재고자산을 평가하는 방법

배분방법의 장 · 단점

| 구 분 | 장 점 | 단 점 |
|---|---|---|
| 개별법 | • 실제원가가 실제수익에 대응되므로 대응원칙에 가장 충실<br>• 고가 소량인 재고자산에 쉽게 적용할 수 있다. | • 종류와 수량이 많은 경우에는 실무상 적용하기 어렵다.<br>• 판매된 재고자산의 원가를 경영자가 임의로 결정할 수 있으므로, 당기손익을 조작할 수 있다.<br>• 여러 재고자산에 공통적으로 관련된 부대비용을 임의로 배분하여 재고자산의 취득원가를 조작할 수 있다. |
| 평균법 | • 실무적으로 적용하기 편리하며, 이익조작의 가능성이 적다.<br>• 실제의 물량 흐름을 파악하는 것은 현실적으로 불가능하므로, 평균원가의 사용이 보다 적절할 수 있다. | • 물가 변동시에 손익계산서 상에 수익 · 비용 대응을 이루지 못하며, 재무상태표 상에 기말재고가 현행원가를 반영하지 못하는 단점이 있다. |
| 선입선출법 | • 선입선출 가정은 일반적으로 실제 물량흐름과 일치하므로, 개별법과 유사한 결과를 얻을 수 있다. | • 현행수익에 과거원가를 대응시키므로 대응원칙에 충실하지 못하다.<br>• 물가가 상승할수록 과거의 원가가 매출수익에 대응되므로, 당기순이익이 과대표시된다. |

| | • 후입선출법보다 적용하기 쉽다.<br>• 체계적이고 객관적이므로 이익 조작의 가능성이 적다.<br>• 기말 재고자산이 가장 최근의 원가로 표시되므로, 재고자산 가액은 현행원가의 근사치로 표현 | |
|---|---|---|
| 후입선출법 | • 현행수익에 현행원가가 대응되기 때문에 대응원칙에 충실하고 가격정책에 관한 의사결정에 유용한 정보를 제공한다.<br>• 재고수량이 감소하지 않는 한 당기순이익을 적게 계상함으로써 세금의 납부를 이연시킬 수 있고, 따라서 기업의 현금흐름이 유리하다. | • 기말 재고자산이 과거의 가격으로 기록되어 현행가치를 나타내지 못한다.<br>• 판매량이 급증하는 경우, 과거의 가격으로 평가된 재고층이 매출원가로 계상되어 당기순이익이 증가하는 후입선출 청산(LIFO-liquidation) 현상이 나타날 수 있다.<br>• 후입선출 청산현상이 나타나게 되면, 당기순이익이 증가하므로 이연되었던 세금을 납부하여야 하는 등 후입선출법의 장점이 모두 상실된다.<br>• 후입선출 청산의 문제를 해결하기 위해 회계기말에 불필요한 재고자산을 구입하는 불건전한 구매 관습이 나타날 수 있다.<br>• 당기순이익이 적게 계상<br>• 실제물량 흐름과 일치하지 않는 경우가 일반적이다. |

■ 원가 흐름의 가정이 당기손익에 미치는 영향

당기중 물가가 계속 상승하고, 기말재고 수량이 기초재고 수량 이상이라고 가정할 때, 평균법, 선입선출법, 후입선출법에 의한 기말재고자산, 매출원가, 당기순이익의 크기를 비교하면 다음과 같다.

원가흐름의 당기손익에 미치는 영향

| | 원가흐름의 가정이 당기손익에 미치는 영향 |
|---|---|
| 기말재고자산 | 선입선출법 < 평균법 < 후입선출법 |
| 매출원가 | 선입선출법 < 평균법 < 후입선출법 |
| 당기순이익 | 선입선출법 > 평균법 > 후입선출법 |

## 5) 소매 재고법

판매가능 상품액의 매가와 원가를 계산하고, 이를 기초로 원가율을 계산한 후, 이와 같은 원가율이 기말재고 자산에도 동일하게 성립한다고 가정한다.

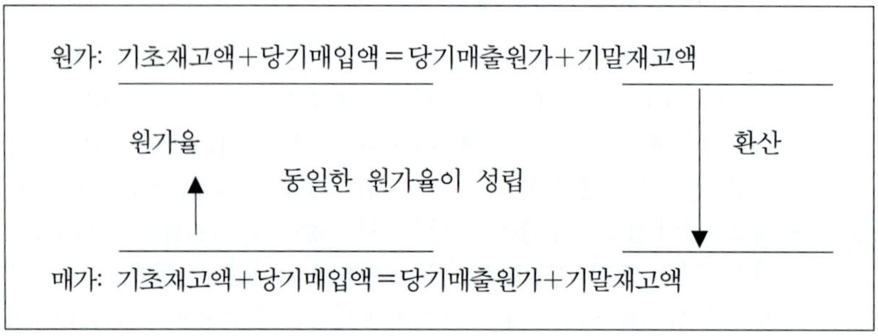


### (1) 소매 재고법의 원리

소매 재고법은 판매가능 재고자산의 매가합계에서 당기 매출액을 차감하여 기말재고 매가를 구하고, 이 금액에 원가율을 곱해서 기말재고 원가를 추정하는 방법이다.

재고자산

| | 원가 | 매가 | | 원가 | 매가 |
|---|---|---|---|---|---|
| 기초재고 | ××× | ××× | 매출액 | | ××× |
| 매입액 | ××× | ××× | 기말재고 | ? | ××× |
| 판매가능 재고 | A | B | 원가 배부액 | A | B |

- 기말재고 매가 = 판매가능 재고매가(B) − 매출액
- 기말재고 원가 = 기말재고 매가×원가율(평균 원가율은 A/B)

### (2) 원가율의 산정 및 적용

재고자산

| | 원가 | 매가 | | 원가 | 매가 |
|---|---|---|---|---|---|
| 기초재고 | ××× | ××× | 매출액 | | ××× |
| 매입액 | ××× | ××× | 기말재고 | | ××× |
| 순인상 | | ××× | | | |
| 순인하 | | (×××) | | | |
| 판매가능 재고 | ××× | ××× | 원가 배부액 | ××× | ××× |

### (3) 소매 재고법의 종류

① 평균원가 소매 재고법

기초 재고액과 당기 매입액이 평균적으로 판매되고 재고로 남는다는 가정에서 기초 재고액과 당기 매입액의 평균 원가율을 구한 후, 평가 원가율을 판매가로 표시한 기말 재고액에 곱하여 기말재고 원가를 결정하는 방법이다.

$$\text{평균원가율} = \frac{\text{원가로 표시된 판매가능 상품}}{\text{매가로 표시된 판매가능 상품}}$$

$$= \frac{\text{기초재고(원가)} + \text{당기매입액(원가)}}{\text{기초재고(매가)} + \text{당기매입액(매가)} + \text{순인상액} - \text{순인하액}}$$

② 선입선출 소매 재고법

기초 재고분부터 매출되고, 기말재고는 당기 매입분부터 구성하는 것으로 보아 기말 재고층을 분석하고, 기말 재고액 중에서 당기 매입분은 당기의 원가율을 기초분은 기초원가율을 각각 적용하여 기말 재고액을 결정하는 방법이다.

$$\text{기초 재고자산 원가율} = \frac{\text{기초재고(원가)}}{\text{기초재고(매가)}}$$

$$\text{당기 매입분 원가율} = \frac{\text{매입액(원가)}}{\text{매입액(매가)} + \text{순인상액} - \text{순인하액}}$$

③ 후입선출 소매 재고법

당기 매입분부터 매출되고, 기말재고를 구성하는 것은 기초 재고자산부터인 것으로 보아 재고층을 분석하고, 기말 재고액중 기초분은 기초원가율을, 당기 매입분은 당기의 원가율을 각각 적용하여 기말 재고액을 결정하는 방법

④ 저가기준 소매 재고법(전통적 소매 재고법)

원가율을 계산할 때, 순인하액을 제외하여 원가율을 낮게 산정함으로써 기말재고자산을 저가로 평가하고자 하는 방법

순인하액이 발생하였다는 것은 재고자산의 가치가 그 만큼 하락했다는 의미이므로, 기말재고를 낮게 평가함으로써 가치하락으로 인한 손실을 매출원가를 통해 비용화하는 것이다.

이 방법도 여러 가지 원가흐름의 가정(평균법 · 선입선출법 · 후입선출법)과 결합하여 사용한다.

$$평균원가율 = \frac{기초재고(원가)+당기매입액(원가)}{기초재고(매가)+당기매입액(매가)+순인상액}$$

(4) 특수한 항목들이 있는 경우의 원가율 산정시의 고려여부

| 구 분 | 원 가 | 매 가 |
|---|---|---|
| 매입운임 | ○ | |
| 매입 환출 | ○ | ○ |
| 매입 에누리·매입 할인 | ○ | |
| 매출 에누리와 환입·매출 할인 | | ○ |
| 정상적 파손 | | ○ |
| 종업원 할인 | | ○ |
| 비정상적 파손 | ○ | ○ |

재고자산

| | 원가 | 매가 | | 원가 | 매가 |
|---|---|---|---|---|---|
| 기초재고 | ××× | ××× | 총매출액 | ××× | ××× |
| 총매입액 | ××× | ××× | 매출 환입 | | (×××) |
| 매입 에누리 | (×××) | | 정상 파손 | | ××× |
| 매입 환출 | (×××) | (×××) | 종업원할인 | | ××× |
| 매입 할인 | (×××) | | | | |
| 비정상 파손 | (×××) | (×××) | | | |
| 순인상 | | ××× | | | |
| 순인하 | | (×××) | 기말재고 | ××× | ××× |
| 계 | ××× | ××× | 원가 배부액 | ××× | ××× |

## 6) 기타

### (1) 매출 총이익률법

매출 총이익률법은 과거의 평균적 매출 총이익률을 이용하여 매출액에서 매출원가를 계산해 내고, 이를 판매가능 재고액에서 차감함으로써 재고자산을 평가하는 방법이다.

매출 총이익률법은 추정에 의해 재고자산 금액이 결정되므로 재무보고 목적으로는 사용할 수 없으며, 재고자산의 타당성 검증에 의한 통제목적일 때, 실지재고 조사 없이 중간 결산할 때, 그리고 도난이나 화재로 인하여 재고자산과 그 기록이 소실된 경우와 같이 정상적인 정보의 이용이 불가능할 경우 등에만 한정적으로 사용이 가능하다.

매출 총이익률법에 의해 기말 재고액을 계산하는 절차는 다음과 같다.

① 매출액에 매출원가율(=1−매출 총이익률)을 곱해서 매출원가를 도출
기말 재고액=판매가능 재고금액−매출액×(1−매출총이익률)

② 판매가능 재고금액에서 매출원가를 차감하여 기말 재고액을 산출
기말 재고액=판매가능 재고금액−매출액÷(1+원가에 대한 이익률)

### (2) 화폐가치 후입선출법

화폐가치 후입선출법은 여러 종류의 재고자산을 한데 묶어 하나의 재고자산 집합으로 보고, 재고자산 집합의 기초 및 기말의 금액과 일정한 원가지수에 의해 후입선출법을 적용하는 방법이다.

화폐가치 후입선출법에 의한 기말 재고액 계산절차는 다음과 같다.

① 기말 재고액을 기말시점의 물가수준을 반영하고 있는 현행원가로 평가

② 현행원가로 측정된 기말 재고액을 기준연도의 가격으로 환원
기준연도 환원액=당기말 재고액×기준연도 물가지수/당기말 물가지수

③ 기준연도로 환원된 기말 재고액을 후입선출을 가정하여 구입연도별로 재고층을 분리

④ 재고층별로 구입연도의 물가지수를 곱해서 기말재고 금액을 확정
기말 재고액=각 재고층별 금액×구입연도의 물가지수

#### (3) 화폐가치후입 소매 재고법

이 방법은 소매재고법에 화폐가치 후입선출법의 원리를 응용한 것으로 기말 재고액 산출절차는 다음과 같다.

① 기말 재고액의 매가를 구하고, 이를 기준연도의 매가로 환원
② 환원된 매가를 후입선출에 입각하여 구입 연도별로 재고층을 분리
③ 각 재고층에 구입연도의 물가지수를 곱하고, 이 금액에 다시 원가율을 곱해서 기말 재고금액을 산출

#### (4) 기준 재고법

일정한 기준 재고수량에 대해서는 사전에 결정된 기준단가를 적용한다.

① 기준 재고수량 초과시 : 기준 재고액＋초과수량×취득원가
② 기준 재고수량 부족시 : 기준 재고액－부족수량×현행원가

#### (5) 재고자산의 기말평가

기업회계기준 제58조 제1항에서는 재고자산은 제조원가 또는 매입가액에 부대비용을 가산하고, 여기에 개별법·선입선출법·후입선출법·이동평균법·총평균법 또는 매출가격환원법을 적용하여 산정한 취득원가를 재무상태표 가액으로 한다.

재고자산의 수량은 계속 기록법, 또는 실지 재고조사법을 통하여 확정하며, 취득단가는 일정한 원가흐름을 가정하여 확정한다. 이때 단가의 측정기준으로 원가법, 시가법, 저가법 등이 적용될 수 있다.

재고자산의 평가방법

| 장부기장 방법 | 원가 흐름의 가정 | 측정기준 |
|---|---|---|
| 계속 기록법, 실지 재고조사법 | 선입선출법, 후입선출법, 이동/총평균법 | 원가, 저가, 매가 |

### 7) 원가법

원가 흐름의 가정에 따라 실제 취득원가에 근거하여 기말재고 자산을 평가하는 방법이다.

## 8) 저가법

### (1) 기업회계 기준에 따른 저가법

기업회계기준 제58조 제2항에서는 재고자산의 순실현 가능가액(추정판매 가액에서 판매시까지 정상적으로 발생하는 추정비용을 차감한 금액)이 취득원가보다 하락한 경우에는 취득원가와 순실현 가능가액의 차이를 재고자산 평가손실로 인식하도록 규정하고 있다.

저가법 = Min{취득원가, 순실현가능가액}

재고자산 평가손실은 원가성 유무에 관계없이 영업외 비용으로 처리하고, 재고자산 장부가액에서 직접 차감하는 회계처리를 한다. 한편, 재고자산을 감액한 이후 순실현 가능가액이 다시 상승하더라도 원가법이 원칙이기 때문에 이미 감액 조정한 재고자산의 장부상 금액을 다시 증액할 수 없다.

### (2) 재고자산 평가손실과 재고자산 감모손실

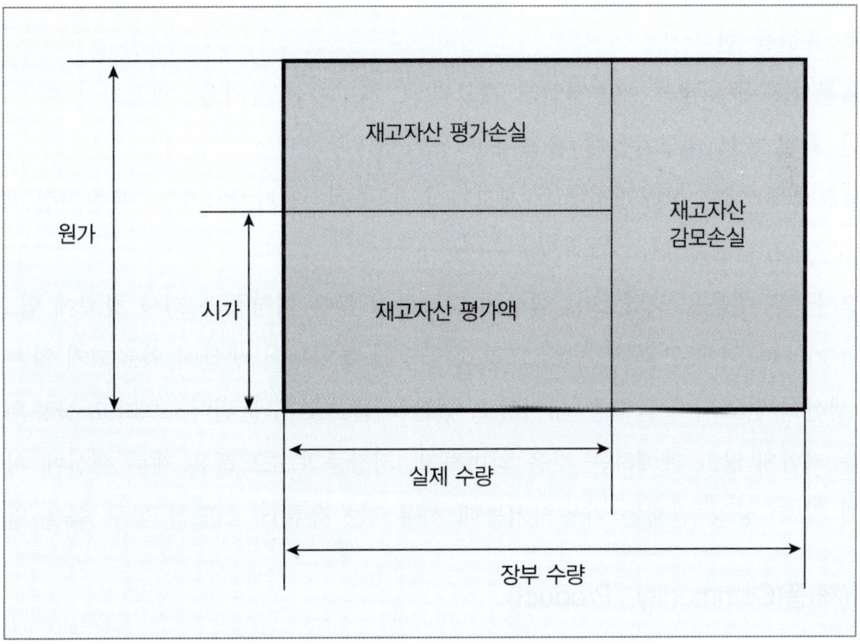

① 재고자산 평가손실 : 재고자산의 순실현 가능가액이 취득원가보다 하락하는 경우의 차액

② 재고자산 감모손실 : 재고자산의 실지 재고량이 장부상의 재고량보다 작은 경우의 차액

| 재고자산 평가손실과 재고자산 감모손실의 계산 | |
|---|---|
| 장부상 수량 × 장부상 단가 - ①<br>실지재고 수량 × 장부상 단가 - ②<br>실지재고 수량 × 저가법 단가 - ③ | 재고자산 감모손실 = ① - ②<br>재고자산 평가손실 = ② - ③<br>재고자산 감모손실 = ③ |

기업회계기준에서는 재고자산 평가손실은 원가성 유무에 관계없이 영업외 비용으로 처리하는 반면, 재고자산 감모손실은 원가성이 있는 경우에는 매출원가로, 원가성이 없는 경우에는 영업외 비용으로 처리하도록 규정하고 있다. 한편, 기업회계기준 제47조 제2항에서는 원가성이 없는 재고자산 감모손실을 별도의 과목으로 구분하지 않고, 재고자산 평가손실의 과목으로 통합 표시하도록 규정하고 있다.

재고자산의 분류에는 업종에 따라 분류가 달라질 수 있고 주로 상(제)품, 반제품, 원재료로 표현을 한다.

비율분석의 종류에는 매출채권대 재고자산, 재고자산 증가율, 재고자산 회전율, 재고자산 회전기간, 재고자산대 유동자산 등이 있다.

비율분석에 의한 상대계정에는 재고자산, 매출액, 전기재고자산, 유동자산 계정이 있다.

재고자산은 주문을 하였으나, 회사에 도착하지 않은 미착품과 회사 창고에 입고되어 사용이 가능한 원재료 및 부재료, 그리고 공정에 투입되어 생산이 완료되지 않은 재공품과 생산이 완료되어 출고를 대기하고 있는 제품으로 구분된다. 그리고 상품은 가공생산을 거치지 않고 판매하는 것을 의미하고, 저장품과 소모품은 제품 생산에 직접 투입되지 않고, 공장 전체를 가동시키는데 사용되는 유류와 소모성 공구 등을 말한다.

### 9) 상(제)품(Commodity, Product)

상품이란 회사가 판매를 목적으로 다른 거래처로부터 구입한 상품을 말하며, 분류를

한다면 상품, 미착상품, 적송품 등을 말한다. 부동산 업종의 경우, 부동산 매매업을 하는 업종에서는 매매를 목적으로 소유하고 있는 토지·건물·기타 이와 유사한 부동산을 상품으로 정의한다.

제품이란 회사가 원부재료 등을 구입하여 생산 가공을 거쳐서 완성품이 된 상태를 말하며, 판매를 하기 위하여 보유된 자산을 말한다.

회사가 생산이나 가공과정을 거쳐서 새로운 형태가 되면 제품, 구매를 한 상태를 그대로 판매를 할 경우에는 상품이라 한다.

상품이나 제품을 판매하여 현금화하는 것이 목적이므로, 이에 대한 재고자산의 구성비를 보아야 한다. 또한 장기 재고품이 존재하는 지를 파악하여 현재 판매가 가능한 제품일 경우에는 추정 매출액에 대비하여 상(제)품의 재고에 의하여 얼마나 매출의 증감이 되는지를 분석하여야 하며, 평균 보유기간을 분석하여 평가하여야 한다.

ERP와 연계하여 평균 재고량을 공제하면, 현재 현금 및 현금 등가물로 전환할 수 있는 금액을 판단할 수가 있다. 또한 악성재고를 판단할 수 있으므로, 이에 대한 해결안도 분석해야 한다.

(1) 상품의 취득원가＝구입가액＋매입부대비용(운임, 보험료, 관세, 하역비, 매입수수료, 통관비 등)－매입 에누리－매입 환출

(2) 제품의 취득원가

기업회계기준 제41조(제조원가)에 의하여 일반적으로 인정된 원가계산 기준(계산준칙 등)에 따라 산정된 제조원가에 의하여 결정

당기제품 제조원가 ＝(기초 재공품 재고액＋당기 총제조 비용)－기말 재공품 재고액
제품 매출원가 ＝(기초제품 재고액＋당기제품 제조원가)－기말제품 재고액

(3) 수입 원자재 관련 회계처리(해석 16-55)

① D/A(인수조건부) Bill Shippr's Usance(공급자신용) Bill 발생이자 취득원가에 포함
② Banker's Usance(은행신용) Bill 발생이자 금융비용으로 처리

### 10) 반제품(Semi-Manufactured Goods)

제품을 생산하기 위하여 필요한 모든 공정(工程)을 완료하지 않은 중간적 제품이다. 반제품은 일정한 공정을 종료해서 그대로 외부에 판매 가능하거나, 적어도 공정 외에서 저장 가능한 상태인 것을 말한다. 예컨대, 공구생산인 경우, 단조(鍛造)공정만 끝나서 대략의 원형이 형성되어 기계가공을 기다리는 형태의 것이다. 매출발생 시에 회계상으로는 제조원가로 평가받는 자산이 된다.

매출액 중에 반제품으로 판매되는 비율을 판단하여 비율이 '0'보다 크면, 매출 이익에 얼마나 기여하는지를 분석하여 본다.

### 11) 재공품(Work in Process)

저장, 또는 판매 가능한 상태에 있는 반제품과는 다르다. 재공품은 앞으로 더 가공하여야만 제품이나 부분품이 될 수 있는 것으로, 그대로는 판매할 수 없다.

가공을 더해야 반제품이나 제품이 될 수 있는 미완성 제품(미완성 반제품)으로 표현할 수 있다. 제품을 제조하기 위하여 생산공정 중에 있는 원・부재료, 구매재료를 재공품으로 한다. 창고에서 출고하여 생산현장에 투입되어 반출이 되지 않는 원・부재료, 구매재료를 말한다. 재고자산에서 재공품의 구성비와 금액에 대한 증감비를 분석한다.

### 12) 원재료(Raw Materials)

제품을 완성하기 위하여 가공되는 원재료의 구매 분을 말한다.

재고자산에서 재공품의 구성비와 금액에 대한 증감비를 분석한다. 원재료에 대한 수급 및 원가절감을 위하여 미리 보유를 하는 경우에는 은행 이자와 비교하여 보유 여부를 판단하는 지침으로 활용하여야 한다.

### 13) 부재료(Other Materials)

제품을 생산하기 위하여 투입되는 주요 원료가 아니고, 부가적으로 사용하는 재료를 말한다.

제품이나 반제품을 가공하기 위하여 투입되는 부가적인 재료로 기업에 있어서는 소수의 금액이 될 수 있기 때문에 낭비의 요인이 될 수 있으며, 관리에서 제외가 되고 있는 부분이다. 작은 물이 모여서 큰 물이 되듯이 작은 금액이라도 소홀히 하지 말고,

관리를 하는 방안을 찾아야 되므로 매출액의 증감, 또는 생산량의 증감에 따라 부재료의 증감을 분석 관리하여야 한다.

### 14) 미착상품(Materials in Transit)

회사가 자재를 주문하였으나, 결산일 현재 입고되지 않고 운송 중에 있는 물품을 말하며, 주로 수입하는 경우에 발생한다. 상품 또는 반제품, 원재료를 말할 수 있으므로, 이에 대하여 중요하다고 볼 수 있다(상품대금을 선지불하였을 경우에 해당한다).

미착상품은 결산일 현재 도착하지 아니한 상품을 말하며, 선적지 인도기준에 의한 상품구입의 경우에는 운송중이라도 구매자의 재고자산에 해당되며, 목적지 인도기준에 의하면 목적지에 도달하기 전까지는 판매자의 재고자산에 해당된다.

기업회계 상의 수입품을 미착품으로 인식하는 시점은 구매계약 조건 등에 따라 회사가 상품 등에 대한 실질적인 권리를 취득하는 시점이다.

미래에 발생한 이익이므로, 상품 수입인 경우에는 미래수익 창출 능력도 분석을 실시하여야 한다. 상품대금을 선지급 하였으므로 이에 대한 대출이자율, 또는 정기예금 이자율을 적용하여 손실비용을 동시에 분석되어야 한다.

### 15) 저장품(Supplies)

원재료나 부재료와 달리 제품을 구성하는 요소가 아닌 소모품, 소모공구, 가구, 비품, 수선용 부분품 및 기타의 저장품을 말한다. 이는 연료, 유류, 못, 포장재료 기타 사무용품 등의 소모품으로 금액이 적거나, 사용함으로써 소모되는 자재를 말한다.

제품이나 반제품을 가공하기 위하여 사용되는 소모품적인 재료로 기업에 있어서는 소수의 금액이 될 수 있기 때문에 낭비의 요인이 될 수 있으며, 관리에서 제외되고 있는 부분이다. 매출액의 증감 또는 생산량의 증감에 따라 소모품의 증감을 분석 관리하여야 한다.

## 4. 비유동자산

비유동자산은 건물, 토지 등 기업이 비교적 장기간에 걸쳐 영업활동에 사용하고자 취득한 자산이며, 유동자산은 현금, 예금, 상품 등 1년 이내에 환금할 수 없는 자산 또는 전매할 목적으로 소유하고 있는 자산이다.

유동자산은 영업활동에 의한 자산으로 분류하면, 비유동자산은 투자활동이나 재무활동에 의하여 이루어지고 있다.

유형자산, 무형자산, 투자와 기타 자산의 3종류로 이루어져 있다. 회계 이론상으로는 유동자산에 대응되는 개념이다. 유형자산에는 건물·구조물·기계 장치·토지·건설 가계정 등이 속하고, 무형자산에는 영업권·특허권·광업권 등이 속하며, 투자와 기타 자산에는 투자 유가증권·관계회사 주식·관계회사 사채·출자금·장기 대부금 등이 속한다. 유형자산(단, 토지는 제외)과 무형자산은 감가상각의 대상이 되므로, 재무상태표에서 전자는 감가상각의 누계액이 감가상각 충당금으로 표시되어 그것의 취득원가에서 공제되는 형식으로 평가하여 표시되고, 후자는 상각 합계액을 취득원가에서 직접 빼낸 미상각 잔액으로 표시된다. 또한 투자 기타의 자산은 원칙으로 취득원가로 표시하게 되어 있다.

이러한 취득원가를 기초로 한 표시는 물가변동이 극심할 때, 그 표시금액이 현저하게 실태와 차이가 발생하게 되는 문제가 있다.

자산에서 유동비율과 비유동자산의 구성비를 분석하여 보면, 비유동자산이 차지하는 비율이 유동자산 보다 크면, 기간산업이 아니고서는 비유동자산 구성비가 유동자산 구성비보다 작아야 한다.

미래의 매출액을 실현하기 위한 자산으로 투자자금이 서서히 회수되므로, 비유동자산의 규모가 상대적으로 높으면 단기유동성이 낮음을 의미한다.

미래 수익을 창출함으로써 장기적인 수익성 측면을 고려해야 하고, 장기적으로 비수익성 자산이 있는가 등을 고려하여야 한다.

비율분석의 종류에는 비유동자산비율, 고정장기적합비율, 고정비율, 비유동자산 증가율, 비유동자산 회전율, 유형자산 증가율, 매출액대비 연구개발비, 감가상각률, 비유동자산 적합률, 영업자산 회전율, 비유동자산 회전율, 노동장비율, 설비투자효율, 기계장치효율 등이 있다.

비율분석에 의한 상대계정으로는 총자산(본), 자기자본+비유동부채, 자본총계, 전기 고정자산, 매출액 등이다.

### 1) 투자와 기타자산(Investments and Other Assets)

회사의 자금 여유분을 가지고 이익을 창출하고자 투자목적으로 지출, 또는 관리하는 자산이며, 장기에 걸쳐 이자 및 배당수익을 얻을 목적이나 다른 기업을 지배·통제할 목적으로 취득한 자산을 말한다. 투자자산에는 장기성 예금, 투자 유가증권, 출자금, 관계회사 주식, 관계회사 사채, 관계회사 출자금, 투자 부동산 등이 포함된다.

기타자산은 비교적 중요도가 낮은 자산으로 특정의 자산그룹에 속할 수 없기 때문에 따로 묶어 별도로 분류하는 자산이다. 기업회계기준상 기타자산은 유동자산, 투자자산, 유형자산, 무형자산, 기타 유형자산에 속하지 않는 자산이다.

기업회계기준에서는 기타자산을 투자자산과 묶어 '투자와 기타자산'으로 표현하고 있다.

기타자산의 항목으로는 장기대여금, 장기성 받을어음, 주주·임원·종업원 장기 대여금, 관계회사 대여금, 특정 현금과 예금, 전세권, 전신전화 가입권, 임차 보증금, 영업 보증금, 부도어음, 그 밖의 기타자산 등이 있다.

투자자산의 분류로는 장기 금융상품, 만기보유 증권, 매도가능 증권, 지분법적용 투자주식, 장기 대여금, 장기성 매출채권(장기의 외상 매출금과 받을 어음), 투자 부동산, 보증금, 이연법인세 자산 등이다.

투자와 기타자산의 분석방법으로는 투자활동에 대하여 분석하며, 얼마나 투자하여 회사의 경상이익에 추가가 되었는지를 분석한다. 투자자산별 수익이익률을 분석하여 평가한다. 첫째, 투자자산 무수익성 자산이 없는가? 둘째, 가치가 상승·하락된 투자자산이 없는가?로 볼 수 있다.

### 2) 장기 금융상품(Long-Term Financial Instruments)

당좌자산에 속하는 단기금융상품은 결산일로부터 1년 이내에 현금으로 회수가 가능한 금융상품이다. 이에 반해 투자자산 중 장기금융상품은 정기적금과 정기예금처럼 만기가 장기에 걸쳐는 예금 중 결산일로부터 1년 이후에 만기가 도래하는 예금을 의미한다. 결산일로부터 만기가 1년 이상인 예금은 일반적으로 많은 이자수입을 얻기 위한 예금으로 보아 투자자산으로 분류한다.

장기 금융상품은 많은 기업에서 현금의 여력이 있는 업체는 금융상품으로 단순 존재하므로, 이에 대한 은행이자 수익만 계산하면 되지만 현금의 여력이 없는 기업에서는 이를 담보로 현금을 차용하므로, 분석의 관점을 조금 다르게 하여 미래에 발생할 이자수입이다.

### 3) 만기보유증권

유가증권 중에서 만기가 확정된 채무증권으로 상환금액이 확정되었거나, 확정이 가능한 채무증권(원금과 이자의 상환금액과 상환시기가 약정에 의하여 확정된 채권)을 만기까지 보유할 적극적인 의도와 능력이 있는 경우에는 만기 보유증권으로 처리한다.

다만, 이자가 시장금리 등에 의해 변동되는 변동금리부 채권은 이자의 상환금액은 확정되어 있지 않지만, 원금과 만기 시에 확정되어 있기 때문에 만기 보유증권에 해당한다.

회사의 현금흐름과 같이 분석을 하여 이에 대한 매도 시기나, 보유하므로써 발생한 손실과 이익에 대한 분석을 실시하여야 한다.

### 4) 매도가능 증권

단기매매 증권이나 만기보유 증권으로 분류되지 않는 유가증권으로 문자 그대로 매도가 가능한 유가증권을 말한다.

회사의 현금 흐름과 같이 분석을 하여 이에 대한 매도 시기나, 보유함으로써 발생한 손실과 이익에 대한 분석을 실시하여야 한다.

### 5) 지분법 적용 투자증권

회사는 신규사업을 할 수도 있지만, 법률적으로는 독립된 자회사를 설립하여 신규사업을 할 수도 있다. 예를 들어 건설회사가 전혀 업종이 상이한 제약업에 신규 진출하는 경우, 자체적으로 사업을 영위하는 것보다 독립된 자회사를 설립하여 사업을 전개하는 것이 보다 유리하다.

분석방법으로는 자회사의 지분에 의한 경영에 영향력이 있을 경우에는 분석평가를 실시한다.

- 회사의 이사회, 또는 의사결정 기관에 참여하는 경우
- 회사의 이익잉여금 분배나, 내부유보에 관한 의사결정에 참여하는 경우
- 회사의 영업정책에 대한 의사결정에 참여하는 경우
- 회사간의 중요한 내부거래(매출 매입거래, 또는 자금거래 등)
- 회사간의 경영진 교류
- 필수적인 정보의 교환

### 6) 장기 대여금(Long-term Loans)

유동자산에 속하지 않는 장기 대여금, 즉 결산일로부터 1년을 초과하여 상환기간이 도래하는 대여금, 즉 결산일로부터 1년을 초과하여 상환기간이 도래하는 대여금을 말한다. 특히 회사가 임직원들에게 주택구입 자금으로 장기간에 걸쳐 대여한 후, 급여에서 일부씩 공제하여 상환받은 주택자금에 대한 대여금도 여기에 포함되며, 그 금액이 매우 커서 중요하다고 판단하면 주주・임원・종업원 장기대여금을 처리한다.

계열회사에 장기간에 걸쳐 자금을 대여한 것도 동일하게 관계회사 장기 대여금으로 처리한다. 현금 흐름 관점에서 분석하여 장기 대여금에 대한 구성비를 조정하여야 한다.

### 7) 보증금(Guarantee Deposit)

회사가 영업활동을 수행하면서 일정한 거래에 대한 보증을 위해 거래처에 예치한 금액을 말한다. 이러한 보증금은 예치한 목적이나, 용도에 따라 여러 가지 유형으로 구분된다. 보증금에서는 전신전화 가입권, 임차 보증금, 거래 보증금, 입찰 보증금, 하자 보증금 등이 있다. 이처럼 보증금은 여러 가지 유형이 있으며, 그 금액이 건별로 큰 경우에는 별도로 구분하여 각 계정과목별로 처리하고, 금액이 크지 않아 중요하지 않는 경우에는 통합하여 보증금으로 처리해도 무방하다.

분석 시에 은행이자를 기준으로 하여 회사가 차용하는 이자에 보증금에 손실 이자를 포함하여 이자지급 비용으로 분석을 하여야 한다.

### 8) 투자 부동산(Investment in Real Estate)

건설회사가 아파트나 상가를 지어 분양할 목적으로 취득하는 부동산은 재고자산의 용지계정으로 처리한다. 이에 반해 제조회사가 공장을 건설할 목적으로 취득한 부동산은 유형자산의 토지가 공장을 건설할 목적으로 취득한 부동산은 유형자산의 토지로 처리한다. 그러나 제조회사가 지가상승을 목적으로 부동산을 취득하게 되면, 이는 재고자산이나 유형자산이 아닌 투자자산 중의 투자 부동산으로 처리한다. 여기에는 기업들이 업무용 이외의 목적으로 취득한 비업무용 부동산이 해당한다.

투자 부동산에 대한 보유시기 및 매도를 판단하기 위하여 자기자본의 투입금액 대비 이자율과 차용 시에 투입된 금액의 이자율을 합산하여 부동산의 시세에 따라 이익을 판단하여 분석한다.

## 2.2 유형자산(Tangible Assests)

### 1. 유형자산의 일반사항

유형자산은 전매를 목적으로 하지 않고, 1년 이상 영업활동에 사용할 목적으로 소유하고 있는 물리적 실체가 있는 자산을 말하며 토지, 건물, 구축물, 기계장치, 선박, 차량운반구, 건설중인 자산 등이 포함된다. 토지와 건설중인 자산 등 비상각 자산을 제외한 대부분의 유형자산은 사용, 또는 시간의 경과에 따른 가치 감소분에 대해 감가상각을 통해 비용으로 배분되며, 감가상각 충당금을 차감한 순액으로 표시된다.

#### 1) 유형자산의 분류

(1) 유휴자산

일시적인 유휴 또는 장기 유휴설비는 유형자산으로 분류

(2) 공병 또는 용기

주류회사, 또는 음료수회사에서 공병 또는 용기를 회수하여 재사용하는 경우에는 유형자산으로 분류

(3) 토지는 다음과 같이 분류할 수 있다.

① 영업활동 목적으로 취득 : 유형자산
② 투자목적으로 취득 : 투자자산
③ 판매목적으로 취득 : 재고자산

#### 2) 유형자산의 취득원가

(1) 취득원가

제작원가, 또는 매입가액에 취득 부대비용을 가산한 금액

= 당해 자산의 제작원가 구입가격+운반비+설치비+관세+취득세 등록세+시운전비+취득 후 자본적 지출액+건설자금 이자

#### (2) 토지의 취득원가

취득원가 = 구입가격+취득세 등록세+토지의 구획 정리비+배수 공사비+조경 등의 비용+건물을 짓기 위하여 취득한 토지원가

토지 위에 있는 구 긴물 철거 청소 등에 소요된 원가는 토지원가에 가산하며, 내용연수가 영구 및 반영구적인 경우, 토지의 취득원가에 산입하고, 감가되는 성질의 시설 등은 구축물로 처리한다.

#### (3) 철거건물의 장부가액 처리

장부 가액의 처리 방법으로 다음과 같은 경우가 있다.

토지 건물 일괄취득 후, 신건물 신축을 위해 기존건물을 철거하는 경우, 건물취득금액 및 철거관련 비용을 토지의 취득원가로 계상하며, 기존에 사용하던 건물을 철거하고, 신건물을 신축하고자 하는 경우, 건물의 미상각 장부가액과 철거비용은 당기비용 처리한다. 법인세법은 신건물의 원가 산입, 기존건물을 철거하고 토지를 임대하는 경우, 기존건물 미상각 장부가액은 전액 당기비용 처리를 한다.

#### (4) 부동산의 취득시기

잔금 청산일, 소유권 이전 등기일, 또는 매입자의 사용 가능일 중 가장 빠른 시기를 적용한다.

#### (5) 교환 현물출자 증여 등으로 취득한 자산

증여, 또는 무상으로 취득한 자산, 공정가액을 취득원가로 한다.

교환으로 취득한 자산에는 다음과 같다.

① 이종 자산간의 교환

교환으로 제공한 자산의 공정 가액을 취득원가로 하며, 이에 따라 처분손익을 인식

② 동종 자산간의 교환

토지 건물 등을 제외한 교환시 현금 등이 수수되지 않은 경우에는 교환으로 제공된 자산의 장부가액을 취득원가로 할 수 있다.

③ 주식발행에 의한 취득자산

취득자산의 공정가액과 발행된 주식의 시가 중에서 보다 명확히 측정되는 금액

### (6) 강제 매입하는 유가증권 및 유형자산 등의 취득원가

국공채 매입가액, 국공채 현재가치 금액 등은 유형자산의 취득원가에 산입

### (7) 일괄구입에 의한 자산의 취득원가

토지, 건물 등을 일괄 구입한 경우에는 각 자산의 공정가액(감정가액, 법인세법상 기준시가)을 기준으로 자산별로 안분하여 계산한다.

이에 대해 법인세법에서는 감정가액이 있는 경우에도 기준시가에 비례하여 취득가액을 안분 계산하도록 하고 있다

### (8) 자산의 회수가능 가액평가

① 대상

기업회계기준에서 별도로 평가기준을 정하지 아니한 모든 자산에 대해 진부화, 물리적인 손상 및 시장가치의 급격한 하락 등의 원인으로 인하여 회수가능 가액이 장부가액에 미달하는 자산으로 그 차이 내용이 중요한 자산이 된다.

② 평가손실 금액처리

장부가액에서 회수가능 가액을 차감한 후 잔액이 자산감액 손실(영업외 비용)액이 된다.

③ 회수가능 가액

순실현 가능가액(판매가액-추정판매 비용)과 사용가치(당해 자산을 사용함에 따라 미래에 유입될 현금흐름의 현재가치) 중에서 큰 금액이다.

④ 회수가능 가액 회복시 감액하기 전의 장부가액을 한도로 회복금액을 자산감액 손실환입(영업외 수익)으로 처리한다.

유형자산의 분석의 방법으로는 유형자산은 사업 초기나 사업 중도에 미래의 수익을 위하여 투입된 자산이므로, 투입자산 대비 영업이익이나 경상이익을 분석하여야 하며, "불필요한 자산이 존재하는가? 감가상각을 정상적으로 하였는가?"를 상기하여 보아야 한다.

## 2. 토지(Land)

영업을 위하여 소유하고 있는 토지를 말하며 대지, 임야, 전답, 잡종지 등이 포함된

다. 따라서 전매를 목적으로 소유하고 있는 토지나, 비업무용 토지는 재고자산이나, 투자자산으로 표시한다. 토지의 취득원가에는 구입가액과 취득세, 등기 및 명의 이전비, 토지의 정리비용, 조경비용 등 토지를 사용 가능한 상태로 만들기까지 지출되는 모든 비용이 포함된다.

토지에 대한 효용성을 판단하여야 하여 분석을 실시한다. 즉 보유하고 있는 토지의 활용성에 분석을 주안점에 두어야 한다.

## 3. 건물과 구축물(Buildings and Structures)

건물은 기업이 영리목적으로 토지에 건설한 건축물과 그것의 영속적 부속설비로써 건물과 냉난방, 조명, 통풍 및 기타의 건물부속설비가 포함된다. 구축물은 토지에 정착하는 토목설비, 또는 공작물로 선박, 교량, 암벽, 부교, 궤도, 저수지, 갱도, 굴뚝, 정원설비 등이 포함된다.

건물과 구축물에 대한 효용성을 판단하여 분석을 실시한다. 다시 표현을 하면 보유하고 있는 건물과 구축물의 활용성에 분석을 주안점에 두어야 한다.

## 4. 기계장치(Machinery and Equipment)

기계장치는 일반기계와 컨베이어, 호이스트, 기중기 등의 운송설비 및 기타의 부속설비 등을 말하는데 운송장 가격, 운임, 운송 보험료, 취득세, 설치비용, 시운전 비용 등이 취득원가에 포함된다. 기계는 동력을 받아서 외부의 대상물에 작업을 가하는 설비의 단위를 의미하며, 장치는 대상물을 내부에 수용하여 이것을 변질, 변형, 분해, 운동시키는 설비의 단위를 말한다.

기계장치는 생산성에 중점을 두고 분석을 실시하여야 한다.

### 1) 차량, 선박 및 운반구(Vehicles, Ships and Transportation Equipment)

차량, 선박 및 운반구는 기업소유의 철도차량, 자동차 및 기타의 육상 운반구와 선박 및 기타의 수상 운반구를 말하며, 차량, 선박 및 운반구는 생산성에 중점을 두고 분석을 실시하여야 한다.

### 2) 건설중인 자산(Construction in process)

건설중인 자산은 유형자산의 건설을 위해 재료비, 노무비 및 경비 등이 지출되었으나, 건설이 완료되지 아니한 경우와 건설의 목적으로 재료와 기계설비의 도입을 위한 지출을 행하였으나, 아직 현품이 도착되지 않은 경우에 일방적으로 처리하기 위한 계정으로 건설이 완료되거나, 현품이 도착하여 영업에 사용하게 된 때에는 해당 유형자산 계정으로 대체 처리한다. 또한 건설자금에 직접 사용되었음이 인정되는 차입금의 순금융 비용은 건설중인 자산에 포함한다.

현재의 투입된 비용과 미래의 투입될 비용에 대한 수익성 분석을 일정기간 마다 분석한다.

## 5. 차량운반구

회사에서 제품이나 상품 원재료 등을 운반하기 위해 보유하고 있는 자동차, 자전거, 손수레 등 모든 운송설비를 차량 운반구라고 한다. 건설회사가 땅을 고르기 위해 사용하는 트럭, 불도저 등도 여기에 해당한다. 차량운반구는 생산성에 중점을 두고 분석을 실시하여야 한다.

## 2.3 무형자산(Intangible Assets)

무형자산은 구체적인 물리적 존재형태가 없으며, 장래의 경제적 효익의 가치와 존속기간이 다른 자산에 비해 불확실한 비유동자산으로 여기에는 영업권과 같은 사실상의 권리와 특허권, 실용신안권, 의장권, 상표권, 광업권, 어업권 등의 법률상의 권리가 포함된다.

무형자산은 상대성 분석이 되어야 한다. 기업에서 무형자산에 투입된 비용이 많다고 하더라도 상대가 인정을 하지 않을 경우에는 회수 금액은 제로가 되기 때문이다.

분석의 기준은 현재나 미래의 수익이 될 수 있는 무형자산만 분석이 대상이 되며, 소프트웨어에 대한 것은 생산성에 주안을 두고 분석을 실시하며, 연구개발비는 투입대비 수익예상으로 분석을 한다. "무수익 자산이 있는가?, 미래의 발생할 수 있는 수익이 있는가?"를 생각하여 보아야 한다.

## 1. 연구개발비(Research & Development costs)

신제품, 신기술의 연구, 또는 개발활동을 위하여 비경상적으로 발생되며, 미래의 경제적 효익을 기대할 수 있는 것으로 계상년도부터 5년 이내에 매기 균등상각한다. 투입 대비 수익예상으로 분석을 한다. 주로 기업을 미래성을 판단할 경우에 분석의 기준이 될 수 있다.

## 2. 영업권(Goodwill)

다른 회사가 보유하고 있는 영업비밀이나, 기술특허 등을 유상으로 대가를 지급하고 구입하는 경우, 처리하는 계정과목이다. 회사가 다른 회사를 인수합병하면서 순재산가액(자기자본)을 초과하는 대가를 지급하는 경우, 초과액은 그 회사의 영업상의 노하우에 대한 대가로 보아 영업권으로 처리한다. 또한 상가를 임차하여 사용하는 사람에게 원래의 임차 보증금보다 더 많은 대가를 지급하는 소위 권리금도 일종의 영업권으로 볼 수 있다. 영업권을 매입하는데 투입된 비용과 이자대비 영업권으로 발생한 영업이익을 비교 및 분석한다.

## 3. 산업재산권

회사가 장기간의 연구개발을 통해 신제품 신소재를 개발하거나, 새로운 기업 이미지 정착을 위한 상표도안 등은 기업 나름대로의 특성을 보여주고 있다. 이처럼 산업 재산권이란 법석으로 일정기긴 독점적 배타적으로 이용할 수 있는 권리를 말한다.

산업 재산권에는 자신이 발명한 것을 특허청에 등록하여 타인이 사용할 수 없게 하는 특허권, 특정 고안이 실용신안법에 등록되어 이를 일정기간 독점적 배타적으로 이용할 수 있는 실용신안권, 물품의 형태, 규모, 색상 및 그 결합 등에 신규의 장식적 고안이나 발명을 한 경우에 그 의장에 관계되는 물품을 영업에 의하여 조작, 사용, 판매 또는 배포하는 독점적인 권리인 의장권, 특정 상표가 상표법에 의하여 등록되어 이를 일정기간 독점적 배타적으로 이용할 수 있는 상표권 등이 있다.

산업재산권으로 보호를 받거나, 수익이 발생하는 제품이나, 연구개발에 대하여 이익을 배분하여 분석을 실시한다.

### 4. 광업권과 어업권, 차지권

무형자산에는 광업권이나 어업권 및 차지권과 같이 회사가 배타적으로 전용하여 사용하는 권리가 있다. 광업권이란, 광업법에 의하여 등록된 일정한 광구에서 등록을 하여 광물과 같은 광산 중에 부존하는 다른 광물을 채굴하여 취득할 수 있는 권리를 말한다. 어업권은 수산업법에 의하여 등록된 일정한 수면에서 어업을 경영할 권리(입어권 포함)를 말한다. 차지권은 임차료, 또는 지대를 지급하고 타인이 소유하는 토지를 사용하여 수익할 수 있는 권리(지상권 포함)를 말한다. 광업권, 어업권, 차지권으로 보호를 받거나, 수익이 발생하는 이익을 배분하여 분석을 실시한다.

### 5. 라이센스와 프랜차이즈

기업이 기술도입 계약을 하게 되면, 그 대가로 통상 로열티를 지급하게 되는데, 로열티에는 계약시점에 계약금 명목으로 주는 부분과 매출액, 또는 생산량에 비례해서 주는 부분으로 구분된다. 라이센스와 프랜차이즈로 보호를 받거나, 수익이 발생하는 대하여 이익을 배분하여 분석을 실시한다.

## 2.4 부채(Liability)의 실전 적용

### 1. 부채의 특징

기업을 운영하기 위하여 투입되는 자본을 타인자본과 자기자본으로 구분을 하는데 기업을 창업, 또는 기업을 운영하면서 주식회사일 경우에는 주주가 투자한 금액을 자기자본이라 하고, 그 이외의 금액을 타인자본, 즉 부채라고 한다. 즉 기업이 갚아야할 금액을 총칭하는 것이다.

부채란, 과거의 거래나 차입으로 인한 결과로 인하여 현재나 미래에 경제적 이익으로 상환, 또는 갚아야 하는 의무를 지는 것이다.

① 부채는 과거의 결과로부터 나타난 것으로 현재의 시점에서 그 채무가 존재하여야 한다.
② 부채에는 법적인 채무는 물론, 기업의 대외관계를 좋게 유지하기 위하여 부담하여야 할 의무도 포함된다.
③ 지급액 및 지급시기를 현 시점에서 명확히 알 수 없는 경우라도 미래의 특정시기에 지급하여야 할 것이 합리적으로 예상할 수 있는 경우에는 부채로 인식하여야 한다.
④ 부채의 채권자는 원칙적으로 누구인지를 확인할 수 있어야 하지만, 구체적으로 채권자가 확정되지 않는 경우에도 비용의 공평한 배분을 위하여 부채로 인식할 수 있다.

## 2. 부채의 종류

### (1) 부채의 존재성과 금액의 불활실성 정도에 따른 분류

① 확정 유동부채 : 매입채무, 단기차입금, 미지급금, 선수금, 예수금, 미지급비용, 미지급법인세, 미지급배당금, 유동성 장기부채, 선수수익, 단기부채성 충당금
② 우발부채 : 계류 중인 소송사건, 타인의 채무에 대한 지급보증 등

### (2) 채무이행의 장단기에 따른 분류

① 유동부채 : 1년, 혹은 1영업주기 이내 지급기일 도래 부채
② 비유동부채 : 1년, 혹은 1영업주기 이내에 지급기일 도래하지 아니하는 부채

부채의 인식기준과 종류

| 지급일과 금액 고정된 의무 | 금액은 고정, 지급일이 고정되지 않은 의무 | 지급일과 금액 추정의무 | 미이행 계약에 대한 선수금으로 발생하는 의무 | 우발채무 | 상호간 미이행 계약하의 의무 |
|---|---|---|---|---|---|
| 지급어음<br>미지급이자<br>사채 | 매입채무<br>미지급급료<br>미지급 법인세 | 제품보증채무 | 선수임대료<br>선수구독료 | 채무지급보증<br>계류중 소송사건 | 매입계약<br>고용계약 |

확실〈———————————————〉불확실
〈——————부채 인식——————〉〈—부채 인식 안함—〉
〈———확정부채———〉〈———추정부채———〉

### 1) 확정유동부채(Determinable Liabilities)

(1) 매입채무(trade payable) : 외상 매입금(accounts payable), 지급어음(notes payable)

(2) 단기 차입금(short-term loan payable)

단, 단기어음 차입금이 이자부어음인 경우 : 발생이자 구분표시

(3) 미지급금(accounts payable-other)과 미지급 비용(accrued expense)

(4) 선수금(advance received), 선수수익(unearned revenue), 예수금(deposits received)

(5) 유동성 장기부채(current maturities of long-term debt)

### 2) 우발부채(Contingent Liabilities)

우발상황(contingency) : 미래 사건에 대한 불확실한 현재의 상태와 상황으로 기대손실과 우발손실로 분류하며, 기대이득은 우발이득으로 변화된다.

① 재무상태표일 현재 순자산이 감소하였음이 거의 확실하고, 금액을 합리적으로 추정할 수 있는 경우 → 손실 재무제표 계상(이 경우 당해 우발상황의 내용과 재무제표에 계상한 손실금액을 주석으로 기재)

② 재무상태표일 현재 순자산이 감소하였음이 거의 확실하거나 손실금액을 합리적으로 추정할 수 없는 경우, 또는 순자산이 감소하였음이 거의 확실하지 아니한 경우 → 우발상황의 내용, 우발상황이 확정될 경우의 재무적 영향, 금액추정이 곤란한 사유 등을 주석으로 기재

③ 우발이득이 발생하는 우발상황은 확정될 때까지 재무제표에 반영하지 아니한다. 다만, 우발이득이 발생할 가능성이 확실하고, 금액을 합리적으로 추정할 수 있는 경우 → 우발상황의 내용을 주석으로 기재

#### (1) 우발손실

| 금액 추정 가능성 / 우발 발생 가능성 | 금액의 합리적 추정 가능시 | 금액의 합리적 추정 불가능시 |
|---|---|---|
| 거의 확실한 경우<br>(probable) | 재무제표 계상 | 주석 공시 |
| 어느 정도 가능한 경우<br>(reasonably possible) | 주석 공시 | 주석 공시 |
| 가능성이 희박한 경우<br>(remotely possible) | 공시하지 않음<br>(단, 계류중인 소송사건과 담보, 보증사항은 주석 공시) | 공시하지 않음<br>(단, 계류중인 소송사건과 담보, 보증사항은 주석 공시) |

(2) 우발상황으로 분류되는 우발항목으로는 타인의 채무보증, 상환청구가능, 소송사건, 클레임 등이 있다.

(3) 우발상황으로 분류되지 않는 우발항목

① 판매보증과 제품보증

회계처리 : 현금기준법, 발생기준법(발생기준법 : 비용발생법(보증비용 처리법), 수익이연법(보증수익 처리법) )

② 판매촉진을 위한 경품권 : 수익, 비용대응의 원칙에 따라 상품의 판매시 예상되는 비용인식

(4) **후속사건과 우발채무** : 후속사건이란 재무상태표일과 재무제표공표일 사이의 기간에 발생하는 사건으로 재무제표에 중대한 영향을 미치는 거래나 사건(본문이나 주석 공시)

① 재무제표의 수정을 요하는 후속사건

② 주석공시 후속사건

③ 재무제표의 수정이나 주석 공시가 필요 없는 사건

자산과 부채의 상호관계

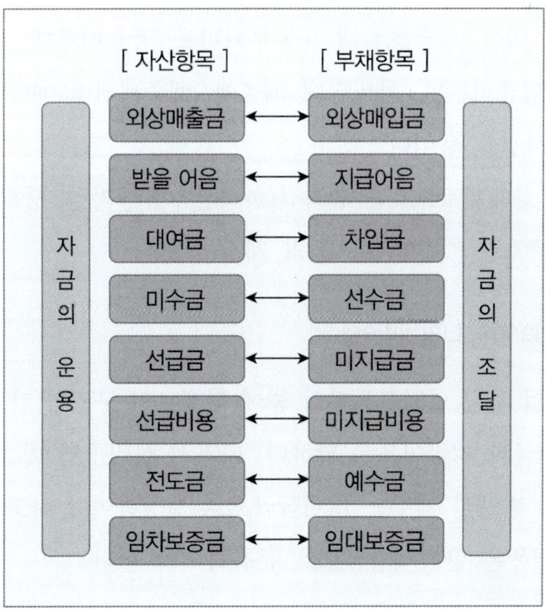

## 3. 유동부채(Current Liability)

회계 상의 부채 가운데, 비교적 단기간에 금전의 지불의무 또는 재・역무의 급부의무를 지는 것이다. 비유동부채에 대비되는 개념이다. 재무상태표의 부채 부분에 구별 표시된다. 유동부채가 되는 것은 정상영업 순환과정에서 생긴 매도금, 지불수표, 전수금 등이다. 다음으로 다음날 정상영업 순환과정 이외에서 생긴 부채에 대해서 1년 기준이 적용되고, 재무상태표일 다음날부터 기산하여 1년 이내에 지불, 또는 급부기일이 도래하는 것은 유동부채가 된다. 차임금・사채 및 각종 담보금과 미지급금 등에는 1년 기준이 적용되며, 단기 차임금, 1년 이내에 상환되는 사채, 수선준비금 등도 유동부채가 되며 분류에는 매입채무(외상 매입금과 지급어음), 단기 차입금, 미지급금, 미지급비용, 미지급 법인세, 미지급 배당금, 선수금, 예수금, 선수수익, 유동성 장기부채등이다.

재무상태표에서 기업의 부채에 대한 당기에 갚아야 할 부채의 총액을 파악하고, 이에 대한 계획 및 부채의 종류별로 분석을 하여 안정적인 현금유동성을 가지고 가기 위함이다.

그러므로 유동자산과 비교하여 분석을 실시하는 것이 가장 중요하다. 부채에서 유동부채과 비유동부채의 구성비를 분석하면, 유동부채의 구성비가 비유동부채의 구성비보다 작아야 상환에 대한 부담을 줄여 현금 유동성을 좋게 가져갈 수 있다.

유동부채의 비율분석의 종류에는 유동비율, 당좌비율, 순운전자본대 총자본비율, 현금비율, 유동부채 비율, 현금흐름대 유동부채비율, 금융비용대 부채, 차입금 평균이자율, 부채비율, 차입금의존도, 차입금대 매출액, 매출채권대 매입채무, 순운전자본대 총자본, 매입채무 회전율 등이다.

비율분석에 의한 상대계정으로는 총자산(총자본), 유동자산, 당좌자산, 현금과 예금, 전기 유동자산, 현금흐름+이자비용 등의 계정이 있다.

### 1) 매입채무(Purchases Liabilities)

매입채무는 기업의 주된 영업활동과정 중에 원재료의 구입과 같은 일반적 상거래에서 발생한 외상매입금과 지급어음을 말한다. 따라서 설비구입 대금 등과 같이 일반적인 상거래 이외에서 발생한 채무는 미지급금으로 계상하여야 하고, 차입을 위하여 금융기관에 발행한 어음은 단기차입금으로 분류하여야 한다.

외상매입금이란 상품이나 원재료, 부품구매 등을 구입하고, 매입 세금계산서를 받은 것 중에 지급하지 않은 외상대금을 지칭하며, 외상대금을 현금으로 지급하지 않고 당좌어음으로 지급을 할 경우에는 지급어음이라고 한다. 만일 구매자금 대출제도를 활용할 경우에는 은행에서 자금을 빌려서 대금을 결제하는 것이므로, 단기차입금이 발생한다. 만일 기업구매 카드를 활용할 경우에는 미지급금, 또는 외상매입금으로 처리한다.

매입채무의 관리와 관련하여 매입 거래처가 많고, 거래가 빈번하게 일어날 때에는 거래내용을 파악하기 위하여 보조부나 ERP와 같이 분석하는 것이 좋다. 회계 자체에서 비교분석을 할 경우에는 보조부와 같이 비교분석을 한다. 또한 매입 세금계산서를 받고서 현재까지의 일자를 계산하여 얼마나 지연되었는지를 분석한다. 지급어음의 지급기간을 파악하여 보는 것도 방법이다. 현금흐름이 어떤지를 파악할 수 있다.

매입채무의 비율분석의 종류의 경상수지비율, 매출채권대 매입채권비율, 매입채권배수, 매입채무 회전비율, 매입채무 지불기간 등이 있다.

매입채무의 비율분석에 의한 상대계정으로는 경상수지비용, 매출채권, 순매출액, 매출액, 전기유동자산, 현금흐름+이자비용 등 계정이 있다.

어음거래의 계정 분류

<table>
<tr><th colspan="3" rowspan="2">구 분</th><th colspan="2">만기일</th></tr>
<tr><th>1년 이내</th><th>1년 이후</th></tr>
<tr><td rowspan="4">어음채권</td><td rowspan="2">상업어음</td><td>일반적 상거래에서 발생</td><td>받을어음</td><td>받을어음</td></tr>
<tr><td>일반적 상거래 이외에서 발생</td><td>미수금</td><td>장기미수금</td></tr>
<tr><td>금융어음</td><td>융통어음 수취시 발생</td><td>단기대여금</td><td>장기대여금</td></tr>
<tr><td colspan="2">보증 또는 담보조로 취득한 어음</td><td colspan="2">비망 기록 후 주석으로 기재</td></tr>
<tr><td rowspan="4">어음채무</td><td rowspan="2">상업어음</td><td>일반적 상거래에서 발생</td><td>지급어음</td><td>장기성 지급어음</td></tr>
<tr><td>일반적 상거래 이외에서 발생</td><td>미지급금</td><td>장기 미지급금</td></tr>
<tr><td>금융어음</td><td>융통어음 수취시 발생</td><td>단기차입금</td><td>장기차입금</td></tr>
<tr><td colspan="2">보증 또는 담보조로 취득한 어음</td><td colspan="2">비망 기록 후 주석으로 기재</td></tr>
</table>

### 2) 단기 차입금(Short-term Borrowings)

회사가 자금을 빌려오면서 그 대가로 이자를 지급하기로 약정한 것을 말한다. 이러한 차입거래는 주로 금융기관과의 거래에서 많이 발생하지만, 금융기관 이외의 거래처로부터 자금을 차입하면서 금액이 큰 경우에는 각각 구분하여 표시하여야 한다.

여기에는 금융기관으로부터의 당좌대출(당좌차월)액도 포함된다.

단기차입금에 대한 증감률 분석도 중요하지만, 기업의 영업이익으로 상환금액과 이자를 부담하여야 하는 부채로 분석단위가 월 단위이면, 이달에 지급하여야할 이자액과 상환금액이 얼마나 영업이익에 차지하는지를 분석하여 자금의 유용성을 분석하여야 한다. 만일 대환대출로 상환을 하기로 하였다면, 기존의 이자율과 대환대출 이자와도 비교 분석하여야 한다.

단기차입금의 비율분석의 종류에는 차입금 평균이자율, 총자본대 차입금비율, 차입금대 매출액비율, 차입금의 전도율, 영업현금비율대 차입금 등이 있다.

단기차입금의 비율분석에 의한 상대계정으로는 이자비용, 총자산(자본), 매출액, 영업활동으로 인한 현금흐름 등의 계정이 있다.

### 3) 미지급금(Account Payable)

상품이나 원재료 등 회사의 정상적인 상거래와 관련된 매입대금 이외의 외상대금을 말한다.

매입채무가 일반적 상거래에서 발생한 채무라면 미지급금은 기계시설, 유가증권 등을 구입하는 경우와 같이 일반적 상거래 이외의 거래에서 발생하는 채무이다. 미지급금은 유동자산의 미수금과 대비하여 이해하면 쉽다. 그러므로 미지급비용과는 다르다. 미지급금은 결산기말 현재, 이미 일반적 상거래 이외의 거래에서 확정된 채무 중에서 그 지급을 끝내지 않은 것인데 반하여 미지급비용은 일정한 계약에 따라 계속적으로 용역을 받고 있는 경우, 발생된 비용으로 그 대가의 지급기일이 도래하지 않았기 때문에 아직 지급하지 않는 것을 말한다.

자금운용 효율성 및 현금흐름 분석 시에 미래에 대한 지급액에 대한 추이분석을 하여서 자금에 원활한 운용의 효율성을 판단하여야 한다.

### 4) 미지급 비용(Accrued Expenses)

이미 제공받은 재화나 용역에 대한 대가를 지급하지 않은 경우, 그 경비의 미지급액이다. 지급하지 않은 인건비, 전력비, 상하수도료, 이자비용 등이다. 일정한 계약에 따라 계속적으로 용역을 받고 있는 경우, 발생된 비용으로 그 대가의 지급기일이 도래하지 않았기 때문에 아직 지급하지 않는 것을 말한다.

미지급 비용의 종류에는 미지급 이자, 미지급 사채이자, 미지급 임차료, 미지급 수수료, 미지급 급료, 미지급 보험료 등이 있다.

자금운용 효율성 및 현금흐름 분석 시에 미래에 대한 지급액에 대한 추이분석을 하여서 자금에 원활한 운용의 효율성을 판단하여야 한다.

### 5) 선수금(Advance Receipts)

거래처로부터 상품, 제품, 수주품, 수주공사 등에 대한 대가의 전부 또는 일부를 수령하였을 때 발생하고, 이후에 주문받은 상품, 제품 등을 인도하거나 수주공사를 완료하였을 때에 소멸한다.

선수금은 특정한 거래와 관련하여 수령하는 것이 원칙이지만, 연속적으로 이루어지는 대량거래에 대하여도 거래선 유지나 자금융통의 목적으로 적당한 수준의 선수금을 받아두는 경우도 있다.

용역의 제공을 목적으로 하는 부동산 임대업이나 창고업 등의 영업수익과 관련하여 발생하기도 하고, 수탁매입의 경우에 위탁자부터 받은 수탁매입 선수금도 포함된다.

거래처로부터 제품이나 상품을 주문받고, 이에 대한 계약을 철저히 하기 위해 계약금이나 중도금 등으로 자금을 받는 것을 말한다.

선수금은 통상 일반적인 상거래에서 발생한 영업수익의 선수액을 처리하는 계정이지만, 실무에서는 이에 구애받지 않고 당해 기업의 영업수익에 속하지 않는 유가증권이나 비유동자산의 처분과 관련한 영업외의 선수금도 이 계정에 기입하고 있다.

선수금은 현금으로 상환되는 것이 아니라, 상품이나 공사 등의 인도 또는 용역의 제공에 의하여 그 채무가 이행되는 것이므로, 직접 매출액 등의 수익계정과 대체되거나 외상매출금 등과 상계되는 것이 일반적이다.

일정한 거래를 유지하기 위하여 선수금을 받아 보관하는 경우에는 관련 거래처의 매출액대비 구성비가 얼마나 되는지를 분석하여 은행이자를 계산하여 회사에 얼마나 이익이 되는지를 분석하여 본다.

### 6) 예수금(Withholdings)

일시적으로 자금을 보관하였다가 다른 거래처 등에 지급하는 금액을 말한다. 예수금의 종류에는 영업보증금, 입찰보증금 등 단기성 예수보증금과 종업원으로부터 원천징수한 제세예수금 등이 여기에 속한다.

일정한 거래를 유지하기 위하여 예수금을 받아 보관하는 경우이므로, 이에 대한 은행이자를 계산하여 회사에 어느 정도 이익이 되는지를 분석하여 본다.

### 7) 선수수익(Unearned Income)

임대료, 이자수익 등 계약에 준하여 계속적으로 용역을 제공하는 경우에 아직 제공하지 않은 나머지 용역에 대해서 대금을 사전에 지급받은 것을 말한다. 예를 들면, 부동산을 임대하고 1년분의 임대료를 미리 받았으나, 결산기말에 아직 경과되지 않은 부분이 있는 경우, 이를 선수수익으로 처리한다.

일정한 거래를 유지하기 위하여 선수수익을 받아 보관하는 경우이므로, 이에 대한 은행이자를 계산하여 회사에 얼마나 이익이 되는지를 분석하여 본다.

### 8) 유동성 장기부채(Current Portion of Long-term Debts)

사채나 장기 차입금 등의 장기부채 항목 중에서 결산기준일로부터 1년 이내에 만기가 도래하는 유동성 장기부채로 대처하여 유동부채로 계상하여야 한다. 전기에 비유동성 부채로 되어있으나, 당기에 상환을 하여야 하는 부채를 말한다.

전기에 비유동부채에서 유동성 장기부채로 전환되는 금액을 비교분석하여야 하며, 이에 대하여 장기적인 채무상환 전략에 의하여 분석을 실시 후에 상환을 하여야 한다.

### 9) 미지급 배당금

회사의 잉여금이 주주총회에서 처분 결의된 후, 아직 주주에게 지급하지 않은 금액을 의미한다.

일정한 거래를 유지하기 위하여 미지급 배당금을 받아 보관하는 경우이므로, 이에 대한 은행이자를 계산하여 회사에 얼마나 이익이 되는지를 분석하여 본다.

## 4. 비유동부채(Non-Current Liability)

비유동부채(Long-Term Liabilities)란 회사가 지급해야 하는 부채 중에서 결산기말로부터 1년 이후 장기간에 걸쳐 만기가 도래하는 부채를 말한다.

비유동부채의 분류에는 사채와 사채 발행비, 장기 차입금, 장기성 매입채무(장기의 외상 매입금과 지급어음), 부채성 충당금(퇴직급여 충당금, 판매보증 충당금), 이연법인세 부채가 있다.

현재 시점에서는 현금흐름에 대하여 영향을 주지 않는 안정적인 타인자본으로 미래에 발생할 수 있는 현금흐름 리스크 관리가 필요한 타인자본이다. 리스크관리를 하기 위하여 장기적인 경영계획에 포함시켜서 분석함이 타당하다. 타인자본에서 유동부채 대비 유동부채에 대한 구성비가 비유동부채의 구성비가 높아야 안정적이라 할 수 있다.

비록 안정적이라고 하지만, 이자비용에 대한 지출이 발생하므로, 이에 대하여 계속적인 이자비용의 증감을 분석하여야 한다.

비유동부채의 비율분석 종류에는 금융비용대 부채, 차입금 평균이자율, 고정 장기적합률, 부채비율, 비유동부채비율, 차입금 의존도, 차입금대 매출액 등이 있다.

비유동부채의 비율분석에 의한 상대계정에는 유동부채, 부채, 이자비용, 총자본(자산), 비유동부채 중에서 이자부성 타인자본 등의 계정이 있다.

### 1) 사채(Bonds)

회사가 자금을 빌리면서 채권자에게 작성하여 교부하는 정형화된 차용증서를 말한다. 일반적으로 차용증서는 제3자에게 양도가 불가능하나, 사채는 자유롭게 양도가 가능하다는 장점이 있다. 사채를 발행한 후 1년 이내로 상환이 도래하면 유동성사채로 분류한다.

사채는 주식으로 전환이 가능한 전환사채(CB: Convertible Bond)와 회사가 주식을 발행할 경우, 신주를 인수할 수 있는 권리가 있는 신주 인수권부 부채(BW: Bond with Warrant)가 있다.

사채의 종류는 분류를 다음과 같이 할 수 있다.

(1) 상환방법 : ① 만기상환 사채 ② 연속상환 사채 ③ 상환가능 사채

(2) 담보설정 : ① 담보부 사채 ② 무담보 사채

(3) 보증유무 : ① 보증사채 ② 무보증사채

(4) 주식전환 가능 : ① 전환사채 ② 신주 인수권부 사채

(5) 이익의 관련성 : ① 이익사채 ② 수익사채 ③ 이익참가 사채

(6) 기명여부 : ① 기명사채 ② 무기명사채 ③ 이표사채

### 사채의 발행 및 가격결정

① 액면발행 : 시장이자율 = 표시이자율
② 할인발행 : 시장이자율 > 표시이자율
③ 할증발행 : 시장이자율 < 표시이자율

→ 차액

⇨사채발행 차금(사채할인 발행차금, 사채할증 발행차금)

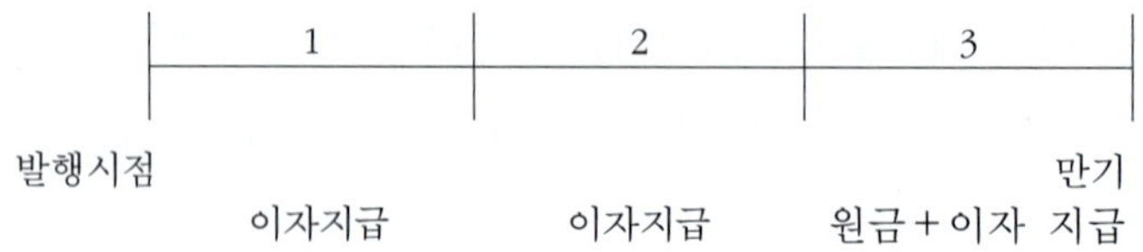


(표시이자율)
장부-시장이자율 반영 ⇨ 사채발행 차금(시장이자율과 표시이자율 차이)

○ 사채발행가액 = 사채로부터 발생하는 미래 현금흐름의 현가
= 표시이자액의 현가(연금 현가활용) + 만기사채 원금의 현가(현가활용)

사채의 상각방법는

| | | | | |
|---|---|---|---|---|
| ① 정액법 | a) 매기 상각할 할인(증)액 = 총할인(증)액 / 사채기간 | | | |
| | 이자비용 | +++ | 이자비용 | +++ |
| | 현금(액면가×표시이자율) | +++ | 사채할증발행차금 | +++ a) |
| | 사채할인발행차금 | +++ a) | 현금 | +++ |
| ② 유효이자율법 (표시이자율과 시장이자율의 차액 반영) → 이자비용처리 | a) 매기 인식할 이자비용 = 사채 기초장부 가액 × 유효이자율(시장이자율)<br>b) 매기 상각할 할인(증)액 = 이자지급액(표시이자율) − 유효이자비용 | | | |
| | 이자비용 | +++ a) | 이자비용 | +++ a) |
| | 현금(액면가×표시이자율) | +++ | 사채할증발행차금 | +++ b) |
| | 사채할인발행차금 | +++ b) | 현금 | +++ |

사채의 분석으로는 부채에 대한 사채의 구성비를 분석하고, 증감비를 분석하여야 한다. 또한 사채의 이자율도 동시에 분석하여 이에 전략을 세워 상환을 하여야 한다. 사채는 회사에서 금융권의 대출이 불가능할 때, 최후의 방안으로 사용되는 타인자본으로 상환계획이 없이 차입이 일어났다는 것은 회사의 현금흐름이 최악의 상태로 보아도 되므로, 회사의 경영진이 리스크 관리 및 상환계획이 있는지를 확인하여야 한다.

사채의 비율분석의 종류에는 사채대 부채율, 장기사채대 총사채비율 등이 있다.

### 2) 사채 발행비(Bond Issue Costs)

사채를 발행하면서 회사가 부담한 여러 가지 유형의 비용으로 발행 수수료 및 보증료, 사채공모를 위한 광고비, 사채권 인쇄비 등을 말한다. 사채 발행비로 계상된 금액은 사채에서 차감하는 방법(간접법)으로 표시하고, 사채 발행일로부터 최종 상환일 이내의 기간에 정액법으로 상각한다.

사채를 발행하면서 투입되는 회사 부담률을 사채별로 각각 비용을 분석하고, 이를 다시 총비용 대비하여 사채발행비의 비율을 분석하여야 한다.

### 3) 장기 차입금(Long-Term Borrowings)

1년 이후에 상환하여야 할 차입금을 말하며, 현재 상환이 되지 않는 차입금이므로, 현재는 상환이 일어난다고는 할 수 없지만 회사에 대한 영업상태의 상황에 따라서 금융권의 상환요청이 발생할 수 있음을 상기하면서 분석에 임하여야 한다. 단기 차입금보다 장기 차입금의 구성률을 높일수록 안정적인 현금흐름 관리가 된다.

장기 차입금의 비율분석 종류에는 장기차입금대 총차입금율, 차입금 평균이자율, 차입금대 매출액비율, 차입금 의존도율, 영업흐름대 차입금율 등이 있다.

장기 차입금의 비율분석에 의한 상대계정으로는 단기차입금, 부채, 이자비용, 비유동부채대 장기차입금 구성률 등의 계정이 있다.

### 4) 부채성 충담금(Liabilities Provisions)

현재 부채가액이 확정되지 않았으나, 장래 지급에 대한 준비를 위해 적립하는 것으로 발생원인에 근거하여 해당되는 사업년도에 부담할 비용을 추정하여 적립하는 부채이다. 이러한 부채성 충당금에는 퇴직급여 충당금, 판매보증 충당금, 공사보증 충당금 등이다.

① 장래에 특정비용의 지출발생이 확실히 예상
② 지출의 원인이 되는 사건이 당기에 이미 발생
③ 지출액의 합리적 추정이 가능
④ 당기의 수익에서 차감하는 것이 합리적인 경우에는 퇴직급여 충당금, 수선충당금, 판매보증 충당금 등(평가성 충당금 : 대손충당금, 감가상각 누계액)

부채성 충당금을 지급해야할 금액으로 추산하여 분석에 포함시켜야 하며, 이 부채성 충당금은 비이자 비용이므로 이자비용을 지출하는 계정과 다르게 분석하여야 한다.

부채성 충당금의 비율분석 종류는 비이자비용 계정합계 대비율이 있다.

### 5) 장기성 매입채무

상거래에서 발생한 외상 또는 어음상의 채무로 지급기일이 1년 이후에 도래하는 것을 말한다.

상거래 상에서 발생하는 지급채무로 이 기간이 장기간일 경우에는 분석하는 회사의 현금흐름 구조를 파악하여야 하며, 이 비용이 총매입 채무의 구성률을 보아 이에 대한 분석시 회사의 현금흐름 구조에 대하여 부정적인 판단이 이루어져야 한다.

장기성 매입부채의 비율분석 종류에는 총매입채무대비율, 매입채무일수 등이 있다.

### 6) 장기 미지급금

상거래 이외에서 발생한 채무로 기한이 1년 이후에 도래하는 것을 말한다.

상거래 이외에서 발생하는 지급채무로 이 기간이 장기간일 경우에는 분석하는 회사의 현금흐름 구조를 파악하여야 하며, 비용이 총미지급금의 구성률을 보아서 이에 대한 분석회사의 현금흐름 구조에 대하여 부정적인 판단이 이루어져야 한다.

장기 미지급금의 비율 분석의 종류에는 총미지급금 대비율, 미지급 채무일수 등이 있다.

### 7) 리스 부채

임대인(리스회사)이 임차인(리스이용자)으로부터 약정된 리스 기간동안 리스료를 받고 리스 자산을 사용할 수 있는 권리를 양도하는 계약을 말한다.

리스 금액에 대한 분석을 실시하면서 현금 구입, 또는 분할 구입으로 인한 지급금액의 발생에 대한 총금액을 합산하여 리스가 유리한지, 또는 구입을 하는 것이 좋은지에 대한 분석이 이루어져야 한다.

리스부채의 비율분석의 종류에는 총미지급금대 리스금액 비율이 있다.

## 2.5 자본(Capital)의 실전 적용

회사를 설립하거나, 설립이후 회사에 대해 주주들이 출자금으로 납입한 자금을 말한다.

자본의 분류에는 자본금, 자본잉여금, 이익잉여금, 자본조정 등이 있다.

자본의 규모가 크다는 것은 그만큼 주주의 재산가치가 높다는 것을 의미하며, 기업가치를 측정하는 기준이 된다.

조달자본 중에 부채와는 달리 상환의 의무가 없으므로, 재무구조의 유동성이나 안전성이 건실하다는 것을 의미한다.

이익증대로 인하여 자본의 규모가 얼마나 많이 증대되고 있는가, 자본조정 특히 투자 유가증권 평가손익으로 얼마나 증가 되었는가?

자본의 비율분석의 종류에는 자기자본 증가율, 자기자본 세전이익률, 자본금 세전이익률, 자본금 순이익률, 사내유보율, 배당률, 배당성향, 자기자본비율, 고정비율, 고정장기적합률, 부채비율, 유동부채비율, 비유동부채비율, 자기자본 회전율, 자본금 회전율 등이 있다.

### 1. 자본금(Capital Stock)

주주 등이 기업에 투자한 원금을 말한다. 즉, 회사자본의 총액을 말한다.

### 자본금의 주주지분의 구성요소

- 주주 지분
  - 자본금
    - 보통주 자본금(액면)
    - 우선주 자본금(액면)
    - 신주청약 증거금
    - 자기주식(액면법 적용시 차감항목)
  - 자본잉여금
    - 주식발행 초과금
    - 감자차익
    - 기타 자본잉여금
  - 이익잉여금
    - 이익준비금(상법)
    - 기타법정 적립금
      - 기업합리화(조감법)
      - 재무구조개선(상장법인 재무관리규정)
    - 임의적립금(정관, 주주총회 결의)
    - 차기이월 이익잉여금(결손금)
  - 자본조정
    - 주식할인 발행차금, 배당건설 이자, 미교부주식 배당금
    - 자기주식(기업회계기준 적용시 차감항목)

자본금의 분류에는 보통주 자본금, 후배주 자본금(배당의 순위에서 보통주보다 하위에 있는 주식), 우선주 자본금(이익이나 이자(배당건설이자)의 배당 또는 잔여재산의 분배에 관하여 우선적 지위를 인정하는 주식)을 말한다.

주식의 종류에는 보통부와 우선주가 있다.

(1) 보통주 : 상대적인 의미에서 표준이 되는 주식

① 보통 주주는 주주총회에서 임원의 선임, 기타 의결권 행사,

② 회사의 영업성과에 따라 배당수익 획득

③ 신주발행시 우선적으로 신주매입 권리부여(신주인수권)

④ 그러나 회사의 손실에 대한 위험부담으로 배당, 잔여재산 분배시 확정적인 지위를 갖지 못한다.

(2) **우선주** : 특정 사항에 대해서 우선적 지위가 있으며 이익배당 우선권(누적적 우선주, 비누적저 우선주, 참가적 우선주(부분 참가적, 완전 참가적), 비참가적 우선주), 전환우선주와 상환우선주가 있다.

① 배당, 청산시 보통 주주에 비해 우선권이 있다.
② 주주총회에서 회사 제반업무에 관한 의결권 없다.

(3) **액면주식, 무액면 주식**

주식의 발행의 종류에는 현금발행, 청약에 의한 주식발행(신주청약 증거금 기업회계기준), 주식청약 미수금, 주식청약 자본금 처리, 현물출자에 의한 주식발행(현물출자 자산의 공정가액을 취득원가로 처리), 주식의 일괄발행(주식의 공정시가를 알 수 있는가의 여부에 따라서 배분), 전환주식, 신주발행비(설립시는 창업비(무형자산), 증자시는 주식발행가액 차감항목으로 처리)

## 2. 자본잉여금(Capital Surplus)

영업활동이 아닌 자본거래에 따라 발생한 잉여금을 말한다. 주주에게 배당할 수 없고, 결손을 메우거나 자본금으로 전환하는 데에만 사용할 수 있다.
자본잉여금의 분류는 다음과 같다.

- 자본준비금 : 자본거래로 발생한 잉여금 중 상법상 법정준비금으로써 적립이 강제되는 준비금
- 재평가적립금 : 주식발행 초과금, 감자차익, 합병차익, 기타 자본잉여금 등

(1) 자본잉여금에는 주식발행 초과금, 감자차익(실질적 감자, 명목적 감자), 기타 자본잉여금(자기주식 처분이익)이 있다.

(2) 자본잉여금의 처분에는 자본금으로의 전입, 결손금의 보전, 기타 자본잉여금의 감소가 있다.

## 3. 이익잉여금(Retained Earnings)

회사가 설립이후 벌어들인 이익 중에서 주주들에게 배당하지 않고, 회사 내에 그대로 쌓아 놓은 이익의 누계액이다.

이익잉여금의 분류에는 이익준비금, 기타 법정적립금, 임의적립금, 처분전 이익잉여금, 기업합리화 적립금, 재무구조개선 적립금, 차기이월 이익잉여금(차기이월 결손금)이 있다.

03 CHAPTER

# 손익계산서 분석 실무

## 3.1 손익계산서의 기본 이해

### 1. 의미

손익계산서는 기업이 일정기간의 경영성과 및 이익의 창출능력을 나타내는 회계보고서이다. 기업의 미래 현금흐름과 수익 창출능력 등의 예측에 유용한 정보를 제공한다.

### 2. 구성

<table>
<tr><td>Ⅰ. 매출액<br>Ⅱ. 매출원가(-)</td><td rowspan="2">영업손익</td><td rowspan="3">경<br>상<br>손<br>익</td><td rowspan="3">▷ 매출액 : 매출액 - 매출환입 및 에누리 - 매출할인 - 매출반품 - 매출 인센티브 - 매출기부 - PL법에 의한 비용<br>▷ 매출원가 : 매출관련 비용<br>제조업: 제품제조원가<br>판매업: 매입원가<br>건설업: 공사원가 등<br>다양한 원가비용이 존재<br>▷ 판매비와 일반관리비 : 판매 및 관리활동과 관련비용</td></tr>
<tr><td>Ⅲ. 매출 총이익<br><br>Ⅳ. 판매비와 일반관리비(-)</td></tr>
<tr><td>Ⅴ. 영업이익<br>(또는 영업손실)<br><br>Ⅵ. 영업외 수익(+)<br>Ⅶ. 영업외 비용(-)</td><td>영업외 손익</td></tr>
<tr><td>Ⅸ. 법인세차감전 순이익<br>(또는 법인세차감전 순손실)</td><td></td><td rowspan="3">비<br>경<br>상<br>손<br>익</td><td rowspan="3">▷ 영업외 손익 : 본래 영업활동 이외의 활동으로부터의 손익<br>[영업외 수익-영업외 비용]</td></tr>
<tr><td>Ⅹ. 법인세 등(-)</td><td rowspan="2">당기순손익</td></tr>
<tr><td>Ⅺ. 당기순이익<br>(또는 당기순손실)</td></tr>
</table>

또한 다른 관점에서 보면 '수익, 비용, 이익, 손실' 등으로 구성할 수 있다.

| | |
|---|---|
| 수익 | 매출<br>영업외 수익<br>특별이익 |
| 비용 | 매출원가<br>판매 및 일반관리비<br>영업외 비용<br>특별손실 |
| 이익/손실 | 매출 총이익(손실)<br>영업이익(손실)<br>경상이익(손실)<br>당기순이익(손실) |

## 3. 손익계산서의 활용방안

### 1) 현상분석

(1) 손익분기점은 얼마인가, 불황기를 대비한 저항력은 있는가, 이익이 발생하는 시점은 어느 수준인가, 매출액 감소의 최소 수준은 얼마인가?

(2) 이익구조의 악화 경향은 이익을 높이기 위해서는 얼마의 매출이 필요한가, 얼마나 원가 절감을 하여야 하는가?(매출원가, 판매 및 일반관리비, 영업외 비용 등)

(3) 제품별, 부문별, 지역별로 전체 이익에 얼마나 공헌하고 있는지를 측정

(4) 당기 경영활동의 성과측정

### 2) 이익계획

(1) 차기의 손익분기점의 수준은 차기의 목표이익을 위한 매출의 증가, 비용의 감소 수준이 어디까지 필요한가?

(2) 전체 이익을 증가시키기 위한 제품(상품)의 목표시장 공략, 거래처의 집중을 어디에 할 것인가?

(3) 이익을 증가시키기 위하여 제품(상품)의 매출액 구성비와 구성비의 변경에 따른 이익의 변경점은 무엇인가?

(4) 미래 현금흐름의 예측

### 3) 관리적 의사결정

(1) 이익을 창출하기 위하여 현재의 설비에 대하여 보완, 변경, 교체를 판단한다.

(2) 현재의 제품생산을 자체적으로 할 것인가, 외부에서 할 것인가?

(3) 추가로 어떤 제품을 생산, 또는 상품을 판매할 것인가?

(4) 기업 내부적 경영계획, 배당계획을 어떻게 할 것인가?

## 4. 발생주의와 현금주의 분석

기업이 지속적으로 성장・발전하기 위해서는 이익창출을 하여야 한다. 그러나 이익이 발생한다고 도산의 위험이 없어지는 것은 아니며, '흑자도산'이라는 말이 있으며, 안심하고 기업을 운영할 수 있는 현실이 아니다. 이에 현재의 손익계산서를 기업회계기준의 '발생주의'와 현금의 입출을 기준으로 한 '현금주의'로 구분할 수 있다.

### 1) 발생주의

발생주의는 기업회계기준(Generally Accepted Accounting Principles: GAPP)에 의하여 작성되는 손익계산서를 말한다.

발생주의와 현금주의 비교표

(단위 : 백만)

<table>
<tr><th>항목</th><th>발생주의</th><th>현금주의</th><th>조정 내역</th></tr>
<tr><td>매출액</td><td>6,655</td><td>5,597</td><td rowspan="12">• 매출액(6,655)+기초매출채권(460)−기말매출채권(1,158)=5,957<br>• 매출원가(5,487)+(기초매입채무(258)+기말재고자산(475)−(기말매입채무(298)+기초재고자산(475))−감가비(37)−5,730<br>• 판매관리비(646)+(기초미지급비용(155)+기말선급비용(45))−(기말미지급비용(315)+기초선급비용(13))−감가비(13)=497<br>• 법인세(213)−기말미지급법인세(243)+기초미지급법인세(138)=108</td></tr>
<tr><td>매출원가</td><td>5,487</td><td>5,730</td></tr>
<tr><td>매출총이익</td><td>1168</td><td>267</td></tr>
<tr><td>판매 일반비</td><td>616</td><td>497</td></tr>
<tr><td>영업이익</td><td>552</td><td>△270</td></tr>
<tr><td>영업외 이익</td><td>8</td><td>8</td></tr>
<tr><td>영업외 비용</td><td>73</td><td>73</td></tr>
<tr><td>세전이익</td><td>457</td><td>△335</td></tr>
<tr><td>법인세</td><td>213</td><td>108</td></tr>
<tr><td>당기순이익</td><td>244</td><td>△443</td></tr>
<tr><td>감가상각비</td><td>50</td><td></td></tr>
<tr><td>Cash Flow</td><td>294</td><td>△443</td></tr>
</table>

### 2) 현금주의

비용과 수익을 계산한 결과인 이익과 기업의 자금사정을 실질적으로 반영하는 현금주의 원칙에 의하여 작성되는 손익계산서를 말한다.

## 5. 판단

발생주의 회계에서는 당기순이익이 244백만원, 순현금흐름 294백만원이 산출되나, 현금주의에서는 당기순이익과 순현금흐름 △443백만원으로 손실로 산출되고 있다.

이러한 차이점에 대하여 다음과 같이 인식을 하여야 한다. 발생주의에서는 현금의 흐름을 무시하고, 당기에 발생한 금액만 표현을 하고 있지만, 현금주의에서는 현금흐름의 관점에서 현금의 입금과 출금을 감안하여 손익계산서를 작성하기 때문에 차이점이 발생하게 된다.

회계기준에 의거하여 작성되는 재무회계나 세무회계에서는 발생주의를 채택하여야 하지만, 관리회계 관점이나 회사의 경영분석을 할 때에는 현금주의가 더 현실적인 관리방법이라고 할 수 있다.

### 1) 변동비와 고정비 분석

손익계산서를 분석할 때, 매출액이 없어도 고정적으로 지출이 되는 비용인 고정비와 조업에 의해 매출이 발생하면서 매출에 의하여 지출되는 비용을 변동비라고 한다. 물론 완전한 고정비와 변동비도 있는 계정도 있지만, 하나의 계정이 고정비 50%, 변동비 50%로 구성된 계정이 존재하는 계정을 준고정비, 준변동비로 표현을 하며, 이를 구성비로 관리를 한다.

변동비란 조업도 생산수량, 매출액이 증가함에 따라 비례적으로 증가하는 비용을 말한다. 이에는 재료비, 노무비, 설비비, 전기료, 소모품비 등이 있으며, 고정비란 매출액이 '0'인 상태 또는 일정한 생산량 이내에서 매출액의 일정판매 수량에서의 변화지 않는 비용을 말하며, 관리직원 급여, 화재보험료, 건물임차료, 감가상각비 등을 말한다.

그러므로 변동비와 고정비의 구분은 매출원가, 즉 제조원가 명세서와 판매 일반관리비를 구분하여 관리하고, 분석을 하여야 한다.

변동비와 고정비의 대표적인 분석방안은 BEP(손익분기점)와 한계이익(공헌이익) 등의 방법으로 활용하고 있다.

## 3.2 계정별 분석

손익계산서의 구성계정을 기준으로 하여 관련 비율분석과 상대계정 동향 등을 비교분석하여 일정기간의 성과측정을 하여 경영에 반영하기 위함이다.

### 1. 매출액(Sales)

회사의 영업활동에 의하여 제품, 상품을 판매한 금액 및 기타(반제품, 원료) 등을 구매나 중간 가공물에 대하여 재판매를 한 금액을 총칭하는 것이다.

여기에 마이너스 요소로 매출환입 및 에누리, 매출할인, 매출반품, 인센티브, 매출기부, PL법에 의한 지불비용, 상품매입으로 인한 손실 이득분에 대하여서도 동일하게 분석하여야 한다. 사업자등록증이나 회사의 정관에 사업목적으로 기재되어 있는 매출액을 말한다.

즉, 기업의 주된 사업을 말하는 것으로 계속적, 반복적인 매출을 말하는 것이다.

매출액를 분류하자면 매출액 분석에서는 총매출액과 순매출액으로 구분하여 분석을 실시하여야 한다. 총매출액은 매출금액에 마이너스 매출요인을 포함한 매출금액의 합산을 말한다. 순매출액은 매출금액에 매출환입 및 에누리, 매출할인, 매출반품, 인센티브, 매출액 기부, PL법에 의한 지불비용, 상품매입으로 인한 손실 이득분을 합산, 공제를 한 차액 매출액이라고 한다.

매출액의 분석은 다음과 같이 할 수 있다.

1) 매출액을 년, 반기, 분기, 월, 주, 일을 기준으로 분석을 하며, 방법론으로는 금액 및 비율로 구분할 수 있으며, 동(당)기 증감 및 관련 계정과의 계산에 의한 비율로 분석을 실시한다.
2) 매출이 계절성 제품이나, 날씨 또는 프로젝트(기획)성인 매출은 기간설정을 정하여 분석을 실시한다.
3) 하나의 법인에서 업종을 달리하는 매출이 발생시에는 업종에 따른 손익계산서와 제조원가 명세서가 존재하여야 한다.
4) 경우에 따라서는 매출액이 포함되어 있는 영업외 수익관련 계정에 유의하여야 한

다. 즉 사업자등록증 상의 업종를 확인하여 판단하도록 한다(예 : 부동산 관련 임대수익 등).

5) 재무정보를 활용하지 않고, ERP 정보를 활용하여 매출액을 분석할 경우에는 다음과 같다.
제(상)품, 지역, 고객 종류, 영업소, 영업사원, 배송(운송)사원, 사업부문별로 분석하며, 판매촉진 활동의 실적을 검토하는 것으로, 매출액 분석에 의해 얻은 자료는 마케팅 전략에 활용할 수 있는 정보원이 될 수 있다. 이 경우의 분석에서는 시장분석 자료를 활용하여 분석을 하면, 더욱 효과적이다.

6) 매출액 분석은 광고/접대비의 계획에 활용되어야 한다. 전기 매출액 대비 광고비/접대비의 비율을 분석하고, 미래에 발생할 매출액 대비 광고접대비 비율을 결정하여 실행될 수 있어야 한다.

7) 각 상품마다 일일 상품수불, 재고판매, 발주상황 등을 일람표 순서대로 기입해가는 것으로 상품 선정방법 중의 하나가 된다. 일일거래의 변화를 상품별로 파악하기 때문에 누계를 통해서 월간의 변화를 파악하여 월별비교가 가능하고, 판매수량으로 계절적 변동을 파악할 수 있다.

## 2. 매출원가(Cost of Sales)

상품 또는 제품에 대한 매출액에 대하여 투입된 비용이라고 할 수 있지만, 업종에 따라 표현이 다르다. 즉 매출원가는 서비스의 경우, 기초의 상품재고액에 당기 상품매입액을 합산하고, 기말 상품재고액을 차감하는 것이다. 제조업체의 경우는 기초 제품재고액에 당기 중의 노무비, 원재료비, 외주비, 감가상각비 등 제조원가를 합산하고, 기말 제품재고액을 차감하여 매출원가를 산출한다. 이 매출원가는 제조원가 명세서상의 당기 총제조비용 금액과 일치한다.

매출원가 구분은 제품 매출원가, 상품 매출원가, 공사원가(도급공사 원가, 분양공사원가), 부재료비, 원재료비, 위탁수수료 원가, 외주비, 기타 매출원가 등으로 다양하게 표현이 되고 있다. 매출원가에 차감하여야 하는 비용은 매입할인, 매입에누리, 매입환출 등이다.

일정기간의 원가(Cost) 측면에서 분석하여 본다면, 제조비용과 매출원가가 반드시 일치하지 않을 수도 있다. 예를 들면, 2007년 11월 1일부터 11월 30일까지의 H.P 회사는 핸드폰을 100대 판매하고 생산은 150대를 하였다고 한다면, 매출원가는 판매한 핸드폰 100대에 투입된 판매원가를 매출원가로 하고, 공장에서 생산한 150대는 제조원가로 본다는 측면에서 비용을 원가관점에서 볼 수도 있나.

매출원가의 분석은 다음과 같다.

1) 분석은 매출액 대비 구성비율과 기준년도 대비 증감비, 전기대비 증감비로 분석하여 본다.[1)]
2) 매출원가를 고정비(100%)와 변동비(100%), 또한 고정비대 변동비(50% 대 50%) 등으로 분류하여 볼 수 있다
3) 매출액 대비하여 매출원가의 구성비가 낮을수록 불황기의 생존율이 높다고 평가할 수 있다. 원가비율이 지나치게 낮은 경우는 제조업으로 분류하지 않고, 서비스업으로 분류하여 분석을 하여야 한다.
4) 매출원가는 재료비, 노무비, 경비로 구성되어 있으며, 이에 대한 매출원가 대비 구성비율과 기준년도 대비 증감비율, 전기대비 증감비율로 분석한다.
5) 추정 손익계산서를 작성할 경우에는 평균 구성비를 활용하여 작성한다.
6) 제조원가 분석에 대하여 간략하게 정의하기로 한다.

여기서는 제조업체를 기준으로 생각할 때, 제조공정에 투입된 비용을 분류하여 보는 것이다. 간접비용에 대해서는 비율배분법으로 계산하여 처리되어야 한다.

- 재료비＝직접재료비＋간접재료비
- 노무비＝직접노무비＋간접노무비
- 경비＝직접노무비＋직집경비

매출원가의 비율분석의 종류는 매출액 기준 비율분석의 종류는 다음과 같다.

1) 매출원가대 매출액 구성비＝매출원가 / 매출액×100

1) 고정비와 변동비는 일정기간 매출을 '0'으로 볼 때, 들어가는 비용을 고정비라고 볼 수 있으며, 이 때 매출액에서 고정비를 공제한 비용을 변동비로 판단하면 된다.

2) 금융비용대 총비용 비율＝금융비용 / 총비용×100
3) 고정비대 매출액 비율＝고정비 / 매출액×100
4) 변동비대 매출액 비율＝변동비 / 매출액×100
5) 재료비대 매출원가 비율＝재료비 / 매출원가×100
6) 노무비대 매출원가 비율＝노무비 / 매출원가×100
7) 경비대 매출원가 비율＝경비 / 매출원가×100
8) 매출원가 차감액대 매출원가 비율＝매출원가 차감액/매출원가×100
9) 노무비대 매출원가 비율＝노무비 / 매출원가×100
10) 경비대 매출원가 비율＝경비 / 매출원가×100
11) 총비용＝매출원가＋판매 및 일반관리비＋영업외 비용

## 3. 매출 총이익(Gross Profit)

매출 총이익은 매출액에서 매출원가를 차감한 금액을 말한다. 일정기간의 매출액 중에서 제조비용을 차감하여 회사가 얻을 수 있는 총비용을 말하며, 회사의 직접비용을 제외한 회사가 취득할 수 있는 이익을 파악하는 것이다.

즉, 직접비용을 제외한 회사가 취득할 수 있는 이익과 간접비용을 알 수 있으므로, 매출계획을 설정한 후에 회사가 매출액 증감에 비례한 직접비용(직접제조 비용, 간접제조 비용) 및 예상이익을 공제한 후에 간접비용의 증감계획을 파악하고자 할 때 활용되며, 실제 발생한 매출 총이익과 계획 매출 총이익을 비교하여 분석한다.

상품 또는 제품의 매출액에서 매출된 상품, 또는 제품원가를 공제한 차액을 말한다. 매출액은 내용에 따라 ① 매출총액을 먼저 산출하고 매출에누리액과 환입액을 공제한 순매출액을 산출하는 총액주의, ② 순매출액만을 표시하는 순액주의, ③ 에누리액을 매출액에서 공제하는 순총액주의 등이 있다. 오늘날에는 총액주의를 일반적으로 많이 사용하고 있다. 매출원가는 기초 상품재고액과 당기 총매입액의 합계한 후, 기말 상품재고액을 공제하여 산출한다. 매출 총이익은 기업에서 가장 중요한 이익이 원천이다.

매출 총이익의 비율분석의 종류 매출 총이익액 기준 비율분석의 종류는 다음과 같다.

1) 매출 총이익률＝매출 총이익액 / 매출액×100

2) 1인당 이익률 = 총이익액 / 총인원

3) 매출액 총이익 증가율 = 당기 매출액 총이익 / 전기 매출액 총이익

## 4. 판매 및 일반관리비(Selling and Administrative Expenses)

기업활동의 전반적 관리에 소요되는 비용과 상품・제품・용역의 판매에 소요되는 비용이다. 이를 일괄해서 영업비라고 하며, 제조활동에 따라 발생하는 제조비용과 구분된다. 일반관리비는 본사(본부)비용을 말하며, 임원 및 사무원의 급여・복리후생비, 건물・설비 등의 감가상각비와 일반관리 부문의 접대비・통신비・사무용품비・조세공과 등이 이에 속한다. 판매비는 판매활동에 따라 발생하는 비용으로, 판매원 급여・포장 운반비・광고 선전비 등이다. 일반관리비 및 판매비는 기간비용으로 처리되며, 매출 총이익에서 이를 공제하여 영업이익을 산출하게 된다. 영업이익을 증대시키기 위해서는 제조원가를 절감하고, 일반관리비와 판매비의 절감에 노력해야 한다.

### 1) 계정의 종류

① 급여 : 임원급여, 종업원에 대한 급여, 임금 및 제수당

② 퇴직급여 : 임직원의 퇴사시에 지급하기 위해 퇴직급여 충당금을 적립하거나, 지급하는 퇴직금 및 퇴직 위로금을 말한다.

③ 상여금 : 급료 이외에 지급하는 보너스를 말하며, 기업에 따라 급여에 포함하여 관리하기도 한다.

④ 제수당 : 정규사원 및 계약사원에게 근로기준법의 규정에 의해 지급하는 시간외 수당, 야근수당, 휴일수당, 직책수당 등은 제수당으로 구분하여 처리할 수 있다.

⑤ 잡급 : 임시직 및 일용자 근로자 잡급, 아르바이트비

⑥ 복리후생비 : 임직원의 의료, 위생, 보건, 체육 등을 위해서 지급하는 금액으로 식당운용비, 건강보험료와 국민연금 및 고용보험료의 회사 부담분. 직원회식비, 숙직비, 직원 야식비, 야유회비, 생수비 등을 말하며, 법률에 의하여 회사가 강제적으로 부담하는 법정 복리비와 회사가 임의로 부담하는 임의 복리비로 구분할 수 있다.

⑦ 임차료 : 토지, 건물 등에 대한 임차료 및 특허권 사용료

⑧ 여비교통비 : 회사의 업무와 관련하여 국내외의 출장에 사용되는 비용을 말한다.

⑨ 접대비 : 거래처에 제공하는 식대, 주대, 선물 등의 지출비용을 말한다.

⑩ 카드 접대비 : 접대비 전체금액 중 신용카드 지출이 일정비율 이상이어야 한다.

⑪ 보관료 : 제품이나 상품 등의 재고자산을 보관하는데 소요되는 비용을 말한다.

⑫ 운반비 : 상품이나 제품을 운반하기 위한 비용으로 차량 임차비, 운송비, 자가 차량일 경우에는 임금을 말한다.

⑬ 광고선전비 : 제품이나 상품을 선전하기 위하여 투입된 비용으로 신문광고료, 카렌다 인쇄비, 전단지 제작비, 간판 제작비 등을 말한다.

⑭ 무형자산 상각비 : 무형자산을 각 자산의 상각대상 기간에 따라 일정금액을 상각하는 금액을 말한다.

⑮ 연구비 : 신기술의 개발, 신제품의 개발 등을 위한 연구비 등의 비용으로 경상적으로 발생한 비용을 말한다.

⑯ 경상개발비 : 회사 또는 부설 연구소에서 제품의 품질관리나 성능검사 등의 경상적인 연구활동 및 개발활동을 위해 소요된 비용을 말한다.

⑰ 판매수수료 : 상품이나 제품을 위탁판매, 또는 판매에 대한 알선 수수료, 성과급으로 지급되는 판매 장려금 등을 말한다.

⑱ 대손상각비 : 일반적인 상거래에서 발생하는 매출채권에 대한 대손액으로 현행 기업회계기준에 의하면 회수가 불확실한 채권에 대한 대손 추산액과 회수가 불가능한 채권은 모두 '대손상각비'의 과목으로 처리하되, 일반적 상거래에서 발생한 매출채권에 대한 대손상각은 판매비와 관리비로 기재하고, 기타 채권에 대한 대손상각은 영업외 비용으로 기재하도록 규정하고 있다. 따라서 장기성 매출채권에 포함된 부도어음에는 일반적 상거래로 인한 매출채권만 계상되어 있기 때문에 반드시 판매비와 일반관리비로 처리하여야 한다.

⑲ 통신비 : 전신전화료, 우편료 등 통신을 위해 직접 소요되는 비용

⑳ 세금과 공과 : 자동차세, 적십자회비, 협회 및 조합비, 균등할 주민세, 인지대금, 공장사업소세, 재산세 등(취득세, 등록세는 취득원가에 포함하고 법인세, 주민세, 소득세는 포함하지 않는다)

㉑ 수도광열비 : 상하수도 요금, 도시가스 대금, 난방용 유류대, 가스대금(용접에 사용되는 산소 및 가스는 소모품비로 처리)

㉒ 수선비 : 건물 수선비, 기계 수선비, 공기구 수선비, 비품 수선비, 유지보수료(성능향상을 위한 지출은 자본적 지출)

㉓ 보험료 : 자동차 보험료, 보증 보험료, 책임 보험료 등

㉔ 차량 유지비 : 유류대, 차량 수리비, 주차료, 안전회비, 검사비, 통행료 등

㉕ 자가운전 보조비 : 임직원의 교통비를 보조하기 위하여 사가용을 운전하는 임직원에게 지급되는 비용을 말한다(월 20만원까지 비과세: 지급규정 필요).

㉖ 교육훈련비 : 강사 초청료, 연수원 임차료, 학원 연수비, 위탁교육 훈련비

㉗ 도서인쇄비 : 신문 구독료, 도서대금, 인쇄대금, 사진현상 대금, 복사비

㉘ 포장비 : 외주 포장비, 박스, 포리백 구입대

㉙ 소모품비 : 소모 자재대, 기타 소모되는 비용(주로 100만원 미만)

㉚ 사무용품비 : 문방구, 서류용지 등 사무에 필요한 용품비

㉛ 지급수수료 : 세무 수수료, 컨설팅 수수료, 특허권 사용료, 인감 수수료 등

㉜ 견본비 : 판매촉진을 위하여 거래처에 무상으로 제공되는 견본품

㉝ 잡비 : 독립된 계정으로 설정할 필요가 없는 소액비용을 일괄처리

㉞ 감가상각비 : 건물, 비품, 차량 운반구 등의 사용에 따른 가치 감소액

판매 및 일반관리비의 분석은 판매 및 일반관리비가 매출액에서 차지하는 구성비율, 전년대비 증감비율, 일정기준 기간대비 증감률을 분석하며, 판매 및 일반관리비 중에서 판매관리비와 일반관리비의 구성비를 분석기준으로 하며, 판매 및 일반관리비의 하위계정의 구성비율, 증감비율을 비교 검토하여 분석기간 중에 회사의 KPI보다 높은 계정을 집중적으로 분석할 수 있다.

판매 및 일반관리비를 분석하기 위해서 분류를 한다면, 대분류로 판매관리비와 일반관리비로 나눌 수 있으며, 또한 소분류로 인건비 관련비용, 업무 관련비용, 부대설비 관련비용 등으로 구분하여 분석할 수 있다. 내부 경영의사결정과 관련된 관리회계가 도입이 되어 있으면 부서별로 구분하여 분석하는 것도 좋은 방법이다.

인건비 관련비용이란, 직원의 인건비와 관련하여 발생하는 비용으로 급여, 퇴직급여, 상여, 제수당, 복리후생비 등이 있다.

업무 관련비용이란, 판매 및 관리업무를 위해 임직원들이 사용하는 비용으로 여비교통비, 접대비, 보관료, 운반비, 광고 선전비, 무형자산 상각비, 연구비, 경상개발비,

판매 수수료, 대손상각비 등이 있다.

부대설비 관련비용이란, 회사가 영업활동을 위해 사용하고 있는 건물이나 전화 및 기타, 이와 유사한 설비를 보유함으로써 지급하는 비용으로 통신비, 수도 광열비, 세금과 공과, 소모품비, 임차료, 감가상각비, 수선비, 보험료, 잡비 등이 있다.

판매일반관리비와 관련된 비율분석은 다음과 같다.

1) 판매 및 일반관리비대 매출액 비율＝판매 및 일반관리비 / (순)매출액×100
2) 금융비용대 총비용 비율＝금융비용 / 총비용×100
3) 총비용대 매출액 비율＝총비용 / (순)매출액×100
   주) 총비용＝매출원가＋판매 및 일반관리비＋영업외 비용

## 5. 영업이익(Operating Profit)

기업이 영업활동의 결과 발생한 이익이다. 기업의 영업활동에 대하여 분석을 할 때에 사업자등록증상의 업종이 하나만 있지 않고, 기업의 다각화로 인하여 업종이 여러 가지 종류가 포함되어 있으면, 손익계산서는 각각 업종별로 산출함이 타당하다. 그렇지 않을 경우, 이를 재분해하는 작업을 통하여 업종 종류별로 손익계산서를 분류하도록 한다.

영업이익 = 매출액 – 매출원가 – 판매 및 일반관리비

영업이익의 비율 분석의 종류는 다음과 같다.

1) 매출액 영업이익률＝영업이익 / 매출액×100
2) 총자산 영업이익률＝영업이익 / 총자산(본)×100
3) 이자보상 비율＝이자비용 / 영업이익×100
4) 영업이익 증가율＝당기 영업이익 / 전기 영업이익×100

### 1) 영업외 손익

기업의 영업활동을 통해서 벌어들인 이익이 아닌, 재무활동이나 투자활동에 의해 발생하는 이익과 비용을 말한다. 이를 분류하면, 영업외 수익과 영업의 비용으로 구분

한다.

영업외 손익 분석에는 분석 시에는 재무활동과 투자활동으로 분류하여 분석을 하는 것이 좋다.

### 2) 영업외 수익(Non-Openating Income)

영업활동 이외의 재무활동이나 투자활동으로 발생하는 이익을 말한다. 즉, 재고자산의 판매는 매출액에 속하고, 재고자산 이외의 유동자산, 투자와 기타자산 및 비유동자산의 판매는 영업외 수익에 속한다.

### 3) 이자수익

'수입이자 할인료' 및 '유가증권 이자'가 있다. 수입이자와 할인료는 금전을 대여해준 대가로 받은 금액이라 할 수 있다. 따라서 기간이 경과함에 따라 발생하며, 그 본질은 이자이다. 수입이자와 할인료가 발생할 수 있는 경우는 금융기관에 예금, 금전을 대여, 양도성 정기예금 증서를 매입, 어음을 매입한 경우 등이다.

### 4) 배당금 수익

주식, 또는 출자금을 소유하여 받은 이익의 배당액, 또는 증권투자 신탁의 분배금을 말한다. 배당에는 현금배당과 주식배당이 있는데, 배당금 수익은 원칙적으로 현금배당만 기재하고, 주식으로 배당받은 경우에는 주식 배당액으로 기재한다.

### 5) 임대료

부동산 또는 동산을 타인에게 임대해주고, 받은 대가이다.

### 6) 유가증권 처분이익

유동자산 계정의 유가증권 처분으로 발생한 이익을 말한다.

### 7) 유가증권 평가이익

유가증권을 원가로 평가하는 경우에는 유가증권 평가이익이 발생한 여지가 없으나, 이를 시가기준에 의해 공정가액으로 평가하고 있는 경우에는 평가손익이 생기게 된다.

#### 8) 외환차익

외화를 거래할 때에는 거래시점에서 이를 원화로 기록하여야 하는데, 이때의 외화환산을 외화거래의 환산이라 한다. 거래시점과 환급한 시점의 차이금액을 표현한다.

### 6. 영업외 비용(Non-Openating expenses)

영업활동 이외에 발생하는 비용, 또는 손실을 말한다. 계정으로는 지급이자, 외환차손, 외화 환산손실, 기부금, 사채상환 손실, 법인세 추납액, 기타 대손상각비, 유형자산 처분손실, 투자자산 처분손실, 유가증권 처분손실, 유가증권 평가손실, 지분법 평가손실, 이연자산 상각, 잡손실 등이다.

#### 1) 이자비용

지급이자 할인료, 사채이자, 금융 리스료 등을 포함한다. 지급이자와 할인료는 금전을 차입하여 사용한 대가로 지급하는 금액이다. 따라서 그 본질은 이자이며, 기간 경과에 따라 발생한다. 할인료는 어음 등을 금융기관에서 할인할 때, 그 어음 만기까지의 이자를 금융기관이 선취하는 금액으로 역시 본질은 이자이다.

이자는 자금을 융통한 대가로 지급하는 금융비용이다. 따라서 금융비용이 아닌 것은 지급이자와 할인료계정에 계상될 수 없다.

#### 2) 기타의 대손상각비

판매비와 관리비중 대손상각비 대상 이외의 채권에 대한 대손상각비를 계상하는 계정이다. 즉, 주된 영업활동과 관련되지 않은 계정인 대여금 등에 대한 대손상각을 처리한다.

#### 3) 재고자산 평가손실

재고자산을 기말에 저가기준으로 평가할 때 나타나는 과목이다. 즉, 재고자산의 가격이 하락하였을 때, 하락된 가격으로 평가함으로써 나타나는 과목이다. 따라서 재고자산의 수량, 부피 등이 감소된 경우에 나타나는 재고자산 감모손실과 구분된다.

### 4) 기부금

영업활동과 무관하게 아무런 대가 없이 금전이나 물품을 제공하는 경우의 금액을 말한다. 인정되는 범위는 ① 국가, 또는 지방자치단체에 대한 무상기증, ② 국방헌금, ③ 구호금품, ④ 정치자금과 같은 기부금에 대해서는 전액 또는 지출한 사업연도의 금액은 제한 없이 손금 산입한다.

## 7. 법인세 차감전 순이익(Income Before Income Taxes)

기업을 운영하기 위하여 자금을 조달하고, 이에 대한 이자를 지급하며, 여유자금이 발생시에는 기업경영을 위하여 재활용하는 경우가 있으면 기업의 입장에서 수익과 비용이 발생한다. 기업의 경상거래, 영업거래와 영업외 거래에 의하여 발생하는 이익으로 영업이익에 영업외수익을 가산하고 영업외비용을 차감하여 산출한다.

법인세 차감전 순이익의 비율분석은 세전이익 기준으로 비율분석의 종류는 다음과 같다.

1) 세전이익대 총자산 이익률 = 세전이익 / 총자산(본)×100
2) 세전이익대 자기자본 이익률 = 세전이익 / 자기자본×100
3) 세전이익대 자본금 이익률 = 세전이익 / 자본금×100
4) 1인당 세전이익 = 세전이익 / 인원수×100

## 8. 당기순이익(Net Income)

일정 회계기간 동안에 기업이 발생한 경영의 최종적인 경영성과를 나타낸다.

당기순이익의 비율분석은 당기순이익 기준으로 비율분석의 종류는 다음과 같다.

1) 당기순이익률 = 당기순이익 / 매출액×100
2) 당기순이익대 총자산 이익률 = 당기순익 / 총자산(본)×100
3) 당기순이익대 매출액 이익률 = 당기순익 / 매출액×100

## 3.3 제조원가 명세서 분석

### 1. 제조원가 명세서의 기본 이해

제조원가 명세서는 제조원가 보고서라고도 한다. 주주 등에 대한 외부 보고용은 기간 손익계산서의 부속 명세서로 작성된다. 작성은 '제조업에서는 당기제품 제조원가의 내용을 기재한 제조원가 명세서를 작성한다'는 재무제표 규칙 제11조의 규정에 의한다. 그 기재는 당기 총제조비용을 재료비, 노무비, 경비 등으로 구분한 후, 기초 재공품원가를 합계한 후 기말 재공품원가를 공제하는 형식으로 한다. 기간 손익계산서상 매출원가의 표시는 제조업의 경우, 기초제품 재고액과 당기제품 제조원가의 합계에서 기말제품 재고액을 공제하는 형식으로 기재하며, 당기제품 제조원가의 내역기록은 제조원가 명세서에 표시된다. 원가관리나 가격설정 등에 대한 내부 보고용의 제조원가 명세의 양식 및 내용은 관리목적에 따라 각각 다르다.

제조원가는 직접 재료비, 직접 노무비, 직접 경비, 간접 재료비, 간접 노무비, 간접 경비로 분류할 수 있으며, 일정기간에 투입된 제조원가를 직접, 간접원가로 분류할 수 있다. 사업자등록증 상에서 업종의 종류에 따라서 원가를 분류하여 표현하며, 제조원가 명세서, 공사원가 명세서 등 여러 가지로 구분될 수 있다. 매출액에서 원가가 얼마나 구성비를 차지하는지가 중요하다. 물론 업종에 따라 다르지만, 업종평균의 구성비와 비교하여 분석하면 된다.

### 2. 계정별 실전적용

#### 1) 재료비

제품을 제조하거나, 상품을 구매하는 구매비용 등을 말하며, 당기에 투입된 비용으로 직접재료비와 간접재료비로 구분한다.

원가에서 차지하는 재료비의 구성비와 매출액 증감비에 따른 재료비의 증감비를 계산하여 비교 분석한다.

### 2) 노무비

제품을 제조하기 위하여 투입된 인건비를 말하며, 여기에는 직접 제품제조에 투입된 직접 노무비와 이를 보조하거나, 관리에 투입된 간접노무비와 분리하며, 노무비도 회사의 정규직, 일용직, 파견직 등으로 구분할 수 있다.

제품제조에 투입된 인건비로 직접 제품제조에 투입된 직접노무비와 이를 보조하거나 관리에 투입된 간접노무비와 분리하여 분석을 하며, 노무비도 회사의 정규직, 일용직, 파견직 등의 노무비 구성비와 증감비를 분석하면, 향후 제조현장 투입시에 어떤 노무인원을 투입할 것인가를 판단할 수 있다.

### 3) 경비

제품을 제조하기 위하여 투입된 비용을 말하며, 여기에는 직접 제품제조에 투입된 직접경비와 이를 보조하거나 관리에 투입된 간접경비로 분리하며, 고정비와 변동비로 구분한다.

제품제조에 투입된 경비를 말하며, 직접 제품제조에 투입된 직접경비와 이를 보조하거나 관리에 투입된 간접경비로 분리하여 분석한다. 경비도 고정비와 변동비로 분리하여 분석하고 구성비와 증감비로 나타낸다. 손익계산서상의 판매 및 일반관리비의 분석 방법과 동일하게 분석한다.

# 3.4 이익잉여금 처분계산서의 분석

## 1. 이익잉여금 처분계산서의 기본 이해

### 1) 의미

손익계산서에 나타나는 최종적인 경영성과인 당기순이익에 대하여 기업에 투자한 주주들에게 어떻게 처분되는지를 정리한 재무 보고서이다. 당기의 경영상태에서 당기순이익이 발생하였으면, 이익잉여금 처분계산서를 작성하며, 당기순손실이 발생하였으면 결손금처리 계산서를 작성하여야 한다.

### 2) 이익잉여금 처분계산서에서 무엇을 알 수 있을까?

① 경영성과인 당기순이익을 어떻게 처분하였는지를 알 수 있다.

② 사내유보인가 아니면, 기업에 투자한 주주에게 배당하였는지를 알 수 있다.

③ 기업에 투자한 주주들에게 배당을 하였다면 얼마를 하였는가를 알 수 있다.

④ 사내의 임직원에게 얼마를 지급하였는가, 또는 특별상여금이나 성과금 등의 지급금액을 알 수 있다.

⑤ 회사가 신규투자, 또는 기존설비의 변경을 위하여 사내에 유보한 금액이 얼마나 되는가를 파악한다.

이익잉여금 처분계산서의 기본구조

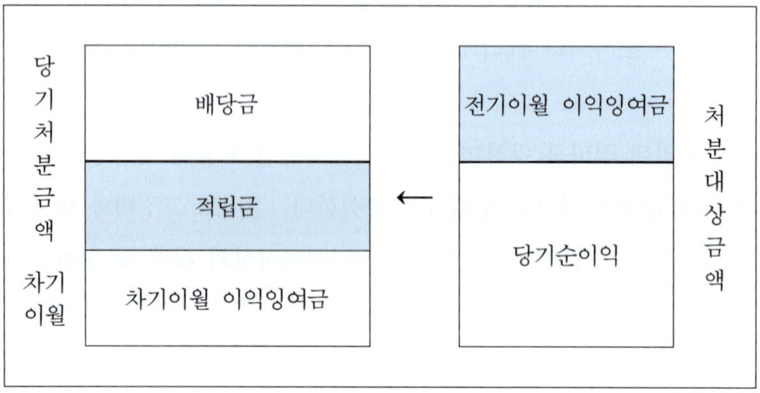


## 2. 계정별 실전적용

### 1) 의미

이익잉여금 처분계산서의 구성계정을 기준으로 하여 관련 비율분석과 상대계정 동향을 비교 분석하여 일정기간의 성과를 측정하여 경영에 반영하기 위함이다.

### 2) 처분전 이익잉여금

이익잉여금을 처분하기 직전의 잉여금을 확정시키는 항목으로, 전기이월 이익잉여금에 회계처리의 변경으로 인한 누적효과, 전기 이전에 발생한 오류사항을 수정한 전기오류 수정손익, 중간 배당액, 당기순이익을 가감하여 계산한다.

(1) 유동자산 : 결산일로부터 1년 이내에 현금화가 가능한 자산으로, 당좌자산과 재고자산으로 나누어진다.

(2) 비유동자산 : 결산일로부터 1년 이후에 현금화가 가능한 자산으로 투자자산, 유동자산, 무형자산, 기타 비유동자산 등으로 나누어진다.

### 3) 임의 적립금 등의 이입액

전기 이전에 회사가 임의로 적립한 임의 적립금은 당기에 이를 이입하여 자유롭게 처분이 가능하다. 적립한 임의적립금을 사용할 필요성이 없는 경우에는 굳이 이를 이입하여 처리하지 않아도 된다. 따라서 회사의 필요에 따라 이를 다른 용도로 사용하는 경우에 상기 항목이 나타난다.

### 4) 이익잉여금 처분액

이익잉여금 처분액의 유형은 다음과 같다

(1) 이익준비금 : 상법의 규정에 의하여 배당금액의 10%에 해당하는 금액을 의무적으로 적립하여야 하는 법정적립금을 말한다. 이익준비금은 자본금의 50%까지 의무적으로 적립하여야 한다. 이처럼 적립된 이익준비금은 자본전입이나, 결손보전 목적으로만 사용이 가능하다.

(2) 기업합리화 적립금 : 세법의 규정에 의하여 회사가 공제 및 감면 받은 세액에 해당하는 만큼, 사내에 적립하는 금액을 말한다. 이처럼 적립된 기업합리화 적립금은 자본전입이나 결손보전 목적으로만 사용이 가능하다.

(3) 재무구조개선 적립금 : 증권거래법의 규정에 의하여 증권선물거래소의 상장법인이 비유동자산을 처분함으로써 벌어들인 이익 가운데, 일부를 사내에 적립하는 금액을 말한다. 이처럼 적립된 재무구조개선 적립금은 자본전입이나 결손보전 목적으로만 사용이 가능하다.

(4) 기타 법정적립금 : 상기 이익준비금, 기업합리화 적립금, 재무구조개선 적립금 이외에 법률의 규정에 의하여 사내에 적립하는 금액을 말한다.

(5) 이익잉여금 처분에 의한 상각 등 : 기업회계기준에 따라 이익잉여금에서 상각하

여야 하는 항목으로는 주식할인발행 차금상각, 배당건설 이자상각, 자기주식 처분손실 잔액, 상환주식 상환액 등이 있다.

(6) 임의 적립금 : 회사가 법률의 규정이 아닌 임의로 사내에 적립하는 금액을 말한다. 임의 적립금에는 배당평균 적립금, 퇴직 적립금, 기업합리화 적립금 등이 해당한다.

(7) 배당금 : 이익잉여금을 사내에 적립하는 것이라면, 배당금은 주주에게 납입한 자본에 대한 대가로 지급하는 사외유출 항목에 해당된다. 배당금은 주주총회의 의결에 따라 당기에 처분한 배당액으로 하되, 금전에 의한 배당과 주식에 의한 배당으로 각각 구분하여 기재한다. 그리고 주식의 종류별 주식배당 금액과 액면배당률은 주기로 표시하고, 배당 수익률, 배당성향 배당액의 산정내역은 주석으로 기재한다.

### 5) 차이이월 이익잉여금

처분전 이익잉여금과 임의 적립금 이입액의 합계액에서 이익잉여금 처분액을 차감한 금액으로 한다.

### 6) 처리전 결손금

전기이월 결손금(또는 전기이월 이익잉여금)에 회계처리기준의 변경으로 인한 누적효과, 전기오류 수정손익, 중간배당, 당기순손실 등을 가감한 금액으로 한다. 회사가 당기순이익을 기록하더라도 전기이전에 발생한 이월결손금이 많아 처리전 결손금이 발생하면 결손금처리 계산서를 작성해야 한다. 다만 회사가 당기순손실을 기록하더라도 전기이전의 이월잉여금이 많아 처분전 잉여금이 나타나면 결손금처리 계산서가 아닌 이익잉여금 처분계산서를 작성한다.

### 7) 결손금 처리액

결손금이 발생하는 경우, 결손금의 처리는 다음과 같은 과목의 순서로 한다.

(1) 임의 적립금 이입액

(2) 기타 법정준비금 이입액

(3) 이익준비금 이입액

(4) 자본준비금 이입액

### 8) 차기이월 결손금

처리전 결손금에서 결손금 처리액을 차감한 금액으로 한다.

# 3.5 현금흐름표의 분석

## 1. 현금흐름표의 기본 이해

### 1) 의미

현금흐름표(Statement of Cash Flows)는 일정기간의 현금유입(Cash Inflow)에서 현금유출(Cash Outflow)을 차감한 순현금 흐름(Net Cash Flow)을 나타내는 재무제표이다.

순현금흐름(C/F)=현금유입(CI)−현금유출(CO)

재무상태표, 손익계산서는 거래사실만 인식되고, 발생주의에 의해 기록 및 집계되어 현금흐름을 반영하지 못한다.

예를 들어, 손익계산서의 경우 제품 1억원을 현금을 받고 판매하거나, 외상으로 판매하든, 모두 매출액으로 기록되어 당기순손익에 반영된다.

그러므로 현금흐름표는 이 경우에 현금 판매금액만 현금유입으로 반영되고, 외상판매인 경우는 수금되는 시점에서 현금유입으로 반영된다.

### 2) 현금흐름표 정보

손익계산서는 매출금액의 현금유입이 없어도 매출액 및 당기순손익으로 반영되어 소위 "이익이 창출되어있는데 남아있는 현금은 왜 없는가?"라는 문제가 발생한다. 이에 현금의 입출을 기준으로 작성되므로, 이해 관계자들이 합리적인 의사결정을 할 수 있도록 정보를 제공한다.

## 2. 계정별 실전적용

### 1) 영업활동으로 인한 현금흐름

영업활동으로 인한 현금흐름은 경상적인 손익거래와 관련한 현금흐름이다

(1) 현금유입 : 매출액, 영업외 수익 등으로 인한 현금 유입액
(2) 현금유출 : 상품/원재료구입, 인건비 및 제경비 지출, 영업외 비용, 법인세 비용 등으로 인한 현금 유출액

### 2) 투자활동으로 인한 현금흐름

투자활동으로 인한 현금흐름은 비유동자산 및 비영업 자산의 취득이나 처분과 관련한 현금흐름이다.

(1) 현금유입 : 비유동자산, 비영업 자산의 처분(매각)으로 인한 현금 유입액
(2) 현금유출 : 비유동자산, 비영업 자산의 취득으로 인한 현금 유출액

### 3) 재무활동으로 인한 현금흐름

재무활동으로 인한 현금흐름은 자본조달 및 상환과 관련된 현금흐름이다.

(1) 현금유입 : 장/단기 차입금 증가, 유상증자 등 자본조달로 인한 현금 유입액
(2) 현금유출 : 차입금 상환, 유상감자, 배당금지급 등 조달자본의 상환, 환급으로 인한 현금 유출액

04
CHAPTER

# 재무비율 분석 실무

## 4.1 재무비율 분석의 개념

### 1. 의의

재무비율 분석이란, 기업의 현상을 객관적으로 판단할 수 있는 자료를 만드는 기법으로 재무제표에 근거한 분석과 기업의 현상을 파악하는 기초적인 비율분석이다. 즉, 재무제표상 연관된 계정항목들을 비교하여 필요한 재무비율을 산출한 다음, 이 비율을 이용하여 기업내 또는 기업간의 안정성, 수익성, 성장성, 생산성, 활동성 등을 분석 및 판단하는 기법을 의미한다.

### 2. 목적

재무비율 분석의 목적은 과거와 현재, 미래의 재무상황에 대한 분석을 통하여 기업의 재무 의사결정에 필요한 다음과 같은 자료와 정보를 수집하는데 있다.

① 경영 의사결정에 도움이 되는 정보획득
② 경영성과의 측정 및 평가
③ 경영상의 생산성과 효율성 제고
④ 재무구조의 강점과 약점 파악
⑤ 문제점 파악과 해결방안 도출

⑥ 투자자의 수익성과 안정성 예측
⑦ 거래 기업간의 신용조사
⑧ 기업의 인수합병의 타당성 검토
⑨ 부실기업의 예측

이 밖에도 재부비율 분석을 통해서 다음과 같은 문제점을 파악할 수 있다.

첫째, 재무상태와 경영성과에 관련된 문제점을 찾아낸다. 이를 통하여 경영계획, 경영통제, 최고경영자의 의사결정 수단에 도움을 준다.

둘째, 재무제표에 나타난 각 항목간의 비율을 산출하여 여러 비율의 의미와 영향력을 파악한 다음, 표준비율과 비교하여 재무 의사결정의 기준을 정의한다.

셋째, 기업의 다년간에 걸친 비율분석을 통하여 각 분석 항목변화를 주시하고, 기업에 미칠 영향력을 살펴본다.

## 3. 재무비율 분석의 종류

재무비율 분석은 성격, 특성, 분석 주체에 따라 여러 가지로 분류되지만, 일반적으로 사용되는 방법은 관계 비율분석인데, 이는 재무제표상의 항목을 관계 비율로 나타내어 분석하는 방법으로 대부분의 비율분석이 이 범위에 속한다.

비율의 종류로는 성장성, 수익성, 안정성, 생산성, 활동성, 시장가치 비율 등으로 분류할 수 있다.

① 성장성 분석 : 경영규모의 증가나 감소를 파악하는 것으로, 외형적 성장과 실질적 성장 등 두 가지 측면에서 고려하여야 한다. 경영규모의 외형적 성장분석은 수익성 분석과 생산성 분석을 연결하여 긍정적인 요소와 부정적인 요소를 비교 분석하여야 한다.

② 수익성 분석 : 자산의 투입에 대하여 얼마나 수익을 얻었는가를 알고자하는 것이다. 기업이 활동하여 얼마나 이익을 보고 있는가를 알아보는 것으로 경영성과를 측정하는 것이다.

③ 안전성 분석 : 기업의 자산, 자본, 부채가 재무상태표 상에 적정한 비율로 균형이 잡혀 있는가를 측정하는 것이다. 부채가 과다한 부채 비만형 기업은 향후 수익성

이 낮아지는 것이 당연한 일이다. 부채가 거의 없거나, 자기자본이 충분한 기업은 다른 기업보다는 외부환경의 변화에 대응하는 힘이 클 것이다.

④ 활동성 분석 : 기업의 유동자산, 비유동자산, 재고자산 등 각각의 자산이 매출액을 달성하는데 얼마나 기여했는가를 측정하는 것이다. 기업이 보유하고 있는 자산의 활용성을 측정하는 것이므로, 활용성의 정도에 따라 기업의 미래를 예측할 수도 있다.

⑤ 생산성 분석 : 인적 및 물적자원의 요소를 투입하여 산출된 생산량의 효율성을 측정하는 것이다. 기업이 현재의 상태를 유지하고, 향후 성장할 수 있는지를 판단하는 것이다.

⑥ 시장가치비율 분석 : 주식시장에서 기업이 얼마나 인정받고, 보유하고 있는 주식의 가치를 판단하여 기업가치를 판단하는 것이다.

또한 분석 목적에 따라서 외부분석과 내부분석으로 나눌 수 있다.

| 외부분석 | 투자자, 채권자, 은행 등의 입장에서 재무제표를 분석하는 경우 |
|---|---|
| 내부분석 | 경영자가 경영의사결정, 재무진단 등을 위하여 자사의 재무제표를 분석하는 경우 |

지금까지 설명한 재무비율분석응ㄹ 비교하면 다음표와 같다.

재무비율 분석에 대한 비교

| 구분 | 분석내용 | 사람과 비교 | 분석 방향 |
|---|---|---|---|
| 안전성 | 기업의 자산, 자본, 부채의 균형적 성장측정 | 체중의 과다 등 | 기업의 성장에 맞도록 균형유지 |
| 수익성 | 기업경영의 총괄적인 효율성을 파악하여 경영성과 분석 | 소화기관의 원활한 상태 | 기업 자원의 효율적인 투입과 경영성과를 유도 |
| 성장성 | 경제와 산업의 성장 속에서 기업의 외형과 수익측정 | 체격의 발달상태 | 외형적인 성장의 긍정적 및 부정적 요소를 파악하여 개선 |
| 생산성 | 기업이 사용하고 있는 인적 및 물적 자원의 능률성 측정 | 내부기관의 활동성 측정 | 기업의 경영합리화, 성과 배분 |
| 활동성 | 기업의 물리적인 활용도 측정 | 관절, 반사신경, 폐활량 등 운동 가능성 측정 | 기업의 운영의 효율성을 향상 |

### 4. 재무비율 분석의 선행 준비

기업 재무비율을 분석하기 위해서는 다음과 같은 사항을 미리 준비해야 한다.

(1) 분석기준을 설정한다(년, 분기, 월).
(2) 회사에 대한 재무제표를 준비한다(최소 3년 이상 재무제표).
(재무상태표, 손익계산서, 제조원가명세서, 현금흐름표, 이익잉여금계산서)
(3) 재무제표에 대한 구성률, 증감률을 정의한다.
(4) 대상 기업에 대한 기업의 현재 비재무적인 현상을 정의한다.
① 제품관련 정보(영업방향, 생산구조, 매출비중 등)
② 생산현장에 대한 정보(자동화, 수작업, 외주 등)
③ 인원구성(직접/간접 인원비율)
④ 물류체계(재고, 납품거리 등)

다음은 재무비율 분석을 분류별로 구체적으로 살펴보기로 한다.

## 4.2 수익성 분석

### 1. 개념

#### 1) 수익성 분석의 정의

수익성 분석은 일정기간 동안의 기업 경영성과를 측정하는 비율로 자산이용의 효율성, 효과성, 이익창출 능력 등에 대한 평가와 영업성과를 나타내는 수익성 비율을 분석하는 것이다.

즉, 투하된 자본에 대한 경영성과를 나타내는 것으로, 기업의 이익창출 능력을 의미할 수 있다. 따라서 기업의 이해 관계자들이 의사결정을 하는데 매우 중요한 정보로 활용된다.

기업의 과거와 현재를 보면서 미래의 수익예측 자료로 활용된다.

### 2) 수익성 분석의 목적

① 투하자본에 대한 이익률의 분석 및 평가

② 매출액에 대한 이익률의 높고 낮음에 대한 분석 및 평가

③ 각종 경영비용의 과잉여부에 대한 분석 및 평가

④ 이자지급 비용의 과잉여부에 대한 분석 및 평가

⑤ 안전여유율의 분석과 평가로 경영안정성을 판단

⑥ 배당성향의 분석 및 평가

### 3) 수익성 분석의 구성요소

① 투자효율의 분석

② 매출이익률의 분석

③ 채산성의 분석

④ 금융비용 과잉여부의 분석

⑤ 손익분기점률의 분석

⑥ 사내유보비율의 분석

## 2. 수익성 분석의 유의점

수익성 비율에서 분자인 투자이익의 측정은 손익계산서 상의 회계적 이익을 이용하게 되므로, 기업의 실제적인 현금흐름과는 차이가 있게 된다. 즉, 회계적 이익이 많이 발생한 기업이라도 매출채권의 회수지연 등의 이유로 인하여 단기적으로 자금사정이 나쁠 수도 있다. 따라서 수익성 분석에는 자금사정의 우열을 평가하는 유동성 분석이나 현금흐름 분석으로 보완할 필요가 있다.

## 3. 분석단위

수익성 비율은 각 산식의 의미에 따라 투자효율, 매출이익률, 채산성, 금융비용 과잉여부, 안전여유율, 사내유보 비율 등의 여섯 가지 부문으로 나누어서 분석하며, 각 부문을 이루는 세부지표는 다음과 같다.

### 1) 투자효율

투자효율은 다음의 비율로 평가한다.

① 총자산 세전이익률

② 총자산 순이익률

③ 기업 세전이익률

④ 기업 순이익률

⑤ 자기자본 세전이익률

⑥ 자기자본 순이익률

⑦ 자본금 세전이익률

⑧ 자본금 순이익률

### 2) 매출이익률

매출이익률은 다음의 비율로 평가한다.

① 매출액 세전이익률

② 매출액 당기순이익률

③ 매출액 영업이익률

④ 순외환손익대 매출액

⑤ EBIT(이자 및 법인세 차감전 순이익)대 매출액 비율

⑥ EBITDA(법인세 이자 감가상각비 차감전 영업이익)대 매출액 비율

### 3) 채산성

채산성은 다음의 비율로 평가한다.

① 매출원가대 매출액 비율

② 변동비대 매출액 비율

③ 고정비대 매출액 비율

④ 연구개발비대 매출액 비율

⑤ 인건비대 매출액 비율

⑥ 재료비대 매출액 비율

⑦ 변동비대 매출액 비율

⑧ 감가상각률

### 4) 금융비용 과잉여부

금융비용 과잉여부는 다음의 비율로 평가한다.

① 금융비용대 부채비율

② 차입금 평균이자율

③ 금융비용대 총비용 비율

④ 금융비용대 매출액 비율

⑤ 순금융비용대 매출액

⑥ 이자보상비율

### 5) 안전여유율

안전 여유율은 다음의 비율로 평가한다.

① 손익분기점율

### 6) 사내유보비율

사내유보비율은 다음의 비율로 평가한다.

① 사내유보율

② 배당률

③ 배당성향

## 4. 항목별 비율

각 항목별 비율에 대해서는 각 비율의 용어의 의미, 용어의 산출공식, 판단의 체계로 설명한다.

### 1) 총자산(본) 세전이익률

#### (1) 의미

총자산(본)을 얼마나 효율적으로 이용하여 영업성과를 올렸는가를 총괄적으로 나타내는 비율이다.

기업이 소유하고 있는 총자산의 운용효율성을 나타내는 지표로 수익성 분석의 대표적인 비율이다.

$$총자산(본)\ 세전이익률(\%) = \frac{세전이익}{총자산} \times 100$$

(2) 판단

세전이익이란 영업이익＋영업외 이익－영업외 손실로 계산되고, 영업이익률과 비교 검토하여 얼마나 이익률의 차이가 발생했는지 분석한다. 또한 수출, 수입이 많은 부분을 차지하는 기업의 경우는 환차 손익에 의한 영업외 이익과 영업외 손실 부분을 분석하여 환차손익으로 인한 이익의 증가와 손실의 최소화를 기해야 한다.

총자산 세전이익률의 변동요인을 파악하기 위하여 다음과 같이 비율을 곱하여 구할 수 있다.

• 총자산(본) 세전이익률＝매출액 세전이익률×총자산 회전율

$$\frac{세전이익}{총자산} = \frac{세전이익}{매출액} \times \frac{매출액}{총자산}$$

따라서 매출액 경상이익률은 높고, 총자산 회전율이 낮은 경우에는 판매 「마진」은 높았으나, 기업의 판매활동이 부진하였음을 나타낸다.

반대로 매출액 경상 이익률은 낮고, 총자산 회전율이 높을 경우에는 판매 「마진」은 낮으나, 기업의 판매활동이 활발하였음을 나타낸다.

• 총자산 세전이익률＝자기자본 세전이익률×자기자본 비율

$$\frac{세전이익}{총자산} = \frac{세전이익}{자기자본} \times \frac{자기자본}{총자산}$$

## 2) 총자산(본) 순이익률

(1) 의미

총자산(본) 순이익률(Net profit to  total assets, Return on investment)은 당기순이

익과 총자산(본)에 대한 비율로 기업경영에 투자된 총자산(본)에 대하여 수익률을 파악하는 비율이다.

일반적으로 투자수익률(ROI)이라고도 한다.

$$총자산(본)\ 순이익률(\%) = \frac{당기순이익}{총자산(본)} \times 100$$

$$ROI = \frac{당기순이익}{총자산(본)} \times \frac{당기순이익}{매출액} \times \frac{매출액}{총자산(본)}$$

$$= 매출액\ 순이익률 \times 총자산(본)\ 회전율$$

(2) 판단

기업에 투자하여 운용된 총자산(본)이 얼마만큼 효율적으로 관리되어 있는가를 나타내는 것으로 높을수록 양호하다고 본다.

총자산 순이익률(순이익/총자본×100)은 기업의 생산활동에 투하된 자본의 이익률을 측정하므로, 투자가의 입장에서 특히 중시되는 비율이다.

총자산(자본)을 기말금액으로 하는 경우도 있지만, 총자산＝(기초자산＋기말자산) / 2로 계산하여도 된다.

기업은 어느 만큼의 이익을 올릴 수 있는가가 중요한 것이므로, 기업의 수익성은 다각도로 검토될 필요가 있다. 그 중에서도 총자본 이익률과 자기자본 이익률은 매우 중요하다.

계절에 영향을 받는 기업인 경우에는 계절을 중심으로 분기로 하여 분석을 하여야 한다.

### 3) 기업 세전이익률

(1) 의미

자금 원천에 관계없이 기업에 투하된 총자산(자본)이 얼마나 효율적으로 운용되었는가를 나타내는 지표로 세전이익에서 차입금에 대한 이자비용을 차감하기 전의 금액을 총자본과 대비한 것이다. 따라서 기업가의 경영능력을 측정하는 지표로 이용되고 있다.

$$\text{기업 세전이익률}(\%) = \frac{\text{세전이익} + \text{이자비용}}{\text{총자산(자본)}} \times 100$$

(2) 판단

이자비용을 차감하기 전의 이익률이므로, 이 비용이 마이너스나 이자비용을 차감한 경상이익률과 비교하여 동일하거나, 근소한 차이를 나타내면 회사는 부실경영을 하였다고 여겨지므로 혁신적인 전략을 세워서 수익창출을 하도록 해야 한다.

### 4) 기업 순이익률

(1) 의미

당기순이익과 이자비용의 합계액을 총자산(자본)과 대비한 비율로 기업에 투하된 총자산(자본)의 종합적인 최종성과를 나타내는 비율이다.

$$\text{기업 순이익률}(\%) = \frac{\text{당기순이익} + \text{이자비용}}{\text{총자산(자본)}} \times 100$$

(2) 판단

비율이 낮으면 주주나 투자자에게 주어야 하는 배당액이 적어질 것으로 예상되므로, 연초에 설정한 비율을 기준으로 판단하여야 한다. 이 기준비율은 주주나 투자자가 최소한 원하는 기준, 즉 은행에 예금하여 얻어지는 이자금액보다는 높아야 한다.

### 5) 자기자본 세전이익률

(1) 의미

경상이익의 자기자본에 대한 비율로 출자자, 또는 투자자들이 투하자본에 대한 수익성을 측정하는데 중요한 지표로 이용된다.

자기자본 100%에 대하여 세전이익률이 몇 %로 되는가를 표시하며, 자기자본의 수익성을 판단하는 비율이다.

자기자본 경상이익률은 다음과 같이 매출액 세전이익률과 자기자본 회전율로 나누어 검토할 수 있다.

$$\text{자기자본 세전이익률}(\%) = \frac{\text{세전이익}}{\text{자기자본}} \times 100$$

• 자기자본 세전이익률＝매출액 세전이익률×자기자본 회전율

$$\frac{\text{세전이익}}{\text{자기자본}} = \frac{\text{세전이익}}{\text{매출액}} \times \frac{\text{매출액}}{\text{자기자본}}$$

• 자기자본＝자본금＋자본잉여금＋이익잉여금＋자본조정

(2) 판단

이 비율은 자기자본에 대하여 당기의 세전이익이 어느 정도로 실현 되었는지를 표시하는 비율로 경영자, 주주, 투자자 등이 자기자본에 대한 이익의 정도, 또는 이익배당의 정도 등을 검토하는데 주로 이용된다. 이 비율을 산출하는 계산요소인 경상이익은 자기자본에 의하여 발생되는 것은 아니므로, 세전이익과 자기자본과의 사이에는 직접적인 인과관계는 없다. 그러므로 기업은 자기자본의 증식은 기업존속의 결정적인 조건이라고 할 수 있으므로, 이익이 어떤 자본에 대응되든 간에 자기자본에서 보았을 때에 이익이 얼마만큼 창출되었는가를 살펴 볼 필요가 있으며, 이러한 필요성 때문에 이 비율을 산출하는 것이라고 할 수 있다.

이 비율은 자기자본과 타인자본의 구성 여하에 따라 변동된다. 즉 자기자본 구성비율이 높을 경우에는 자기자본 세전이익률은 상대적으로 낮게 표시되는 경향이 있으며, 반대로 자기자본 구성비율이 낮을 경우에는 자기자본 세전이익률이 상대적으로 높게 표시되는 경향이 있다.

어느 경우든 간에 이 비율이 높으면 높을수록, 자기자본에 대한 수익성은 높은 것이다.

### 6) 자기자본 당기순이익률

(1) 의미

기업에 의하여 달성된 총체적인 경영성과를 투하된 자기자본에 대비한 비율로 자기자본의 효율적 이용도를 측정하는 지표이며, ROE(Return On Equity)라고도 한다.

ROE는 출자자의 입장에서 자기자본 이용효율성 분석, 배당정책, 주가형성에 영향을 미치는 비율이다..

자기자본 100%에 대하여 순이익이 몇 %가 되는가를 표시하며, 자기자본의 수익력을 판단하는 비율이다.

$$\text{자기자본 순이익률}(\%) = \frac{\text{당기순이익}}{\text{자기자본}} \times 100$$

(2) 판단

기본적으로는 높을수록 양호한 상태를 표시하며, 일정한 표준비율은 없으므로 은행의 정기예금 금리와 대비하여 볼 수 있다. 주주지분에 대한 이익률이 은행이자율보다도 낮다고 하면 투자가치의 상실을 의미할 수 있다. 또한 과거비율과 비교할 수 있다.

자기자본 순이익률은 주주들이 요구하는 투자수익률을 의미하며, 이 비율이 높다는 것은 자기자본이 매우 효율적으로 운용되고 있음을 의미한다. 즉 주주 입장에서 보면 주주지분에 대하여 이익지분이 얼마나 되는지를 나타낸다.

이 비율이 너무 높으면, 자기자본의 부족으로 재무구조의 안정성과 유동성이 나빠질 수 있으므로, 자기자본 비율을 확인해 보아야 한다.

### 7) 자본금 세전이익률

(1) 의미

기업활동의 기초가 되는 납입자본금에 대한 세전이익의 비율이다.

앞에서 설명한 자기자본 세전이익률의 산출을 위한 자기자본에는 납입자본금 외에도 자본잉여금과 이익잉여금이 포함되고 있으므로, 출자자의 지분에 상응하는 정확한 이익률의 산정이 어렵다.

따라서 자본금 세전이익률은 이에 대한 보조지표로 널리 이용되고 있다.

$$\text{자본금 세전이익률}(\%) = \frac{\text{세전이익}}{\text{자본금}} \times 100$$

(2) 판단

사업 초기나 증자를 자본금 기준으로 판단하며, 투자한 자본금에 대한 세전이익률을 분석함으로써 사업 초기에 비하여 얼마나 이익을 얻을 수 있었느냐에 대한 추이분석에 활용한다.

### 8) 자본금 당기순이익률

(1) 의미

납입자본금에 대한 당기순이익의 비율로 기업의 배당능력을 판단하기 위한 기초자료로 중요시되고 있어 투자가들의 투자 결정시에 참고지표로 널리 이용되고 있다.

이익의 배당과 사내유보를 결정하는데 활용된다.

$$\text{자본금 순이익률}(\%) = \frac{\text{당기순이익}}{\text{자본금}} \times 100$$

(2) 판단

사업 초기나 증자를 자본금 기준으로 판단을 하며, 투자한 자본금에 대한 당기 순이익률을 분석하여 사업 초기에 비하여 얼마나 이익을 얻을 수 있었느냐에 대한 추이분석에 활용한다.

### 9) 매출액 세전이익률

(1) 의미

매출액에서 기업의 생산, 판매, 관리활동 등 영업활동 상에서 발생하는 비용외에 이자비용 등 영업외 비용을 차감하고, 이자수익 등 영업외 수익을 가산한 세전이익을 매출액으로 나누는 것이다.

기업 경영활동의 성과를 총괄적으로 표시하는 대표적인 지표로 기업의 주된 영업활동뿐만 아니라, 재무활동에서 발생한 경영성과를 동시에 파악할 수 있다.

$$\text{매출액 세전이익률}(\%) = \frac{\text{세전이익}}{\text{매출액}} \times 100$$

(2) 판단

표준비율은 없고, 일반적으로 당해 기업의 과거기간과 동업계 평균비율과 비교하여 좋고 나쁨을 판단한다.

매출액을 분모로 하여 이익률을 분석할 경우, 매출 총이익률, 영업이익률과 비교 분석하여야 한다.

- 매출액에 대하여 얼마나 벌었는가?
- 총자본에 대하여 얼마나 벌었는가?
- 사원 1인당 이익은 얼마인가?

영업외 수익과 영업외 비용의 항목을 분류하면 다음과 같다.

영업외 수익과 영업외 비용의 항목

| 영업외 수익 | 영업외 비용 |
|---|---|
| 이자수익 | 이자비용 |
| 배당료 수익 | 기타의 대손상각비 |
| 임대료 | 단기매매 증권처분 손실 |
| 단기 매매증권 처분이익 | 단기매매 증권평가 손실 |
| 단기 매매증권 평가이익 | 외환차손 |
| 외환차익 | 외화환산 손실 |
| 외화 환산이익 | 지분법 평가손실 |
| 지분법 평가이익 | 매도가능 증권감액 손실 |
| 매도가능 증권감액 손실환입 | 매도가능 증권처분 손실 |
| 매도가능 증권처분 이익 | 유형자산 처분손실 |
| 유형자산 처분이익 | 사채상환 손실 |
| 사채상환 이익 | 법인세 추납액 |
| 법인세 환급금 | |

세전이익률을 이용한 재무 통제도

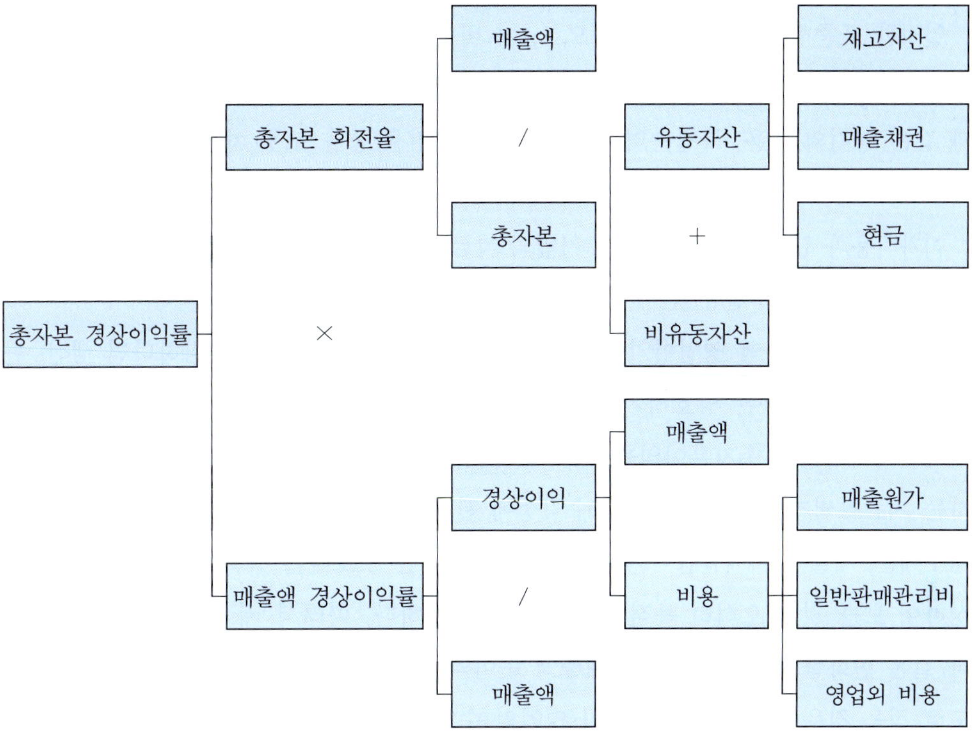


## 10) 매출액 당기순이익률

### (1) 의미

매출액에 대한 당기순이익의 비율을 나타내는 지표이다. 이 비율은 기업의 전체적인 경영효율성을 판단하는데 이용되는 비율이다. 즉 매출액 순이익률은 영업활동과 재무활동을 모두 포함한 경영활동의 성과를 최종적으로 평가하는 비율이다.

$$\text{매출액 순이익률}(\%) = \frac{\text{당기순이익}}{\text{매출액}} \times 100$$

$$\text{매출액 순이익률}(\%) = \frac{\text{매출 총이익}}{\text{매출액}} \times \frac{\text{영업이익}}{\text{매출 총이익}} \times \frac{\text{당기순이익}}{\text{영업이익}}$$

(생산효율성) (관리효율성) (재무효율성)

(2) 판단

일정한 표준비율은 없고 일반적으로, 이 비율이 높을수록 양호하다. 매출액 순이익률은 매출액에서 기업의 생산, 판매, 관리활동에서 발생하는 비용 이외에도 이자비용과 같은 영업외 비용, 특별손익, 그리고 법인세 비용 등을 모두 차감한 순이익을 매출액으로 나누어 구하게 된다.

이자비용과 같은 영업외 비용은 기업의 자금조달과 같은 재무활동의 결과이므로, 이 비율은 기업의 재무활동 면에서의 효율성을 측정하는 비율이 된다.

특정기업의 매출액 영업이익률은 양호한데 매출액 순이익률이 불량하다면 생산, 판매, 영업, 관리활동은 양호하지만, 재무활동에는 문제가 있음을 나타낸다.

매출액이익률은 총자본이익률이나 자기자본이익률과 같이 기업의 목표달성을 표시하는 지표로써가 아니라, 기업의 수익성에 관한 체질을 표시하는 것으로 이해하려는 경우에는, 매출액 이익률을 개별적으로 산출해 보는 것보다는 백분율 손익계산서를 작성하여 보는 것이 오히려 목적에 부합하고, 타당하다. 따라서 매출액순이익률은 다음과 같은 변화관계를 갖는다. 즉 매출액 순이익률이 매출액 영업이익률보다 지나칠 정도로 적을 경우에는 영업외 비용이 영업외 수익에 비해 지나치게 높다는 것을 암시한다. 그리고 반대의 경우에는 영업외 수익에 너무 의존하는 비정상적인 경영상태를 의미하게 되는 것이다.

### 11) 매출액 영업이익률

(1) 의미

기업의 주된 영업활동에 의한 성과를 판단하기 위한 지표로 제조 및 판매활동과 직접 관계가 없는 영업외 손익을 제외한 순수한 영업이익만을 매출액과 대비한 것으로 영업활동의 효율성을 나타내는 지표이다.

$$\text{매출액 영업이익률}(\%) = \frac{\text{영업이익}}{\text{매출액}} \times 100$$

(2) 판단

매출 총이익에서 인건비, 판매비, 관리비 등의 경비를 제외한 나머지가 영업이익이므로, 이 이익은 영업활동의 성과로 매출액과 대략적인 이익이 신장되지 않는 저성장 시대에는 회사의 군살을 빼는 내부노력에 의해 이익을 창출하여야 하는데, 이때 성과를 판정할 수 있는 지표이다.

이 비율의 변동요인을 구체적으로 파악하기 위해서는 다음과 같이 구분하여 볼 수 있다.

$$\text{매출액 영업이익률(\%)} = \frac{\text{매출 총이익}}{\text{매출액}} \times \frac{\text{영업이익}}{\text{매출 총이익}}$$

(영업효율성) (생산효율성) (관리효율성)

위의 구분에 의해 매출액 영업이익률의 변화가 어느 부문활동의 효율성 변화에 기인하는지 파악이 가능하다.

### 12) 매출원가대 매출액(매출액 총이익률)

#### (1) 의미

상(제)품을 판매하여 얼마를 벌었는가를 파악하는 이익률이다. 즉 회사의 수익능력을 알아볼 수 있는 지표이다. 매출이라는 것은 고객으로부터 판매하여 얻은 이익이므로, 매출원가(코스트)을 차감하고 남은 것이 실제 수익이다. 매출원가대 매출액과는 전체 100을 기준으로 반대관계에 있다. 이것은 기업원가율 또는 「마진」 율을 측정하는 지표이다.

$$\text{매출원가대 매출액 비율(\%)} = \frac{\text{매출원가}}{\text{매출액}} \times 100$$

#### (2) 판단

매출액 대비 매출원가의 구성비가 낮을수록 좋다. 이는 이익의 극대화를 할 수 있는 구조이지만, 회사의 제품이나 상품의 구성을 보면서 업종에 따라 판단이 달라져야 한다.

매출액에서 차지하는 원가비율이 얼마인가를 판단하는 것이지만, 업종의 특성에 따라 총이익률이 낮을 수 있으며, 이는 영업에 투입되는 비용이 높을 수 있는 경우이므로 투입비용을 분석해 보아야 한다.

※ 분석의 포인트

① 에누리, 반품 등을 계상하고 있을 때는 순매출액이 된다. 또 매출원가는 결산서에서는 기초 재고액+당기 매입액－기말 재고액이 되지만, 단순히 매입액을 말하는 경우도 있다.

② 업종 및 업태에 따라 박리다매형과 반대로 고이익저매형이 있다. 경쟁이 심해지면, 총이익률이 낮은 회사는 총체적으로 이익액을 분석하는 것도 필요하다.

③ 사업부문별, 상품계열마다 지표를 분석하면, 각각의 수익력을 알 수 있으므로, 경영의 중점을 어느 부문과 상품에 두어야 할 것인지를 판단하는데 필요하다.

④ 이를 개선하기 위해서는 신제품의 개발도입, 새로운 서비스의 제공, 성공분야로의 진출, 원가절감 등의 연구가 기본이 된다.

### 13) 변동비대 매출액

#### (1) 의미

변동비는 조업도의 변동에 비례하여 발생하는 비용이므로, 이 비율이 지나치게 낮은 것은 조업도가 낮거나 설비가 지나치게 많음을 의미하고, 반대로 과도하게 높은 것은 고정설비의 부족을 의미하게 된다. 따라서 이 비율은 적정조업도 및 투자설비 규모의 판단에 중요한 지표가 된다.

$$\text{변동비대 매출액 비율}(\%) = \frac{\text{변동비}}{\text{매출액}} \times 100$$

#### (2) 판단

매출액 대비 변동비의 구성비가 높을수록 좋지만, 너무 크면 제조의 안정성이 떨어지므로, 고정비와 변동비의 구성비가 회사의 업종이나 관리방식에 따라 달라질 수 있으므로, 이에 대하여 기준을 설정한 후에 분석해야 한다.

### 14) 고정비대 매출액

#### (1) 의미

고정비는 조업도에 관계없이 일정하게 발생하는 비용으로, 이 비율이 높으면 조업도가 상대적으로 낮은 것을 의미한다.

경기불황 시에는 매출액 감소에도 불구하고, 고정비 지출은 줄지 않아 이 비율이 전반적으로 높아지는 경향이 있다.

$$고정비대\ 매출액\ 비율(\%) = \frac{고정비}{매출액} \times 100$$

#### (2) 판단

매출액 대비 고정비의 구성비가 낮을수록 좋지만, 너무 낮으면 제조의 안정성이 떨어지고, 고정비와 변동비의 구성비가 회사의 업종이나 관리방식에 따라 달라질 수 있으므로, 이에 대하여 기준을 설정한 후에 분석을 하여야 한다. 또한 높으면 불황기에 회사의 현금흐름이 어려워질 수 있으므로 유의하여야 한다.

### 15) 연구개발비대 매출액

#### (1) 의미

신제품이나 신기술 개발 등과 같은 기업의 연구개발 활동과 관련하여 얼마만큼의 비용을 지출하였는가를 나타내는 비율이다.

$$연구개발비대\ 매출액\ 비율(\%) = \frac{연구개발비}{매출액} \times 100$$

- 연구개발비 = 재무상태표상의 개발비 증가액 + 손익계산서상의 경상개발비, 연구비, 개발비 상각액 + 제조원가 명세서상의 경상개발비 등

#### (2) 판단

매출액에서 연구개발에 투입하는 구성비가 얼마나 되는지를 파악하는 비율로 회사의 미래수익을 판별해 볼 수가 있다. 첨단사업인 경우에는 비율이 높을 수 있고, 기술

이 이미 널리 공개된 사업에서는 비율이 낮을 수가 있지만, 투자자의 입장에서는 지속적으로 매출액의 일정비율을 연구개발에 투자하는 업체에 대하여 미래전망이 있다고 볼 수 있다.

### 16) 인건비대 매출액

(1) 의미

매출액에서 인건비가 차지하는 비중을 나타내는 지표로 노무관리 및 인건비 결정에 이용된다.

$$\text{인건비대 매출액 비율}(\%) = \frac{\text{인건비}}{\text{매출액}} \times 100$$

(2) 판단

동종업계의 경쟁업체에 대한 인건비대 매출액 비율이 낮아지면 좋은 것이다. 만일, 동종 업체가 미약할 경우에는 회사자체의 비율을 설정하여 비교해야 한다. 또한 직급별 인건비의 구성비를 파악하여 분석하도록 한다.

### 17) 재료비대 매출액

(1) 의미

매출액에서 재료비가 차지하는 비중을 나타내는 지표로 원재료 이용의 효율성을 측정하는데 이용된다.

$$\text{재료비대 매출액 비율}(\%) = \frac{\text{재료비}}{\text{매출액}} \times 100$$

(2) 판단

매출액에서 재료비의 투입에 대한 비율이 얼마나 차지하는지를 보는 것이므로, 제품별로 투입된 재료비를 분석 판단하여야 하며, 일괄합산으로 분석하는 것은 부적당하다. 제품별 투입된 재료비를 구입 재료비와 가공 재료비(원재료를 가공)를 구성비율로 분석해서 판단하여야 한다.

### 18) 순외환손익대 매출액

#### (1) 의미

환율변화에 따라 발생한 순외환손익이 매출액과 비교하여 어느 정도인가를 파악하기 위한 지표이다.

$$순외환손익대\ 매출액(\%) = \frac{외환차익 + 외화환산이익 - 외환차손 - 외화환산손실}{매출액} \times 100$$

#### (2) 판단

외환손익에 대한 분석이므로, 미래의 이익과 손실을 예측할 수 있는 추이분석 자료로 활용하여야 하며, 회사의 수출(입)의 따른 이익과 손실을 추이하여야 한다.

### 19) EBIT대 매출액

#### (1) 의미

이자 및 법인세 차감전 순이익(EBIT)은 기업의 경영성과를 평가하는데 있어서 타인자금을 사용하는 기업이 금융비용 발생으로 타인자금을 사용하지 않는 기업보다 수익성이 낮게 평가되는 것을 방지하기 위해 도입된 개념이다.

즉, EBIT는 세전이익에 금융비용을 더해 산출되므로, 자금조달 방법에 관계없이 수익성을 측정할 수 있다.

$$EBIT대\ 매출액\ 비율(\%) = \frac{세전이익 + 이자비용}{매출액} \times 100$$

#### (2) 판단

세전이익대 매출액 비율을 기준으로 판단하며, 현금흐름의 여유가 있더라도 타인자본을 빌릴 것에 대비하여 항상 추이분석을 해 두는 것도 좋다. 현금흐름에 영향을 미치지 않은 경우에는 분석에서 제외를 할 수 있지만, 아닌 경우에는 이자를 감당할 수 있는지를 분석 판단하여야 한다.

### 20) EBITDA대 매출액

#### (1) 의미

법인세 이자 감가상각비 차감전 영업이익(EBITDA)은 이자 및 법인세 차감전 순이익에 감가상각비와 무형자산 상각비를 더하여 산출된다.

회계상의 순이익이 금융비용이나 감가상각비 등 영업외적 요인에 의해 영향을 받는데 비해, EBIT와 EBITDA는 영업외적 요인에 의한 영향이 배제된 경영성과를 측정할 수 있어서 수익성 판단지표로 유용하게 쓰인다.

$$\text{EBITDA대 매출액 비율}(\%) = \frac{\text{세전이익} + \text{이자비용} + \text{감가상각비} + \text{무형자산상각비}}{\text{매출액}} \times 100$$

#### (2) 판단

EDITDA 분석법은 이자비용을 이익에 포함하여 판단함으로 자기자본과 타인자본에 대한 기업의 실질이익 창출금액을 알 수 있게 하며, 현금지출이 없는 감가상각비는 비용에서 제외함으로써 기업이 영업활동을 통해 벌어들이는 현금창출 능력을 판단할 수 있다. 그래서 EBITDA는 기업의 실질적인 가치를 평가하는데 실제적으로 널리 사용된다.

### 21) 감가상각률

#### (1) 의미

비상각 자산, 즉 토지, 건설 중인 자산을 제외한 나머지 유・무형자산에 대하여 당기에 어느 정도 감가상각비를 계상하였는가를 나타내는 비율로 비유동자산에 투입된 비유동자본의 회수율을 측정하는 지표이다. 당기의 감가상각비가 적정한가를 판단하고, 감가상각의 타당성 여부를 알려준다.

$$\text{감가상각률}(\%) = \frac{\text{감가상각비}}{(\text{유형자산} + \text{무형자산} - \text{건설중인자산} - \text{토지})\text{감가상각비}} \times 100$$

(2) 판단

비율이 높으면 유・무형자산에 대한 재투자 비용회수가 빠르다는 것을 의미한다.

### 22) 금융비용대 부채비율

(1) 의미

기업의 부채에는 차입금과 같이 이자를 부담하는 이자부 부채와 매입채무, 선수금, 충당금 등과 같이 이자를 부담하지 않는 비이자부 부채가 있다. 금융비용대 부채비율은 이러한 비이자부 부채를 포함한 총부채에 대한 금융비용의 비율을 말한다.

즉 이자비용이 유동부채 및 비유동부채의 합계인 부채총계에서 얼마만큼의 비율을 차지하고 있는가를 표시하는 것인데, 여기서 금융비용이란 이자비용(어음할인료 포함)을 말한다.

$$\text{금융비용대 부채비율}(\%) = \frac{\text{금융비용}}{\text{부채}} \times 100$$

(2) 판단

부채에 대한 이자율 비중을 판단하는 비율로, 높으면 다른 부채로 대치하여야 한다.

### 23) 차입금 평균이자율

(1) 의미

회사채, 금융기관 차입금 및 사채 등과 같은 이자부 부채에 대한 금융비용의 비율로 차입금에 대한 평균이자율이라고 할 수 있다.

즉 차입금 평균이자율은 단기 차입금과 장기 차입금이 얼마만큼의 이자를 부담하고 있는가를 나타내는 비율이다.

이자율이 증가하면 기업의 수익성을 저해하는 요인이므로, 기업의 안전성 여부와 연계하여 보아야 한다.

$$\text{차입금 평균이자율}(\%) = \frac{\text{이자비용}}{\text{회사채} + \text{장・단기차입금}} \times 100$$

(2) 판단

부채에 대한 이자율 비중을 판단하는 비율로, 평균이자율보다 높으면 다른 부채로 대치하여야 한다.

## 24) 금융비용대 총비용비율

(1) 의미

총비용 중에 금융비용이 차지하는 비중을 나타내는 것으로 차입금 의존도와 밀접한 관계가 있다.

타인자본의 의존도가 높은 기업일수록 비율이 높으며, 기업의 순이익을 감소시키는 요인이 된다.

$$\text{금융비용대총비용비율}(\%) = \frac{\text{이자비용}}{\text{매출원가} + \text{판매비와관리비} + \text{영업외비용} + \text{특별손실}} \times 100$$

(2) 판단

이 비율이 높으면 비용에서 차지하는 비율이 높다는 것으로, 매출의 감소가 일어나면 회사에 대한 상환압력이 커질수 있으므로, 경영이익 관리를 위한 전략을 실행하여야 한다.

## 25) 금융비용(이자비용)대 매출액

(1) 의미

매출액 중에서 금융비용이 차지하는 비중을 나타내는데, 이 비율은 기업이 부담하는 금융비용의 수준을 나타내는 대표적인 지표로 금융비용 부담률이라고도 한다.

금융비용은 조업도와 관계없이 지급되는 고정성 비용이므로, 경영활동의 장기적 안정성 확보와 경기변동에 대한 적응력을 향상시키기 위해 비율이 낮을수록 양호하다. 금융비용이란 지급이자, 할인료, 사채이자 등의 이자비용을 말한다.

$$\text{금융비용대 매출액 비율}(\%) = \frac{\text{금융비용}}{\text{매출액}} \times 100$$

(2) 판단

금융(이자)비용은 매출수준과 관계없이 차입금에 대한 대가로 지급되는 대표적인 고정비 항목이므로, 기업경영의 장기적 안정성을 유지하고, 불황기에 대한 저항력을 강화하기 위해서는 이 비율을 낮추는 것이 유리하다. 금융비용 부담률이 높은 기업은 불황기가 장기간 계속되면 도산할 가능성이 높다.

금융비용은 조업도와 관계없이 차입금에 대한 대가로 지급되는 고정비 성격의 항목이므로, 기업경영의 장기적 안정성을 확보하기 위해서는 비율을 낮추는 것이 중요하다.

기업의 수익성을 저해하는 요인이므로, 기업의 안전성 여부와 연계하여 보아야 한다. 그리고 기업은 향후의 성장 가능성 및 이익 창출능력 등을 종합적으로 판단하여 외부차입 규모를 결정하여야 한다.

금융비용대 매출액 비율은 이자비용 및 매출액 요인으로 분해되며, 이 중에서 이자비용 요인은 다시 금리와 대출잔액 요인으로 나누어진다. 따라서 이자비용대 매출액 비율의 변화를 요인별로 분해하여 봄으로써 재무활동상의 문제점을 효과적으로 진단할 수 있다.

### 26) 순금융비용대 매출액

(1) 의미

이자비용에서 이자수익을 차감한 잔액, 즉 금융거래로 지급한 순수한 이자비용을 매출액으로 나눈 지표이다.

$$\text{순금융비용대 매출액}(\%) = \frac{\text{이자비용} - \text{이자수익}}{\text{매출액}} \times 100$$

(2) 판단

부채에 대한 이자율 비중을 판단하는 비율로, 높으면 다른 부채로 대치하여야 한다.

### 27) 이자보상비율

(1) 의미

이자보상비율은 이자지급에 필요한 수익을 창출할 수 있는 능력을 측정하기 위한 지표로 이자부담 능력을 판단하는데 유용한 지표이다.

이 비율은 기업이 정상적인 경영상태에서 부채에 대한 이자를 지급할 능력을 갖고 있는가를 평가하기 위한 것으로써 이 비율이 높을수록 양호하다.

$$\text{이자보상비율}(\%) = \frac{\text{영업이익}}{\text{이자비용}} \times 100$$

(2) 판단

이 비율이 1 이하이면 영업활동으로 벌어들인 이익으로 이자도 지급하지 못한다는 의미가 되므로, 기업의 부실이 진행되고 있다고 보아야 한다.

부채비율이 높다는 것은 기업의 재무구조가 건전하지 못함을 보여주는 정보이다. 건전하지 못한 재무구조는 기업의 위험부담을 가중시키며, 안전성에 나쁜 영향을 미친다. 따라서 안정성 비율로 분석하기도 하고, 다음과 같은 비율 공식으로 적용하기도 한다.

$$\text{이자보상비율}(\%) = \frac{\text{법인세비용차감전순이익} + \text{이자비용}}{\text{이자비용}} \times 100$$

## 28) 손익분기점률

(1) 의미

손익분기점이란, 기업활동에 있어서 비용과 수익이 같게 되어 이익도 손실도 없는 매출액을 말한다. 매출액이 손익분기점을 초과할 경우에는 이익이 발생하고, 손익분기점에 미달할 경우에는 손실이 발생한다.

손익분기점률이란, 손익분기점에서의 매출액과 이미 실현된 매출액과의 비율이다.

$$\text{손익분기점률}(\%) = \frac{\text{손익분기점에서의 매출액}}{\text{매출액}} \times 100$$

$$\text{손익분기점에서의 매출액} = \frac{\text{고정비} - \text{영업외수익}}{1 - \dfrac{\text{변동비}}{\text{매출액}}} \times 100$$

- 변동비＝총비용－고정비－특별손실
- 고정비＝판매비와 관리비＋노무비의 1/2＋제조경비－외주 가공비＋영업외 비용＋재고 조정중의 고정비
- 재고 조정중의 고정비＝(매출원가－당기 총제조비용)×(노무비의 1/2＋제조경비－외주 가공비)÷당기 총제조비용

(2) 판단

이 비율이 낮을수록 영업활동의 채산성이 양호함을 의미하며, 높을수록 채산성이 좋지 않음을 나타낸다.

손익분기점분석이란 비용을 고정비와 변동비로 분류하여 조업도 변동에 따른 기업의 수익, 비용 및 이익의 상호 변동관계를 분석하고, 이로부터 매출계획 및 이익계획을 수립하는 것이다. 다만 기업경영분석에서의 손익분기점분석은 세전이익을 기준으로 한다.

### 29) 사내유보율

(1) 의미

기업의 미처분 이익잉여금 중의 사내 유보분의 비중을 표시하는 비율로 당기에 이룩한 경영성과 중에서 사내유보된 비율을 나타내는 「플로우(flow)」 개념이다.

$$사내유보율(\%)=\frac{사내유보}{처분전이익잉영금+임의적립금이입액}\times 100$$

- 사내유보＝당기에 처분된 이익준비금＋기타 법정적립금＋임의 적립금＋기타 이익잉여금 처분액＋차기이월 이익잉여금

(2) 판단

이익잉여금에 대한 보유비율이 높다는 것은 이익에 대한 주주나 투자자들에게 배분을 하지 않았다고 볼 수 있으므로, 주주나 투자자의 입장에서는 유의하여 볼 수 있는 비율이다.

### 30) 배당률

#### (1) 의미

주식발행 총액(납입자본금)에 대한 배당금 지급액의 비율로 투자자에 대한 배당수준을 나타내는 지표이다.

투자자에게는 수익률에 해당하는 것이 되므로, 투자결정에 중요한 지표로 이용되고 있다.

$$배당률(\%) = \frac{배당금}{자본금} \times 100$$

#### (2) 판단

이익잉여금에 대한 배당비율이 높다는 것은 경영이익이 많이 남았다고도 볼 수 있으므로 좋다고 할 수 있다. 투자를 유도하기 위하여 과도하게 높을 수도 있으므로, 당기순이익 대비 배당금의 비율로 판단하여 볼 수 있다.

### 31) 배당성향

#### (1) 의미

기업이 당기순이익 중에서 어느 정도를 배당금으로 지급하였는가를 나타내는 지표로 사외배당률(payout ratio)이라고도 한다.

기업의 배당률만으로는 배당지급 능력의 대소를 알 수 없기 때문에 배당률의 보조지표로 이용된다.

$$배당성향(\%) = \frac{배당금}{당기순이익} \times 100$$

배당성향은 기업의 성장전망 및 자금사정, 주력제품의 라이프사이클 상의 위치, 순이익 규모 등에 의해 영향을 받는다.

#### (2) 판단

주식에 투자를 하는 투자자 중, 기업의 배당액을 전제로 주식을 매입할 경우에 기업의 당기순이익 대비 배당률이 얼마나 차지 하는 지 또한 주식 매입액에 정기예금 이자율을 계산한 금액과 비교하여 배당액이 같거나 많으면 효과적인 투자을 한 것이고 낮으면 투자 가치가 적다고 판단을 할 수 있다.

## 32) 한계이익률

### (1) 의미

매출액에서 변동비를 공제한 액수, 바꾸어 말하면 이익과 고정비의 합계액과 같다. 이 개념은 직접 원가계산에서 사용되는데, 이용목적에는 고정비의 보상이 가능한 한계이익을 결정하고, 각 품종마다 한계이익을 산출하여 매출 증대를 위한 중점품목을 정하고, 품종마다다의 한계이익률(매출에 대한 한계이익의 비율)을 비교하여 환산율과 작업순위를 결정하는 등에 사용된다.

$$\text{한계이익률}(\%) = \frac{\text{한계이익}}{\text{순매출액}} \times 100$$

한계이익은 공헌이익이라고도 표현하며, 매출이 발생하였을 때 얼마나 이익에 공헌하였는가를 분석한다.

$$\text{한계이익} = \text{매출 총이익} - \text{변동비}$$

### (2) 판단

한계이익률이 높을수록 좋다. 그러나 이 비율은 적용하는 기준, 또는 범위에 따라 판단이 달라질 수 있으므로, 유의하여 분석하여야 한다.

## 33) 경영자본 영업이익률

### (1) 의미

경영자본 영업이익률(Operating Income to Operating Capital)은 직접 영업활동에 투하된 경영자본과 순수 영업활동 결과에 의한 경영성과를 대비하여 실질적인 경영자본의 이용 효율성을 측정하는 지표이다.

$$경영자본\ 영업이익률(\%) = \frac{영업이익}{총자산(본) - 건설중인자산 - 투자자산} \times 100$$

(2) 판단

현재는 기준이 설정 되어 있지 않지만, 회사의 KPI기준으로 판단하여야 한다.

## 34) 경영자본 순이익률

(1) 의미

경영자본 순이익률(Net Income to Operating Capital)은 직접 영업활동에 투자된 경영자본과 기업에 의하여 달성된 총체적인 경영성과를 대비하여 실질적인 경영자본의 이용효율성을 측정하는 지표이다.

$$경영자본\ 순이익률(\%) = \frac{당기순이익}{총자산(본) - 건설중인자산 - 투자자산} \times 100$$

(2) 판단

현재는 기준이 설정 되어 있지 않지만, 회사의 KPI기준으로 판단하여야 한다.

## 35) 이자이익 배수

(1) 의미

이자이익 배수(Times Interest Eamed)는 금융비용 및 법인세비용 차감전 순이익을 금융비용으로 나눈 비율로 정상적인 경영상태에서 기간이자 비용을 지급할 수 있는 기업의 능력을 측정하는데 이용한다.

$$이자이익\ 배수 = \frac{법인세\ 비용차감전\ 순이익 + 금융비용}{금융비용} \times 100$$

(2) 판단

현재는 기준이 설정되어 있지 않지만, 회사의 KPI기준으로 판단하여야 한다.

### 36) 영업비 비율

(1) 의미

영업비 비율(Selling and General Administrative Expeneses to Sales)은 판매비와 관리비가 매출액에서 차지하는 비율을 나타내며, 판매와 관리활동의 효율성을 측정하는 지표이다.

$$영업비\ 비율(\%)=\frac{판매비와\ 관리비\ 또는\ 판매비}{매출액}\times100$$

(2) 판단

현재는 기준이 설정되어 있지 않지만, 회사의 KPI기준으로 판단하여야 한다.

### 37) 차입금 평균이자율

(1) 의미

차입금 평균이자율(Financial Expenses to Total Borrowings)은 장·단기 차입금, 회사채, 외국차관의 평균잔액에 대한 금융비용 총액의 비율이다.

$$차입금\ 평균이자율(\%)=\frac{금융비용}{단기차입금+장기차입금+사채}\times100$$

(2) 판단

현재는 기준이 설정되어 있지 않지만, 회사의 KPI기준으로 판단하여야 한다.

### 38) 인건비대 총비용 비율

(1) 의미

인건비대 총비용 비율(Personnel Expenses to Total Expenses)은 총비용 중에서 인건비가 차지하는 비중을 나타내며, 인건비 결정에 이용된다.

$$\text{인건비대 총비용률}(\%) = \frac{\text{인건비}}{\text{매출원가} + \text{판매비와관리비} + \text{영업외비용}} \times 100$$

(2) 판단

현재는 기준이 설정되어 있지 않지만, 회사의 KPI기준으로 판단하여야 한다.

### 39) 감가상각비대 총비용비율

(1) 의미

감가상각비대 총비용률(Depreciation Expenses to Total Expenses)은 당기 총비용에 대한 당기 감가상각비의 비율이다.

$$\text{감가상각비대 총비용률}(\%) = \frac{\text{감가상각비}}{\text{매출원가} + \text{판매비와 관리비} + \text{영업외 비용}} \times 100$$

(2) 판단

현재는 기준이 설정되어 있지 않지만, 회사의 KPI기준으로 판단하여야 한다.

### 40) 감가상각 진척률

(1) 의미

감가상각 대상자산의 취득가액과 감가상각 누계액을 비교하여 산출한 비율로 설비의 노후화 진행정도를 측정하는 지표이다.

$$\text{감가상각 진척률}(\%) = \frac{\text{감가상각 누계액}}{\text{감가상각 대상자산의 취득원가}} \times 100$$

(2) 판단

유의사항은 회계법에 의한 감각상각률 적용하면, 장비의 수명과 상관없이 수명이 다했다고 판단될 수 있는 비율이 나타나므로, 실제적인 장비의 사용수명으로 판단하여야 한다.

# 4.3 안전성 분석

## 1. 안전성 분석의 정의

재무제표 분석에 있어서 안전성이란, 일반적으로 경영활동이 원활히 수행될 수 있도록 일정시점에서의 인가를 자산, 부채, 자본 등이 어느 정도 안정적이고 균형적인 상태인가를 측정하는 것이다.

안전성 분석은 유동성과 건전성으로 나누어서 생각할 수도 있다.

안전성 분석 체계

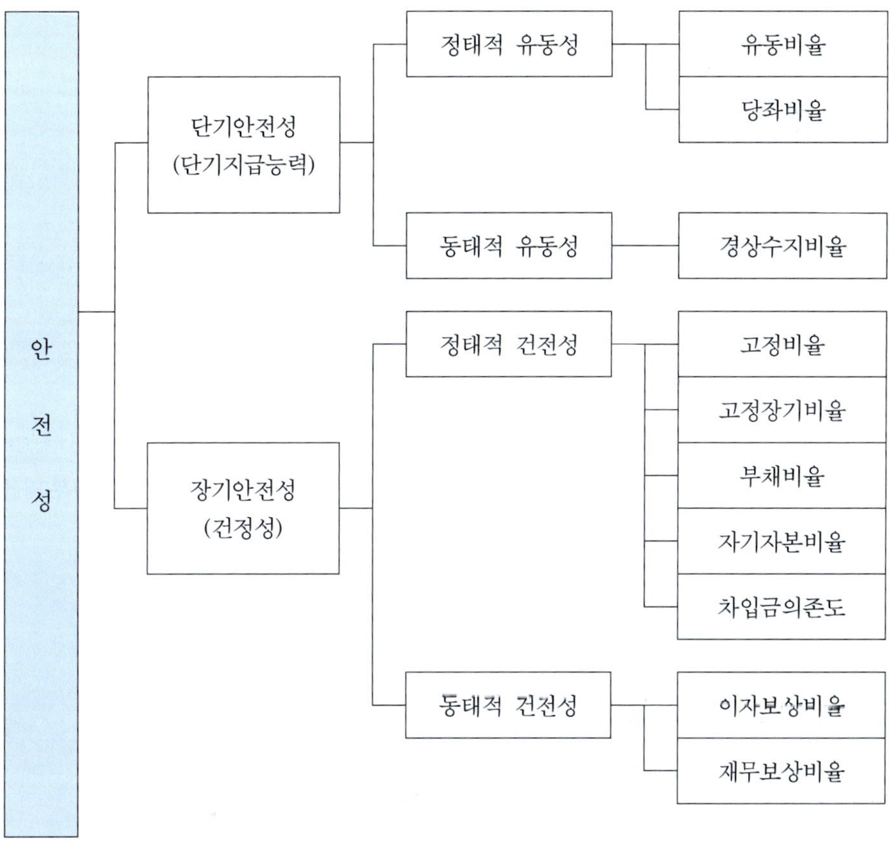


안전성 분석은 장・단기채무의 상환(지급)능력을 판정하기 위한 분석을 말한다. 채무를 상환하기 위해서는 상환에 충당할 수 있는 자산, 즉 현금 또는 쉽게 현금화할 수

있는 자산을 항상 보유하고 있어야 한다. 따라서 지급능력의 안전성 분석은 기업 활동에서 자본의 조달(자본의 구성), 조달된 자본의 운용(자산의 구성), 자본의 조달과 운용사이의 유지 및 합리적인 결합관계를 분석대상으로 한다.

## 2. 안전성 분석의 목적

① 부도의 위험이 없는지를 분석하고 평가하여 경영안전성을 확인
② 투하자본이 고정화되어 있는지의 여부를 분석하고 평가
③ 필요자금의 부채에 의존하고 있는 정도를 분석하고 평가
④ 회사의 현재 자금은 지급을 얼마나 감당할 수 있는지를 파악

※ 안전성 분석의 구성요소

① 단기채무 지급능력의 분석
② 비유동자산 조달적부의 분석
③ 부채과잉 여부의 분석
④ 경기에 대한 대응능력을 분석 및 측정

## 3. 분석단위

안전성 비율은 각 산식의 의미에 따라 단기채무 지급능력, 비유동자산 조달적부, 부채과잉 여부 등의 세 가지 부문으로 나누어서 분석하며, 각 부문을 이루는 세부지표는 생략한다.

## 4. 단기채무 지급능력

단기채무 지급능력은 다음의 비율로 평가한다.

① 유동비율
② 당좌비율
③ 현금비율
④ 차입금대 매출액 비율
⑤ 매출채권대 매입채무 비율

⑥ 순운전자본대 총자본 비율

## 5. 비유동자산 조달적부

비유동지산 조달적부는 다음의 비율로 평가한다.

① 고정비율

② 고정 장기적합률

## 6. 부채과잉 여부

부채과잉 여부는 다음의 비율로 평가한다.

① 자기자본 비율

② 부채비율

③ 유동부채 비율

④ 비유동부채 비율

⑤ 차입금 의존도

## 7. 항목별 비율

### 1) 부채비율 (Debt To Equity Ratio : D/E Ratio)

#### (1) 의미

타인자본과 자기자본 간의 관계를 나타내는 대표적인 재무지표로 일반적으로 이 비율이 낮을수록 재무구조가 건전하다고 판단한다. 그러나 이와 같은 입장은 여신자 측에서 채권회수의 안정성만을 고려한 것이며, 기업경영의 측면에서는 단기적 채무변제의 압박을 받지 않는 한 투자수익률이 이자율을 상회하면 타인자본을 계속 이용하는 것이 유리할 수도 있다.

영업이익과 영업외 수익을 더하여서 금액이 이자비용보다 크면 안정성이 있다고 볼 수 있으며, 낮으면 이자비용을 감당할 수 없는 상태이므로 현금 유동성에 문제가 발생한다고 보아야 한다. 물론 여기에는 단기상환 부채금액도 감안하여야 한다. 금융기관별로 기준을 정하여 대출시 판단을 하고 있다.

$$\text{부채비율}(\%) = \frac{\text{부채}}{\text{자기자본}} \times 100$$

(2) 판단

부채비율은 100% 이하를 표준비율 한다.

(영업이익＋영업외 수익) ＞ 이자비용 : 좋음
(영업이익＋영업외 수익) ＝ 이자비용 : 유의
(영업이익＋영업외 수익) ＜ 이자비용 : 나쁨

부채비율이 높을수록 타인자본을 많이 이용하고 있다는 의미이므로, 안전성은 약화되지만, 경영상의 이익이 평균이자율을 초과할 때에는 레버리지 효과에 의하여 수익성이 증대된다.

부채비율은 채권자들의 위험부담 정도와 기업의 손익 확대효과 정도를 평가하는 정보로써의 의미가 있다. 즉 부채비율이 높을수록 채권자들의 위험부담은 커지면서 기업의 손익 확대효과 또한 커지는 것을 의미한다.

부채비율이 너무 높으면 기업 소유주의 무책임을 조장할 수가 있다. 부채비율이 높으면 소유주의 출자원금이 상대적으로 작으므로, 투기적으로 경영활동을 하여 성공하면 소유주의 이익이 대폭 커지는 반면, 그것이 실패하더라도 소유주가 부담해야 하는 손실이 상대적으로 작기 때문이다. 부채비율이 높더라도 저리의 장기부채가 부채구성의 대부분을 차지할 경우에는 안정되었다고도 할 수 있다.

유동부채 비율과 고정부채 비율을 연관하여 판단하여야 한다. 부채비율이 높더라도 현금유동성이 좋고, 제품에 대한 매출전망을 보고 판단하여야 한다.

### 2) 유동부채 비율(Current Liabilities Ratio)

(1) 의미

자기자본에 대한 유동부채의 비율로 자본구성의 안정성을 측정하는 보조지표로 이용된다.

이 비율이 100%를 초과할 경우, 자본구성의 안정성은 물론 재무유동성도 불안정한 상태에 있음을 의미한다. 왜냐하면, 유동부채는 대부분 고리인 동시에 상환기간이 단기이기 때문이다.

$$유동부채비율(\%)=\frac{유동부채}{자기자본}\times 100$$

(2) 판단

타인자본은 기업의 지급능력을 위태롭게 만드는데, 그 중에서도 유동부채는 지급기간이 단기이고, 대부분 고율의 이자로 악성부채인 경우가 많으므로, 기업의 안전성에 그만큼 불이익을 주게 된다.

따라서 이 비율이 일정비율을 넘게 될 경우, 지급능력의 결여로 그만큼 위험성이 높아지게 된다.

### 3) 비유동부채 비율

(1) 의미

자기자본에 대한 비유동부채의 비율로 자본구성의 안정성을 판단하는 보조지표이다.

$$비유동부채\ 비율(\%)=\frac{비유동부채}{자기자본}\times 100$$

(2) 판단

비유동부채 비율＝1－유동부채 비율

유동부채 비율보다는 비유동부채 비율이 더 높아야 상환에 따른 현금흐름이 안정될 수 있다. 이자에 대한 비율도 분석이 병행되어야 한다.

### 4) 자기자본 비율

(1) 의미

자기자본 비율(Stockholder's Equity to Total Assets)은 총자본 중에서 자기자본이

차지하는 비중을 나타내는 비율로 기업의 안전성을 측정, 판단하는 비율로 은행에서 대출심사의 기준이 되는 비율이다. 자기자본은 금융비용을 부담하지 않고 기업이 운용할 수 있는 자본이므로, 이 비율이 높을수록 기업의 안정성이 높다고 할 수 있다.

$$자기자본\ 비율(\%) = \frac{자기자본}{총자본(총자산)} \times 100$$

(1) 판단

자기자본과 타인자본의 균형관계를 분석하는 것으로 한국은행 분석기준과 외국에 수출입을 하는 기업일 경우에는 관련 국가의 기준비율로 분석하여야 한다.

이 비율이 높다는 것은 채권자의 입장에서 볼 때, 원금과 이자에 대한 회수가능성이 그만큼 높다는 것을 의미한다. 일반적으로 50% 이상을 안정적으로 보며, 이 비율을 높이기 위해서는

① 이익을 많이 내야 한다.
② 내부유보를 많이 하여야 한다.
③ 자본금을 증자하여야 한다.

### 5) 유동비율(Current Ratio)

(1) 의미

유동비율은 유동부채에 대한 유동자산의 비율, 즉 단기의 채무를 변제할 수 있는 유동성 자산이 얼마나 되는가를 나타내는 비율로 여신취급 시에 수신자의 단기 지급능력을 판단하는 대표적인 지표로 이용되어 은행가비율이라고도 한다. 이 비율이 높을수록 기업의 단기 지급능력은 양호하다고 할 수 있다.

유동성이란 현금화 할 수 있는 가능성을 말한다. 즉 쉽게 현금화시킬 수 있는 자산을 유동성이 높은 자산이라고 한다. 예를 들면, 재고자산, 매출채권 등은 비유동자산보다 높은 유동성을 갖고 있다. 높은 유동성을 갖고 있다는 것은 1년 내에 만기가 돌아오는 단기채무를 상환할 수 있는 능력을 갖고 있다는 의미가 된다.

$$유동비율(\%) = \frac{유동자산}{유동부채} \times 100$$

(2) 판단

이 비율이 200% 이상이면 안정적이라고 보지만, 기업의 업종이나 상황에 따라 적용 기준이 달라져야 된다. 100% 미달하면 유동자산으로 유동부채를 충당할 수 없기 때문에 불안한 유동성을 나타내는 기업이 된다.

그러므로 흑자기업이라도 단기적 채무에 대하여 대처를 못하면 도산의 가능성이 있는 것으로 판단할 수 있다.

흑자 업체일 경우에는 유동비율을 분석하여서 대안을 마련하여야 한다. 유동비율은 높을수록 그 기업의 단기 지급능력이 커지지만, 이 비율이 너무 높으면 순금융비용의 증가로 수익성이 저하될 수가 있다.

따라서 유동비율이 높은 것은 채권자의 입장에서는 상환능력이 높은 것으로 평가될 수 있지만, 경영자의 입장에서는 과대한 유동자산에 대한 투자로 인하여 기회이자 수익의 상실로 수익성을 저하시키는 원인이 될 수도 있다.

단기 지급능력을 판단하기 위해서는 보조비율로 당좌비율, 경상수지비율 및 다른 비율을 분석하여 판단하여야 한다.

$$유동비율 = 당좌비율 + 재고비율$$

유동비율 판단시에 수익성이나 시간경과에 의한 여러 조건의 변화에 따라서 기업의 형태, 기업의 규모, 제품의 종류, 경제정세 등에 대하여 파악한다. 당좌자산에 대한 비율을 파악하여 재고자산 비율보다 당좌자산 비율이 높아야 유동성이 좋다고 할 수 있다. 재고자산은 당장 현금화한다고 볼 수 없기 때문에 당좌비율이 유동자산에서 차지하는 비율을 파악하여 분석할 수 있다. 유동부채와 같은 금액으로 당좌자산을 보유하고 있으면 단기부채 지급에 지장이 없다고 볼 수 있다.

## 6) 당좌비율(Quick Ratio)

### (1) 의미

유동부채에 대한 당좌자산의 비율로 유동자산 중에 현금화되는 속도가 늦고, 현금화의 불확실성이 높은 재고자산 등을 제외시킨 당좌자산을 유동부채에 대응시킴으로써 단기채무에 대한 기업의 지급능력을 파악하는데 사용된다.

산성시험비율(Acid test ratio) 또는 신속비율이라고도 하는 이 비율은 기업의 유동성 분석을 위한 보조지표로 사용되고 있다.

$$\text{당좌비율}(\%) = \frac{\text{당좌자산}}{\text{유동부채}} \times 100$$

### (2) 판단

유동자산 중에서 현금화되는 속도가 느리고, 불확실성이 높은 재고자산을 차감한 것을 당좌자산이라고 한다. 이 당좌자산과 단기부채를 대응시켜 구한 비율이 당좌비율인데, 이는 유동비율보다 단기채무에 대한 지급능력을 평가하는데 보다 효과적일 때가 있다. 그 이유는 재고자산 중에는 장기체화 재고 등 현금화가 어려운 재고자산이 있기 때문이다.

재고자산은 판매과정을 거쳐야 현금화될 수 있으므로, 일반적으로 현금이나 예금 또는 매출채권, 시장성 유가증권 등과 같은 당좌자산보다 유동성이 낮다. 따라서 재고자산을 제외한 유동자산으로 기업의 단기채무 지급능력을 평가하는 것이 보다 합리적이라고 할 수 있다.

특히, 경기변동에 민감한 재고자산이나, 불량 가능성이 많은 재고자산을 갖고 있는 기업의 경우는 유동비율보다도 당좌비율이 더 중요한 의미를 지닌다. 유동비율은 양호한데 당좌비율이 불량하면, 그 원인은 재고자산이 너무 많기 때문이다.

일반적으로 우리나라 기업들을 대상으로 유동성을 파악할 때는 재고자산을 비율산정에서 제외시킨 당좌비율이 유동비율보다 더 적합하다.

이 비율이 100% 이상이면 양호하다고 보지만, 기업의 업종이나 상황에 따라 적용기준이 달라지게 된다. 서비스 업종일 경우에는 특히 적용기준에 유의하여야 한다.

## 7) 경상수지 비율

### (1) 의미

기업 경영활동의 결과인 경상수입으로 경상지출을 충당하고, 어느 정도 여유가 있느냐를 보기 위한 비율이다. 예를 들어 부채를 상환하기 위해서는 현재의 수입액으로 상환하는 방법과 회사가 보유하고 있는 자산을 매각하여 상환하는 방법이 있다. 이 경우에는 경상수지 비율은 전자에 해당한다. 이 비율에 대한 표준비율이 정해진 것은 없지만, 100% 이하일 경우에는 양호하다. 기업의 총괄적인 비용관리에 대하여 얼마나 효과적인가를 분석하는 것이다.

$$\text{경상수지 비율}(\%) = \frac{\text{경상지출}}{\text{경상수입}} \times 100$$

- 경상지출 = 매출원가 + 판매관리비 + 영업외 비용 + 재고자산 증가 + 선급금 증가 + 선급비용 증가
- 경상수입 = 매출액 + 영업외 수익-(장・단기)매출채권 증가 + 선수금 증가 + 선수수익 증가 - 미수수익 증가

자금 수지항목 분류표

| 수지구분 | | 수입항목 | 지출항목 |
|---|---|---|---|
| 경상수지 | 영업수지 | 현금매출 수입<br>외상매출 채권회수<br>미수수익 회수<br>재고자산 매각 | 현금원재료 매입<br>외상매입 채무지급<br>인건비, 영업경비 지출<br>미지급 법인세 지급 |
| | 영업외 수지 | 수입이자 등 영업외 수입 | 지급이자 등 영업외 비용 |
| 고정설비 수지 | | 고정설비 처분수입<br>투자자산 회수 | 고정설비 투자지출<br>투자자산에 투자 |
| 재무관련 수지 | | 유상증자 수입<br>사채발행 차입<br>차입금 차입 | 사채상환 지출<br>차입금 상환지출<br>미지급 배당금 지급 |

(2) 판단

경상수지는 위 분류표에서 살펴보면 영업수지와 영업외 수지로 구성되며, 그 기업의 경영자립도와 재무정책의 방향을 암시해 주는 주요한 항목이다. 사업성이 없을수록 경상수지가 계속 적자를 나타낼 수밖에 없으며, 경상수지가 계속 적자이면 그 기업의 신용은 악화될 수밖에 없다. 경상수지(비율) 분석에 있어서 경상수입이 경상지출보다 여유가 있더라도 그 초과원인이 일시적인 것이라면, 회사의 기본적인 자금예측을 하지 못하게 된다. 최소한 경상수입이 정상지출보다는 많아야 하며, 여유액으로 우선은 배당금과 유동성 장기차입금, 연기 또는 차환이 불가능한 단기채무를 충당할 수 있어야 한다.

### 8) 현금비율

(1) 의미

유동부채에 대한 현금과 예금의 비율로 당좌자산 중에서 현금과 현금등가물 및 단기금융상품 등으로 유동부채를 상환할 수 있는 초단기 채무지급 능력을 파악하는 지표이다.

$$\text{현금비율}(\%) = \frac{\text{현금과 예금}}{\text{유동부채}} \times 100$$

(2) 판단

현금과 예금비율은 즉각적인 지급능력을 판단하는 비율이므로, 보다 직접적이고도 가장 확실한 지급능력이 된다.

매출채권과 재고자산 등의 유동자산이 현실적으로 현금화되기 어려울 때는 현금과 예금만이 유동성을 갖는 것으로 보아 현금비율로 유동성을 측정한다. 현금비율은 유동성비율 중에서 가장 보수적인 비율이다.

현금은 직접적으로 충분한 수익을 창출하지 못하기 때문에 현금비율을 지나치게 높게 유지하면, 기회이자 수익의 상실로 인하여 기업의 수익성 면에서 불리해진다.

### 9) 비유동비율/고정비율(Fixed Ratio)

#### (1) 의미

기업자산의 고정화 위험을 측정하는 대표적인 비율로 운용기간이 비교적 장기에 속하는 비유동자산을 얼마나 자기자본으로 충당하였는가를 나타내는 지표로 자본의 고정화 정도를 표시하는 것이다. 즉 비유동비율은 기업자본이 고정화된 위험을 비율분석으로 찾아내려는 것이다.

비유동비율은 100% 이하를 양호한 상태로 보고 있는데, 이 비율이 100%를 초과할 경우에는 비유동자산의 투자에 장・단기 부채가 사용되고 있다는 것을 의미한다. 이는 고정적인 자산은 자기자본으로 충당하는 것이 바람직하다는 원칙에 어긋난다.

자본집약적 장치산업 등은 높은 비율을 나타내므로, 업종 및 기업규모 간의 특성을 감안하여 사용하여야 한다.

$$비유동비율(\%) = \frac{비유동자산}{자기자본} \times 100$$

#### (2) 판단

이 비율이 높을 때는 비유동자산에 대한 과대투자의 위험성이 있다. 기업자금의 조달에 있어서 중요한 원칙은 비유동자산 등의 자금회수에 장기간이 소용되는 장기성 투자는 자기자본 등의 장기성 자본으로 조달해야 하고, 매출채권이나 재고자산 등 운전자본에 대한 투자는 단기성 자본으로 조달해도 된다는 것이다.

만약, 기업이 시설자금을 단기자금인 단기 차입금 등으로 조달한다면, 만성적인 자금압박에 시달릴 수도 있다. 즉, 투자자금의 회수가 시작되기도 전에 차입금을 상환해야 하는 상황도 발생함으로써 기업의 재무위험이 높아질 수가 있다.

고정비율의 일반적인 기준은 100% 이하이지만, 이는 산업간에 큰 차이를 나타내고 있다. 즉 중화학공업 등의 장치산업에서는 비유동자산이 차지하는 비중이 크지만, 서비스업 등에서는 그 비중이 작으므로 고정비율은 중화학공업에서는 높으며, 서비스업에서는 낮은 것이 일반적이다. 또한 제조업 중에서는 노동집약적 산업에서의 고정비율이 자본집약적 산업에서의 고정비율보다 낮다.

일반적으로 고정화된 자산은 위험도 큰 동시에 미래의 수익성도 높으므로, 사업성이 높은 부분에 적극 투자하여 높은 성장을 추구할 때에는 부채를 조달하여 시설자산에 투자하는 적극적인 투자전략이 필요할 수도 있다. 따라서 비유동자산을 자기자본의 범위 내에서만 투자한다는 것은 안정성의 확보에는 유리할 수가 있으나, 수익성의 측면에서는 불리할 수도 있다.

비유동자산비율이 지나치게 낮으면 고정설비 투자에 대한 부진을 초래할 수 있기 때문에 이에 대한 우려가 발생한다. 그러므로 이에 대해서는 경영환경을 보고 분석에 유의하여야 한다.

채권자의 입장에서 고정비율은 되도록 100% 이하를 원한다. 자기자본 금액이 비유동자산에 잠겨 있다면 비유동자산이 현금화가 매우 늦어짐으로 인하여 채권보전에 불안감을 갖지 않을 수 없기 때문에 자본회전이 용이한 유동자산에 투자하기를 원한다. 이에 반하여 경영자는 비율이 낮으면 고정설비의 부족 때문에 영업활동의 부진을 초래할 것을 우려하고 있다. 이에 대한 판단은 회사의 현금유동성과 동종업체(특히 경쟁업계)와 비교하여 판단하여야 한다.

## 10) 고정 장기적합율

### (1) 의미

고정 장기적합율은 자기자본 및 비유동부채가 비유동자산에 어느 정도 투입되어 운용되고 있는가를 나타내는 지표로 기업의 안정성을 측정함에 있어 고정비율의 보조지표로 사용된다.

자금운용의 안전성을 위해 자금 조달기간과 운용기간을 대응시켜 장기자본(자기자본＋비유동부채) 배분의 적정성 및 자금의 고정화를 측정하는 지표이다.

거액의 설비투자를 필요로 하는 산업에 있어서 부족한 자금을 일부 타인자본으로 충당하더라도 비교적 안정성이 높은 장기부채로 조달하는 것이 바람직하다는 의미에서 이 비율은 100% 이하를 표준비율로 보고 있다. 장기자본(자기자본＋비유동부채)가 100을 기준으로 하여 비유동자산이 몇 %인가를 나타내는 비율로 자본배분의 최적상태를 판단하는 보조비율이며, 자기자본의 한계를 벗어나 비유동부채(장기부채)의 한계까지를 합한 고정화 정도를 판단하는 비율이다

자본집약적 장치산업 등은 높은 비율을 나타내므로, 업종 및 기업규모 간의 특성을

감안하여 사용하여야 한다.

$$고정\ 장기적합률(\%) = \frac{비유동자산}{자기자본 + 비유동부채} \times 100$$

(2) 판단

이 비율이 고정비율과 같이 100% 이하일 때는 자본구조는 안전성을 유지하고 있다고 볼 수 있지만, 100% 이상일 때에는 비유동자산에 유동부채가 투입된 것이므로 자본구조는 불량한 것으로 판단된다.

이 비율이 100%일 경우에는 비유동자산에의 투자원천이 모두 장기자본으로 조달되었음을 의미한다.

고정 장기적합률이 100%를 초과하는 것은 자본 배분의 안정성에 문제가 있음을 보여주는 것으로, 즉 비유동자산에 대한 일부금액이 유동부채로 조달되었음을 의미하며, 순운전자본(=유동자산 - 유동부채)에 압박을 주는 것이므로, 이 비율이 낮을수록 양호한 것이다. 이는 부진한 영업활동의 결과로 인하여 생길 수도 있다. 즉 결손의 누적은 자기자본의 규모를 감소시키고, 자기자본의 감소는 분모의 하락으로 인한 고정 장기적합률의 상승을 불러 오게 된다.

예를 들어 비율이 170%라고 한다면, 이는 비유동자산의 투자의 70%가 단기차입금 등의 만기가 짧은 유동부채로 충당되었으며, 이에 따라 기업의 재무위험이 그 만큼 크다는 것을 의미한다. 재무위험이 크면 불경기 등 위기에 대한 저항력이 낮아지게 된다.

일반적으로 비유동자산에 대한 투자는 자기자본의 범위 내에서 이루어지는 것이 원칙이다. 그러나 거액의 설비투자를 필요로 하는 중화학공업 등에서는 소요자금을 모두 자기자본만으로 조달하기는 불가능하다. 장기부채도 어느 정도는 안정성 있는 장기자금에 해당되므로, 이러한 사업에 대한 투자는 자기자본과 장기부채를 합한 금액의 범위 내에서 하게 되더라도 안정성이 유지되고 있다고 볼 수 있을 것이다.

고정장기적합률의 불량이 기업의 직접적인 도산의 원인이 되지 못한다. 그러나 불량율이 높을 경우에는 장기성 자금의 조달과 단기성 자금이 조달되었다는 것을 의미하므로, 장기적으로 기업의 체질을 약화시키는 원인이 된다. 그러므로 장기적인 차원에서 기업을 분석하는 도구가 된다.

### 11) 차입금 의존도(Total Borrowings to liabilities)

#### (1) 의미

총자본 중에서 외부로부터 조달한 차입금 비중을 나타내는 지표이다. 차입금 의존도가 높은 기업일수록 금융비용(이자비용)부담이 가중되어 수익성이 저하되고, 안정성도 낮아지게 된다.

차입금이란, 이자가 지급되는 차입금에만 해당한다. 기본적으로는 무이자로 차입한 차입금은 제외를 한 이후에 분석을 하여야 하지만 차입금 자체를 보고 분석 시에는 무이자 차입금도 포함하여 분석을 한다. 분석 결과에 대한 방안이나 대책은 두 가지 안으로 제시되어야 한다.

$$\text{차입금 의존도}(\%) = \frac{\text{장기차입금} + \text{단기차입금} + \text{사채}}{\text{총자본(총자산)}} \times 100$$

#### (2) 판단

이 비율이 높으면 높을수록 이자비용(또는 금융비용) 부담이 크고, 특히 불경기에는 자본동원 탄력성과 수익성을 동시에 잃게 될 가능성이 크기 때문에 기업도산 위험이 크게 된다. 대부분의 기업에서는 제도권 금융 이외의 지하시장에서 고이율의 부외부채인 사채를 쓰고 있는 우리나라 현실을 고려하여 해석을 하여야 하지만, 반대로 해석을 하여야 하는 경우도 있기 때문에 조심해서 판단하여야 한다, 금융실무에서는 동업종 평균비율과 비교하여 양부를 판단하여야 한다.

### 12) 차입금대 매출액

#### (1) 의미

차입금 규모가 매출액과 비교하여 어느 정도인가를 나타내는 지표로 차입금의 상대적인 크기를 나타낸다.

$$\text{차입금대 매출액 비율}(\%) = \frac{\text{차입금}}{\text{매출액}} \times 100$$

(2) 판단

비율이 높으면 매출이 증가하면서 영업이익도 증가되어 차입에 의한 이자비용이 지출되어 회사의 이익에는 도움이 되지 못하므로, 이익추구 전략에 의한 경영이 되어야 한다.

## 13) 총자본대 차입금 비율

(1) 의미

차입 이자율이 낮을 때에는 누구든지 '주식은 10% 이상의 배당을 요구하는데, 은행으로부터의 차입은 4~5%의 금리가 되므로 이득이다'라고 생각하는 사람도 있다. 그러나 금리는 올라가는 경우도 생각해 두어야 한다. 더구나 상환도 해야 하므로, 기업은 장기적인 안목에서 자본과 차입금의 균형을 유지하는 것이 중요하다.

$$\text{총자본대차입금비율}(\%) = \frac{\text{단기차입금} + \text{장기차입금}}{\text{총자본}} \times 100$$

(2) 판단

비율이 높으면 매출이 증가하면서 영업이익도 증가되어 차입에 의한 이자비용이 지출되어 회사의 이익에는 도움이 되지 못하므로, 경영이익 전략에 의한 경영이 되어야 한다.

## 14) 매출채권대 매입채무

(1) 의미

기업 간에 신용관계를 나타내는 매출채권과 매입채무를 대비시킨 것으로, 기업의 자금관리에 중요한 지표로 이용된다.

이 비율이 높을수록 기업의 유동비율은 높게 나타나지만, 매출채권의 과다한 보유는 오히려 자금사정의 악화를 초래하는 요인이 될 수도 있다. 유동비율의 보조지표로 사용된다.

$$\text{매출채권대 매입채무 비율}(\%) = \frac{\text{매출채권}}{\text{매입채무}} \times 100$$

(2) 판단

100% 이상이면 매입채무에 대한 지급을 하고, 자금에 여력이 있다.

### 15) 상(제)품 비율

(1) 의미

기업 간에 신용을 측정하는 보조지표로, 특히 신용공여 상태를 나타낸다.

$$\text{매출채권대 상(제)품 비율}(\%) = \frac{\text{매출채권}}{\text{상(제)품} + \text{반제품}} \times 100$$

(2) 판단

상품, 제품 및 반제품에 대한 과다여부와 매출채권의 과다여부를 파악한 후, 두 계정을 비교 판단하여야 한다. 상(제)품에 대한 생산방식과 판매방식에 따라 분석 및 판단이 달라져야 한다.

### 16) 매입채무대 재고자산 비율

(1) 의미

기업 간에 신용을 측정하는 보조비율로 신용수신 상태를 나타낸다. 1단위당 재고상품에 대하여 어느 정도 신용매입을 하였는가를 보여주는 것이다.

$$\text{매입채무대 재고자산 비율}(\%) = \frac{\text{매입채무}}{\text{재고자산}} \times 100$$

(2) 판단

재고자산에 투여한 과다여부와 매입채무의 과다여부를 파악한 후, 두 계정을 비교 판단하여야 한다. 상(제)품에 대한 생산방식과 판매방식에 따라 경영분석상 판단이 달라져야 한다.

### 17) 순운전자본대 총자본 비율

#### (1) 의미

기업의 지급능력 기초가 되는 순운전자본의 총사본에 내한 비율로, 이 비율이 높을 수록 유동성이 양호하다는 것을 의미한다. 순운전자본은 기업이 일정시점에서 보유하고 있는 유동자산에서 유동부채를 차감한 자본이다.

$$\text{순운전자본대 총자본 비율}(\%) = \frac{\text{유동자산} - \text{유동부채}}{\text{총자본}} \times 100$$

#### (2) 판단

이는 유동자산이 단기성 부채인 유동부채의 변제에 충당하고 얼마나 여유가 있는지, 상대적 크기를 나타낸 것이므로 단기채무에 대한 상대적인 지급능력을 나타는 기준이 된다. 이 비율은 기업의 부실예측 추정에 중요한 비율로 평가되고 있다.

### 18) 내부유보 배수

#### (1) 의미

기업이 결산을 하고 배당을 지급하거나, 또는 기업에 재투자를 위하여 일정 금액을 보유하고 있는 금액으로 잉여금을 말하는 것이다.

$$\text{내부유보 배수}(\text{배}) = \frac{\text{내부유보금}}{\text{자본금}}$$

#### (2) 판단

$$\text{내부유보금} = \text{자본합계} - \text{자본금}$$

기업이 잉여금(내부유보금)을 가지고 있는 비율을 분석하는 것으로 많이 보유하면 좋지만, 과다하게 보유할 시에는 주주에게 지급되는 배당금 비율도 비교 분석하여야 한다.

### 19) 재고자산대 유동자산 비율

(1) 의미

기업이 보유하고 있는 재고자산의 유동자산에 대한 비율을 나타낸다.

$$재고자산대유동자산비율 = \frac{재고자산}{유동자산} \times 100$$

(2) 판단

재고자산이 유동자산에 대하여 얼마나의 구성을 차지하고 있나를 분석하는 것으로 비율이 높으면 현금 유동성이 나빠질 수 있으므로, 적정한 KPI를 선정하고 관리를 하여야 한다. 또한 불용재고 자산 금액이 얼마나 있는 지를 필수적으로 파악하여야 한다.

### 20) 현금흐름대 부채비율(Cash Flow to Liabilities)

(1) 의미

기업의 현금흐름 규모와 부채규모를 비교하여 동태적 지급능력을 측정하는 지표이다.

$$현금흐름대\ 부채비율 = \frac{당기순이익 + 감가상각비}{부채} \times 100$$

(2) 판단

비율이 20% 이상일 경우, 상환능력이 비교적 양호한 것으로 판단할 수 있다.

### 21) 현금흐름대 유동부채 비율

(1) 의미

단기성 부채에 대한 기업의 현금흐름 규모에 대비하여 상환능력을 측정하는 지표이다.

$$현금흐름대\ 유동부채\ 비율 = \frac{당기순이익 + 감가상각비}{유동부채} \times 100$$

(2) 판단

비율이 40% 이상일 경우, 상환능력이 비교적 양호한 것으로 판단할 수 있다.

## 4.4 성장성 분석

### 1. 성장성 분석의 정의

성장성 비율이란, 기업의 경영규모 및 경영성과가 전년대비하여 얼마나 증가하였는가를 나타내는 지표로, 기업의 경쟁력이나 미래의 수익창출 능력을 간접적으로 나타낸다. 다시 말하면, 기업에 투하 운용된 총자산이 당해 연도에 얼마나 증가하였는가를 나타내는 비율로, 기업의 전체적인 성장척도를 측정하는 지표라고 한다.

성장률이 높으면 기업의 미래수익 발생능력, 즉 시장에서의 상대적 지위가 높아지지만, 경우에 따라서는 기업의 유동성이 떨어지거나 자금사정이 악화되는 경우도 있다. 이는 성장률이 높을수록 투자금액이 많아져 현금유입보다도 현금유출이 크게 증가하는 경우가 있으며, 또한 고정자산에 대한 신규투자로 자금난이 생길 수도 있기 때문이다. 따라서 성장성 분석은 유동성 분석과 안전성 분석 등 전체적인 상호관계를 고려하면서 분석할 필요가 있다.

### 2. 성장성 분석의 목적

① 경영에 투하된 자본과 자산의 성장성 분석 및 평가

② 매출액 증가율의 정도에 대한 분석 및 평가

③ 동업계의 성장성과 비교 및 검토

## 3. 성장성 분석의 경향

1) 각 성장률은 비율로 표시되므로, 기업규모의 확대에 따라 장기적으로는 둔화되는 경향이 있다.

예) 매출액 1,000억인 회사가 10% 성장했다는 것은 금액으로 100억원이 되는 데, 설령 50% 성장했다고 하더라도 매출액 10억원 회사는 5억원 정도의 증가에 그치게 된다. 그러므로 성장률을 볼 때에는 절대금액의 증가도 동시에 관찰하여야 한다.

2) 각 성장성 지표의 성장은 모두 동일한 것이 아니라 성장순위가 다르다. 모든 회사의 성장이 각 항목의 순위대로 이루어진다고 할 수는 없지만, 장기적인 관점에서 일반적으로 다음과 같은 순위로 성장하는 경향이 있다.

① 총자본
② 이익
③ 매출액
④ 종업원 수 등

급격하게 성장하는 회사의 경우에는 위의 어느 항목보다도 비유동자산의 성장률이 제일 높게 나타날 수도 있고, 또 자기자본이 제일 많이 성장하는 경우도 있으므로 유의하여야 한다.

## 4. 성장성 분석의 기본원칙

기업이 안정적으로 성장하려면 종전의 양적성장 위주에서 질적성장을 바탕으로 한 양적성장 전략이 요구된다고 할 것이다. 왜냐하면 적자생존 원리가 지배하는 경쟁사회에서는 건물이나 공장을 보유하고 있고, 종업원 수가 많고, 자동화 시스템이 정비되어 있다는 사실만으로는 경영상 유리하지 않기 때문이다. 자산이나 종업원 수를 늘리는 일도 중요하지만, 여기에서 생기는 부가가치와 당기순이익으로 대표되는 효과나 가치의 증대가 수반되지 않는다면, 그것은 성장이 아니라 비만에 의한 성인병 환자의 증상과 같기 때문이다.

기업의 경우에도 비만증이 도산의 원인이 되고 있다. 비만증이란 다른 말로 표현하면 불균형 성장의 결과이다.

**[기업의 건전성장 기본원칙]**

■ 총자산 증가율<매출액 증가율<부가가치 증가율<순이익 증가율<인건비 증가율

상기의 관점에서 기업의 건전한 성장은 '총자산(총자본) 증가율과 인건비 증가율보다는 매출액 증가율이 높아야 하고, 매출액 증가율보다는 부가가치 증가율이 높아야 하며, 부가가치 증가율보다 순이익 증가율이 높아야 한다.'를 전제해야 한다.

※ 성장성 분석의 유의사항

첫째, 높은 성장성은 미래의 수익창출 능력을 향상시킬 것이 기대되지만, 무분별한 성장전략은 재무구조와 수익성을 약화시켜 지급불능 위험에 처할 가능성이 높으므로, 현금흐름 분석을 중심으로 한 유동성(안전성) 분석과 함께 종합적으로 고려해야 한다.

둘째, 성장성 분석 시에 성장률 자체의 검토뿐만 아니라, 제품 및 산업의 특성, 사업내의 경쟁구조 등 성장률에 영향을 미칠 질적요인에 대한 분석도 아울러 실시해야 한다.

## 5. 분석단위

기업의 성장성이 얼마나 되었는가에 따른 전기대비 당기의 증가율을 판별하는 것이다.

## 6. 항목별 비율

### 1) 총자산(본) 증가율

(1) 의미

일정기간 기업에 투하되고 운영되는 총자산(본)이 얼마나 변화하였는가를 나타내는 것으로, 기업의 전체적 규모변화와 성장능력을 측정하는 지표이다.

$$\text{총자산(본) 증가율(\%)} = \frac{\text{당기말 총자산}}{\text{전기말 총자산}} \times 100 - 100$$

$$\text{총자산(본) 증가율(\%)} = \frac{\text{당기말 총자산} - \text{전기말 총자산}}{\text{전기말 총자산}} \times 100$$

(2) 판단

총자산(본) 증가율이 높다는 것은 투자활동이 적극적으로 이루어져 기업규모가 빠른 속도로 증가하고 있다는 것을 의미한다.

총자산(본) 증가율과 매출액 증가율을 서로 비교하여 분석하면, 기업성장이 올바른 방향으로 가는지에 대한 평가가 가능하다. 만약 매출액 증가율보다도 총자산(본) 증가율이 높으면 상대적으로 자산에 대한 과대투자가 이루어지고 있음을 의미하며, 이것은 신규비용 부담을 초래할 수도 있으므로 긍정적인 평가를 내리기가 어려울 수도 있다.

총자산(본) 증가율과 이익증가율과의 비교하여 보면 '총자본 증가율은 이익 증가율보다 빨리 성장하는 경향'을 보이며, 시간이 지나면 총자산(본) 증가율이 낮아지는 경향을 보인다.

총자산(본) 증가율은 매출액 증가율과는 달리 일정시점을 기준으로 작성되는 재무상태표를 이용하여 산출되므로, 장부상의 자산가액이 물가변동으로 인한 실제 가치와는 다르게 계상되어 있을 수 있다. 따라서 기업 상호비교 시에는 이러한 점을 유의하여야 한다.

## 2) 매출액 증가율

(1) 의미

전기 매출액에 대한 당해당기 매출액의 증가율로 기업의 외형적 신장세를 판단하는 대표적인 지표이다. 경쟁기업보다 빠른 매출액 증가율은 결국 시장점유율의 증가를 의미하므로, 경쟁력 변화를 나타내는 척도의 하나가 된다. 이 비율은 명목 증가율로 제품의 가격상승과 판매수량 증가에 의해 분석될 수 있다.

$$\text{매출액 증가율}(\%) = \left(\frac{\text{당기 매출액}}{\text{전기 매출액}} \times 100\right) - 100$$

$$\text{매출액 증가율}(\%) = \frac{\text{당기 매출액} - \text{전기 매출액}}{\text{전기 매출액}} \times 100$$

(2) 판단

매출액 증가율은 매출액 성장률이라고도 하며, 전년도에 대비한 경우에 증가율이라

하고, 수개 이상을 대비할 때 성장률이라고도 한다. 매출액 증가율은 장기적으로 볼 때, 일반적으로 '절대액의 증가', '성장률의 체감'이라는 형태로 분석된다. 따라서 성장률보다는 절대액의 증가여부에도 주의할 필요가 있다.

매출액의 증가율이 전기에 비하여 낮으면, 영업활동이 저조하다고 볼 수도 있다. 매출액 증가는 판매단가의 인상이나, 판매량의 증가에 의할 수도 있다. 따라서 이에 대한 원인분석을 할 필요가 있다.

매출원가의 증가율과 이에 따른 영업 총이익의 증가율을 비교 분석하여야 한다. 매출액이 증가되면서 매출원가의 증가율이 비슷하게 증가되거나, 아니면 급격한 증가가 일어나면 매출액을 탄력적으로 조정을 하여야 한다.

매출액 증가는 기업의 외형적 성장률을 나타내는 것만이 아니라, 장기적으로 시장점유율의 증대 가능성을 평가할 수 있다.

매출액 증가율 분석 시에 자사의 매출 특징에 대하여 선행되어 분석을 하여야 한다. 계절적 영향을 받은 매출인지, 아니면 경기에 민감한 매출인지 등을 분석한 후, 이에 대하여 매출액을 년, 월, 분기, 계절적으로 분석하는 방법을 설정한 후에 매출액 증가율을 분석하여야 한다.

### 3) 당기순이익 증가율

#### (1) 의미

당기의 순이익과 전기의 순이익을 대비하여 증가율을 표시한 지표이다.

$$\text{순이익 증가율}(\%) = \left(\frac{\text{당기말 순이익}}{\text{전기말 순이익}} \times 100\right) - 100$$

$$\text{순이익 증가율}(\%) = \frac{\text{당기말 순이익} - \text{전기말 순이익}}{\text{전기말 순이익}} \times 100$$

#### (2) 판단

기업활동의 최종성과인 순이익이 전기에 비하여 당기에 얼마나 증가하였는가를 표시하여 주는 비율이므로, 높을수록 좋다고 할 수 있다.

이익의 증가율은 당기순이익 이외에도 법인세 공제전 순이익, 세전이익 또는 영업이익을 취하는 경우가 있다. 법인세 공제전 순이익을 취하는 경우는 주로 비교하려는 특정 연도에 법인세의 영향이 커서 비교가 부적당한 경우이며, 세전이익을 취하는 경우는 특별손익에 크게 좌우되는 경우이다. 또한 영업이익을 취하는 경우는 순수한 영업활동의 성과를 비교하는 의미는 있으나, 영업외 비용 중에 지급이자와 할인료와 같은 실질적인 영업비용이라고 생각되는 부분이 제외되므로, 적당하지 않다는 의견도 있다.

순이익 증가율은 기업규모가 확대됨에 따라 낮아지는 경향이 있다. 매출액 증가율에 있어서와 마찬가지로 절대액의 증대, 성장률의 저하라는 장기적인 경향은 성장률이나 이익률이 표시하는 일반적 경향이라고 할 수 있다.

기업의 성장이 순조로운 때에는 일반적으로 순이익 증가율이 매출액 증가율보다 앞서는 경향이 있으나, 매출액 증가율이 마이너스인 경우에는 역으로 순이익 감소율이 매출액 감소율보다 커지는 경향이 있고, 이와 같은 경향은 총비용 중에서 차지하는 고정비의 상대적 비율이 높은 기업일수록 심하게 된다.

### 4) 유형자산 증가율

#### (1) 의미

토지, 건물, 기계 등의 유형자산에 대한 투자가 당해 연도에 얼마만큼 활발하게 이루어졌는가를 나타내는 지표이다. 유형자산은 역사적 원가로 평가되기 때문에 인플레이션 기간동안 오래된 자산일수록 과소평가되어 증가율이 과대평가 되는 경향이 있으므로 주의를 요한다.

$$\text{유형자산 증가율}(\%) = \left(\frac{\text{당기말 유형자산}}{\text{전기말 유형자산}} \times 100\right) - 100$$

#### (2) 판단

기업의 유형자산 증가율의 높고 낮음은 회사의 재투자에 대한 척도를 나타내고 있지만, 매년 유형자산에 대한 투자율을 나타내는 것이 아니다. 따라서 이 경우에는 재무제표에 나타난 숫자가 중요한 것이 아니고, 현장을 방문하여 실체를 확인하여 유형자산의 증가율 비율의 적용여부를 판단하여야 한다.

유형자산은 회사의 상황에 따라 판단을 하여야 하므로, 정확하게 판단할 필요가 있다.

## 5) 유동자산 증가율

### (1) 의미

기업의 경상적인 영업활동을 위하여 소유하는 유동자산이 당해 연도에 얼마나 증가되었는가를 나타내는 지표이다.

$$유동자산\ 증가율(\%) = \left(\frac{당기말\ 유동자산}{전기말\ 유동자산} \times 100\right) - 100$$

### (2) 판단

매출액이 증가하고, 유동자산이 증가를 보이면 자금의 흐름이 좋다고 할 수 있다. 매출액은 증가하는데, 유동자산의 감소를 보이면 낭비의 요소가 보인다고 볼 수 있으므로, 이에 대해 유의를 하여야 한다. 당좌자산 비율과 재고자산 비율의 구성비를 판단하여 재고자산 구성비가 50% 이상을 차지하면, 좋다고는 볼 수 없으므로 분석함에 있어서 유의하여야 한다.

## 6) 재고자산 증가율

### (1) 의미

기업이 판매 또는 제조, 서비스를 목적으로 보유하는 상품, 제품, 원재료, 재공품, 서비스를 하기 위한 부품 등의 재고자산이 당해 연도에 얼마나 증가되었는가를 나타내는 지표이다.

업종에 따라 재고에 대한 개념을 달리하여 분석하면 된다. 예를 들어 계절상품일 경우에는 소비자의 성향변화에 따른 원재료의 변화가 변동이 있으므로, 각각의 회사에 맞는 시장분석을 하여 판단을 하여야 한다. 매출액의 증가율과도 비교 분석한다.

$$재고자산\ 증가율(\%) = \left(\frac{당기말\ 재고자산}{전기말\ 재고자산} \times 100\right) - 100$$

(2) 판단

재고자산이 유동자산의 구성비에 50% 이상을 차지하면 좋지 않으므로, 이에 대하여 유의를 한다. 악성재고가 존재하는지를 파악해야 하며, 시장의 원재료 공급현황을 판단하여야 한다. 과다한 제품이나 상품이 재고자산의 구성비를 차지할 경우에는 좋지 않다고 할 수 있으며, 이 경우에는 유동자산 비율의 판단을 다시 할 수 있다.

### 7) 자기자본 증가율

(1) 의미

당기 자기자본의 내부유보액, 유상증자 등으로 신장된 정도를 측정하는 지표이다. 타인자본 증가율과 비교하여 높을 경우, 재무적 안전성이 높고 내부유보가 충실한 것으로 판단한다.

$$\text{자기자본 증가율}(\%) = \left(\frac{\text{당기말 자기자본}}{\text{전기말 자기자본}} \times 100\right) - 100$$

(2) 판단

일정기간 중에 내부유보, 또는 유상증자 등을 통하여 자본주 지분인 자기자본이 얼마나 증가하였는가를 나타낸다. 그러므로 자기자본 증가율은 반드시 기업의 성장지표라고 보기는 어렵지만, 자기자본의 충실도를 체크한다는 점에서 그 성장이 기대되는 것이다. 그리고 기업의 수익성이 향상되어 이익잉여금의 적립이 늘어나면 자기자본 증가율도 높아지며, 이때 기업은 재무적 안정성 향상과 주식가치 증대효과를 얻을 수 있다.

자기자본 증가율은 장부가치 기준으로 주주의 부가 얼마나 증가하였는지를 파악하는 성장지표이므로, 주주에게 특히 관심의 대상이 된다. 이 비율이 높을수록 재무구조를 견실하게 한다. 또한 이 비율은 장기적으로 총자본 증가율을 따라 가는 경향을 나타낸다.

### 8) 세전이익 증가율

(1) 의미

세전이익이 당해 연도에 얼마나 증가하였는가를 나타내는 지표이다.

$$\text{세전이익 증가율}(\%) = \left(\frac{\text{당기 세전이익}}{\text{전기 세전이익}} \times 100\right) - 100$$

(2) 판단

이익이 감소하는 요인에 대하여 대처를 하면서 이익을 만들어 내야하는 것이 기업의 역할이다. 즉 경영이란 전부가 불가능하다는 것을 조직력으로 이끌어 내야 한다.

기업이 이익계획을 세울 때에는 세전이익, 총이익, 매출상승, 경비 또는 비용 순으로 한다.

### 9) 연구개발비(투자액) 증가율

(1) 의미

기업체들은 특정연도에 거액의 연구개발비를 투자하고, 지속적인 연구개발비의 추가투자가 이루어지지 않는 경우가 있다. 이러한 문제점을 해결하기 위하여 전년도 대비 연구개발비 투자액의 증가율을 산정할 수 있다.

$$\text{연구개발비(투자액) 증가율}(\%) = \left(\frac{\text{당기 연구개발비}}{\text{전기 연구개발비}} \times 100\right) - 100$$

(2) 판단

회사의 미래에 대한 수익을 창출하기 위하여 연구개발에 투자하는 비율이므로, 이 비율이 없는 회사나 저조한 비율을 가지고 있는 회사의 경우에는 미래의 수익창출이 미약하다고 볼 수 있다.

### 10) 비유동자산 증가율

(1) 의미

당기말 비유동자산과 전기말 비유동자산의 증가율을 표시하는 지표이다.

$$\text{비유동자산 증가율}(\%) = \left(\frac{\text{당기 비유동자산}}{\text{전기 비유동자산}} \times 100\right) - 100$$

(2) 판단

비유동자산 증가율은 정상적인 영업활동 과정에서 장기간에 걸쳐 경제적인 이익을 가져다줄 수 있는 토지, 건물, 기계장치 등 유동자산에 대한 투자가 얼마나 활발하게 이루어졌는가를 알기 위한 비율이다.

## 4.5 활동성 분석

### 1. 활동성 분석의 정의

활동성 분석은 경영자가 기업가치를 극대화하기 위하여 기업자본을 얼마나 활발하게 운용하고, 증식시켜 왔는가를 측정하는 것이다. 기업의 자본은 자기자본이나 타인자본을 막론하고, 초기 자본으로써 기업에 투자되어 기업의 경영활동에 유효하게 운용된 뒤, 다시 기업에 필요한 자금으로 되돌아온다. 이것이 자본의 회전이며, 회전속도가 빠를수록 자본의 이용률은 높아지게 된다.

회전율의 역수에 365일, 또는 12월을 곱하면 자본의 회전기간을 표시하며, 자본이 회전하는데 소요되는 기간을 회전기간이라고 한다.

기업의 경영에 투하된 자본과 그 운용형태로써의 자산이 얼마나 효율적으로 이용되고 있는가하는 자산 및 자본의 활용도를 측정하는 지표인 활동성 비율을 분석하는 것이다.

기업은 수익증대를 목적으로 투입된 자본을 끊임없이 회전시키는데, 이에 따른 성과는 매출액으로 대표될 수 있다. 따라서 회전율을 측정하는 기본항목은 매출액이며, 기업의 활동성은 매출액과 각 자산·부채·자본 항목에 대한 회전배수로 측정된다.

### 2. 활동성 분석의 목적

① 투하자본이 합리적이고, 효율적으로 활용되는지를 분석하고 평가
② 재고자산의 규모와 관리가 합리적인지를 분석하고 평가
③ 매출채권의 회수와 관리상태가 적정한지를 분석하고 평가

④ 자금사정이 좋고 나쁨을 분석하고 평가

## 3. 활동성 분석의 구성요소

① 자산이용 효율의 분석
② 재고 과잉여부의 분석
③ 매출채권 현금화 속도의 분석
④ 매입채무 회전율의 분석

## 4. 분석단위

활동성 비율은 각 산식의 의미에 따라 자산 이용효율, 재고 과잉여부, 매출채권 회전율, 매입채무 회전율의 네 가지 부문으로 나누어서 분석하며, 각 부문을 이루는 세부지표는 다음과 같다.

### 1) 자산 이용효율

자산 이용효율은 다음의 비율로 평가한다.
① 총자산 회전율
② 자기자본 회전율
③ 자본금 회전율
④ 경영자산 회전율
⑤ 비유동자산 회전율
⑥ 유형자산 회전율

### 2) 재고 과잉여부

재고자산 과잉여부는 다음의 비율로 평가한다.
① 재고자산 회전율
② 상(제)품 회전율

### 3) 매출채권 현금화

매출채권 현금화 속도는 다음의 비율로 평가한다.

① 매출채권 회전율

### 4) 매입채무 회전율

매입채무 회전율은 다음의 비율로 평가한다.

① 매입채무 회전율

## 5. 항목별 비율

활동성 비율은 다음의 정보를 제공하고 있다.

첫째, 특정자산이 정상적인 영업활동의 순환과정에서 특정단계에 얼마의 자금이 묶여있는지에 대한 정보를 제공해 준다. 즉 특정자산이 고정화된 정도를 알려 준다.

둘째, 회전율은 특정자산에 투하된 자본 1단위당 얼마의 매출이 실현되었는가를 의미하므로, 특정자산에 대한 투자가 과다한지, 아니면 과소한지 등 자산투자의 효율성에 대한 정보를 제공해 준다.

셋째, 회전율은 추가 투자사업의 투자 소요액을 추정할 때, 이용될 수 있다. 즉, 추가투자할 때에 매출액의 증가액에 따르는 자산투자의 추가 투자액이 얼마나 되는지를 추정하거나, 새로운 투자사업을 수행하고자 할 때, 신규투자에 필요한 금액이 얼마나 되는지를 추정할 수 있다.

### 1) 총자산(본) 회전율

(1) 의미

매출수익을 발생시키기 위해 1년 동안 총자산(본)이 몇 번 사용되는가를 나타내는 지표로, 기업에 투자된 총자본(산)의 운용효율을 총괄적으로 나타내는 비율이다.

총자산(본)이 1년 동안 몇 번 회전하였는가를 나타내는 비율로, 기업에 투하한 총자산의 운용효율을 총괄적으로 표시하는 지표이다.

매출액 세전이익률과 함께 기업의 총자본(산) 세전이익률을 결정하는 중요한 요인이 된다.

$$\text{총자산(본) 회전율} = \frac{\text{매출액}}{\text{총자산(본)}}$$

(2) 판단

총자산 회전율이 높을수록 총자본(산)의 이용률이 양호하다고 보며, 유동자산과 비유동자산 등이 효율적으로 이용되고 있다는 것을 의미하고, 낮으면 과대투자나 비효율적 투자를 하고 있다는 것을 의미한다.

확정적인 표준비율은 없고, 2회전 이상을 양호한 상태로 보고 있다. 그러므로 원재료, 제품, 자재 등에 대하여 적정재고를 유지하며 외상매출금, 받을어음 등을 최소화하여야 하는 것이다. 즉 불량자산, 유휴 부동산 등의 적정한 처리 등을 최소화 하는 것이다.

일반적으로 중화학 공업은 회전율이 낮고, 경공업이나 도·소매업 등의 제3차 산업은 회전율이 높다. 인플레이션이 장기화되는 상황에서는 자산이 과소 계상되어 동회전율이 높게 계산되는 경우도 있어 분석함에 있어서 주의하여야 한다.

총자산 회전율이 높으면 총자산 1단위의 투자로 인해 상대적으로 높은 매출을 실현하고 있음을 뜻하므로, 기업의 운영에 투자된 총자산의 이용이 효율적이고 양호한 것으로 평가할 수 있다.

총자본 회전율을 자세하게 검토하려는 경우에는 총자본을 구성하는 각종 자본(자기자본, 타인자본), 또는 자산(유동자산, 비유동자산)등의 회전율을 아울러 산출하여 보는 것도 좋다.

대규모 장치산업 등은 비교적 낮고, 경공업 등은 상대적으로 높아 산업별로 차이가 있으므로 매출규모, 자산규모 등을 상호비교 분석하여야 한다.

## 2) 매출채권 회전율

(1) 의미

매출채권 회전율은 정상적인 영업활동의 순환과정에서 매출채권이 현금화되는 속도를 나타내는 지표이며, 소요 운전자금의 계획이나 신용정책의 결정 등에 사용된다.

$$\text{매출채권 회전율} = \frac{\text{매출액}}{\text{매출채권}}$$

(2) 판단

확정된 표준비율은 없고, 동일 업종기업의 평균비율 또는 당해 기업의 과거 여러 기간과 비교하여 판단하는 것이 좋다.

매출채권 회전율은 외상매출금과 받을어음 등 매출채권의 결제속도를 측정하는 것으로 매출채권 회전율이 매우 낮으면 기업이 자금압박을 받거나, 매출채권이 부실화할 우려가 있으므로 주의하여야 한다.

또한, 이 비율이 높다는 것은 매출채권의 현금화 속도가 빠르다는 것을 의미하며, 지급 능력면에서 유리하여 결국 기업은 그만큼 유리해진다.

매출채권에 대손충당금을 적용할 경우에는 회전율이 높아진다. 대손충당금의 설정을 어느 크기로 할 것인가에 따라 회전율이 달라지므로, 업체의 특성에 따라 대손충당금을 적용하여 분석할 것인가, 아니면 제외하고 분석할 것인가를 선택하여야 한다.

경쟁력이 없는 상품은 결제기일이 짧아 회전율이 높고, 경쟁이 치열할수록 회전율이 낮은 편이다.

### 3) 매입채무 회전율

(1) 의미

기업의 부채 중에서도 특히, 매입채무가 원활히 결제되고 있는가의 여부, 즉 지급능력의 상태를 나타내는 지표이다.

지급어음과 외상매입금 등 매입채무의 지급속도를 측정하는 것이며, 매입채무의 이용도를 표시하는 것이다.

$$\text{매입채무 회전율} = \frac{\text{매출액}}{\text{매입채무}}$$

(2) 판단

비율이 높을수록 운영자금 부담이 감소되므로, 그만큼 재정이 건실함을 나타내는 것이라 할 수 있다. 한편, 다르게 생각 할 수도 있으므로 주의하여야 한다. 외상매입에 대한 신용도가 낮아서 현금으로 매입을 할 수 없는 상황이 되므로 높아 질수도 있으므로, 유의하여야 한다.

☞ **원인 검토사유**

1) 매입채무가 이례적으로 커질 경우
① 금융조달의 어려움 때문에 매입조건을 연장함으로써 증가 운전자금의 일부를 조달하는 경우인가?
② 일반대출이 어려워서 할인어음으로 자금을 조달하기 위하여 융통어음을 이용하고 있지 않은가?
③ 구입처에 지급어음 개서를 부탁하고 있지는 않은가?
④ 원재료 비율이 대폭 상승한 결과인가?

2) 매입채무가 이례적으로 적을 경우
① 회사의 신용 실추로 구매처에 대하여 매입조건의 개선이 불가피하게 되었기 때문이 아닌가?
② 매입단가를 인하하기 위하여 매입조건을 개선한 경우인가?
③ 구매처의 변경에 따라 매입조건이 달라진 것인가?
④ 원재료비율이 대폭 내린 것 때문에 매입채무가 적은 것인가?

## 4) 매출채권 평균회수 기간

(1) 의미

기업이 매출채권을 확보하게 되면, 매출채권을 얼마나 신속하게 회수 하는가는 중요하다. 높은 매출채권이 설정이 되면 높은 유동자산을 확보하더라도 평균적으로 매출채권이 회수되는 기간이 길어지게 되므로, 현금의 활용성이 낮아지게 되어 유동성 위험이 올 수도 있다.

$$1일평균\ 매출액 = \frac{연간\ 매출액}{365}$$

$$평균회수\ 기간 = \frac{매출채권\ 평균잔액}{1일평균\ 매출액}$$

(2) 판단

기업의 경우에는 매출채권을 조속히 회수하여 다른 부문으로 자금을 융통하는 것이 바람직하다. 기본개념은 매출채권 평균잔액을 1일평균 매출액으로 나누면 구할 수 있다. 그것은 매일의 1일평균 매출액이 누적되어 매출채권 평균잔액을 초과된 외상매출액은 회수되어야 한다는 발상에서 설정된 공식이다.

### 5) 자기자본 회전율

(1) 의미

당기의 매출액을 자기자본으로 나누어 산출한 지표이다. 자기자본의 회전속도, 즉 자기자본 이용의 효율성을 측정하는 지표이다.

$$자기자본\ 회전율 = \frac{매출액}{자기자본}$$

(2) 판단

자기자본의 이용도를 표시하는 것으로 일반적으로 높을수록 이용도가 크다는 것을 의미한다. 이 비율은 자기자본과 매출액과의 비율로 자기자본이 어느 정도의 효율성을 발휘하고 있는가를 나타낸다.

지나치게 높으면 타인자본에 비해 자기자본이나 내부 유보이익이 너무 작은 경우일 수가 있으므로, 부채비율과 비교하여 검토해 보아야 할 것이다. 즉 이 비율은 클수록 좋은 편이지만, 부채비율과 매출액 이익률과도 비교 검토하여야 한다.

부채비율이 높고 매출액 이익률이 낮을 때에는 자기자본 비율이 높다는 것이 기업의 수익력이 높은 것은 아니라, 타인자본에 지나치게 의존한 결과라고 볼 수도 있다.

기업에 있어서 자기자본의 증식은 기업존속의 결정적인 조건이라고 할 수 있으므로,

이와 같은 자기자본의 중요성에 비추어 경영자, 주주 등이 자기자본의 능률을 검토하는 경우에 주로 이용된다.

### 6) 자본금 회전율

#### (1) 의미

납입자본금의 회전속도, 즉 자본금 이용의 효율성을 나타내는 지표이다.

$$자본금\ 회전율 = \frac{매출액}{자본금}$$

#### (2) 판단

자본금회전율은 자본금이 어느 정도 효율성을 발휘하고 있는가를 나타낸다.

### 7) 경영자산 회전율

#### (1) 의미

영업활동에 직접 투입되어 활용되고 있는 경영자산의 효율성을 평가하는데 이용되는 지표이다.

$$경영자산\ 회전율 = \frac{매출액}{총자산 - (건설중인자산 + 투자자산)}$$

#### (2) 판단

경영자산 회전율은 기업자본 중에서 생산활동에 투자된 자산의 회전율을 말하는 것이다.

### 8) 비유동자산 회전율

#### (1) 의미

매출액을 비유동자산으로 나눈 수치로 비유동자산이 어느 정도 효율적으로 이용되고 있는 가를 측정하는 비율이다. 그러므로 자본의 고정화 정도를 판단하는 수단이 되며, 유동성 분석에 있어서도 유용한 보조지표로 이용될 수 있다.

$$\text{비유동자산 회전율} = \frac{\text{매출액}}{\text{비유동자산}}$$

(2) 판단

비유동자산 회전율은 매출액을 비유동자산으로 나눈 비율이며, 대부분의 기업에서 상당부분을 차지하는 비유동자산 투자의 투자효율성을 측정한다.

이 비율이 낮을 경우에는 투자자산이나 유형자산 등의 비유동자산에 과대한 투자가 이루어졌거나, 이들 자산 중에 수익창출에 기여하지 못하는 자산이 있음을 의미한다.

이 비율이 높으면 적은 비유동자산으로 높은 매출을 실현하고 있음을 의미하므로, 비유동자산 이용의 효율성이 높다고 평가할 수 있다. 또한 이 비율이 높으면 비유동자산의 유지를 위하여 지출되는 감가상각비, 보험료, 수리비 등의 여러 고정비가 매출 단위당 배분되는 비용은 감소하게 되므로, 원가의 인하가 가능해 진다.

유의할 점은 감가상각이 거의 끝나 가는 노후화된 기계를 많이 보유하고 있으면, 장부상의 비유동자산 순액이 적게 계상되므로, 이에 따라 회전율이 높게 계산되어 투자활동성이 높은 것으로 잘못 평가될 수도 있다는 점이다.

노후화된 기계를 많이 보유하고 있으면, 기계에 대한 유지비용의 증가와 생산성의 하락으로 제조원가는 높고, 수익성 비율은 저조할 것이다. 따라서 수익성 비율이 매우 저조한데도 불구하고, 비유동자산 회전율이 높으면 노후화된 기계를 많이 보유하고 있기 때문일 수가 있다.

비유동자산 회전율을 여러 기간에 걸쳐서 추세분석을 하면 기간별로 심한 증감의 변화를 보이는 경우가 많이 있다. 왜냐하면 비유동자산에 대한 투자는 일시에 불규칙적으로 이루어지는 경우가 많기 때문이다.

비유동자산 중에 투자자산이나 무형자산이 많은 경우에는 이들을 산식에서 제외한 설비자산 회전율(매출액/유형자산)을 산출해 보아야 한다.

일정한 표준비율은 없고, 보통 이 비율이 4회 이상이면 양호한 상태라고 보는 경우가 많으며, 경영분석 실무에서는 당해 기업의 과거비율 및 동업종의 평균비율을 표준비율로 삼아 판단하고 있다.

이 비율이 감소할 때는 설비 등 비유동자산 이용의 비능률 또는 과대투자를 의미하게 되며, 이는 곧 기업 유동성(단기지급능력)의 저해와 기업 재무위험의 중요한 요인이 된다는 점이다.

예를 들면, 비유동자산 회전율이 동업계 보다 좋거나 비슷한 수준임에도 불구하고 수익성이 시나치게 낮은 점을 고려하여 본다면, 이 회사의 비유동자산 회전율이 동업계 수준 이상을 유지하는 원인은 이 회사의 기계와 설비가 노후화하여 감가상각으로 인하여 순자산의 장부가가 매우 낮게 표시된 데에 기인하는 것으로 생각해 볼 수 있다.

## 9) 유형자산 회전율

### (1) 의미

유형자산의 이용도를 나타내는 지표로 기업이 보유하고 있는 설비자산의 적정여부를 판단하는데 유용하다.

이 비율이 높으면 비유동자산의 유지를 위하여 지출되는 상각비, 보험료, 수선비 등의 고정비가 제품 단위당 체감적으로 배분되어 원가절감이 효율적으로 이루어지고 있음을 나타낸다. 그러나 영업규모에 비해 설비투자가 부진한 경우에도 동비율이 높게 나타날 수 있으므로, 해석에 유의하여야 한다.

$$\text{유형자산 회전율} = \frac{\text{매출액}}{\text{유형자산}}$$

### (2) 판단

또한 경쟁기업에 비하여 이 비율이 낮은 경우에는 설비자산의 과다여부를 검토해야 한다.

## 10) 재고자산 회전율

### (1) 의미

매출액을 재고자산으로 나눈 것으로 재고자산이 일정기간 동안에 매출수익을 발생시키기 위해 몇 번이나 효율적으로 사용되는가를 측정하는 비율이다. 즉 재고자산이 당좌자산으로 변화하는 속도를 나타낸다.

$$\text{재고자산 회전율} = \frac{\text{매출액}}{\text{재고자산}}$$

(2) 판단

확정적인 표준비율은 없지만, 보통 8회 이상을 표준으로 하는 경우가 많으며, 경영분석 실무에서는 당해 기업의 과거비율 및 동업종 평균비율을 표준비율로 삼아 판단하고 있다.

비율이 높을수록 상품의 재고손실 방지 및 보험료, 보관료의 절약 등 재고자산의 관리가 효율적으로 이루어지고 있음을 나타낸다. 그러나 재고를 정상적인 영업활동에 필요한 적정수준 이하로 유지하여 수요변동에 적절히 대처하지 못하는 경우에도 동비율은 높게 나타나므로 해석에 유의하여야 한다.

재고자산 회전율이 높다는 것은 적은 재고자산으로 생산 및 판매활동을 효율적으로 수행하고 있다는 것을 의미한다. 그러나 재고자산 회전율이 지나치게 높을 경우에는 적정재고 수준을 유지하지 못함으로써, 긴급한 대량의 수요에 대처할 능력에 문제점이 생길 수도 있다.

또한 이 회전율이 낮으면 매출액에 비하여 과대한 재고자산을 보유하고 있다는 것을 뜻하며, 재고자산에 자금이 과대하게 투자되고 있으면, 자금이 재고자산에 묶여 있는 기간이 장기화되고 있음을 의미한다.

재고자산을 보유하는 경우에는 자금의 투입에 따른 이자비용, 재고자산의 진부화로 인한 가격손실의 가능성, 재고자산의 보유에 따른 보유비용 등 여러 가지 비용이 수반된다. 그러므로 과대한 재고자산은 회피하여야 할 중요한 사항이다. 즉 재고자산에 자금을 지나치게 많이 투입하면 그에 따라 운영자금의 부담이 커지므로 바람직하지 않다.

분석 시에 판매가치가 없는 재고자산의 과대보유, 또는 재고분식을 하고 있는지를 파악해야 한다.

## 11) 상(제)품 회전수

(1) 의미

상(제)품에 투하된 자금의 회전속도, 즉 상품이 일정기간 동안 몇 번 당좌자산으로 전환하였는가를 나타내는 지표이다.

$$상(제)품\ 회전율(회) = \frac{매출액}{상(제)품}$$

$$상(제)품\ 회전수(회) = \frac{매출액}{평균재고}$$

(2) 판단

이익률이 낮아도 회전수(율)을 높이면 매출 총이익을 높일 수 있다.

$$평균재고 = (기초재고 + 기말재고)/2$$

## 12) 상(제)품 회전일수

(1) 의미

상(제)품의 회전에 대하여 상품 회전수로 나타내고 있지만, 몇 회의 회전을 한다고 하는 것 보다는 한 회전하는데 몇 일이 걸린다는 표현이 더 이해하기 쉽고, 구체적으로 나타내는 것이다.

그러므로 품절을 시키지 말고, 매입비용을 고려하여 회전일수를 좋게 해야 한다.

$$상(제)품\ 회전일수 = \frac{365}{상(제)품\ 회전수}$$

## 13) 원재료 회전수

(1) 의미

원재료가 제품생산을 위해 회전되는 정도를 나타내는 비율이다

$$원재료\ 회전수 = \frac{매출액}{원재료}$$

# 4.6 생산성 분석

## 1. 생산성 분석의 정의

생산성분석은 기업활동의 성과 및 효율을 측정하고, 자본과 인적자원 등 개별 생산요소의 기여도 및 성과배분의 합리성 여부를 규명하는 지표인 생산성 비율을 분석하는 것이다.

그러므로 생산성에 관한 지표는 경영합리화의 척도라고 할 수 있으며, 생산성 향상으로 얻은 성과에 대한 분배기준이 된다.

과거의 생산성 분석은 주로 외형기준으로 분석하였으나, 최근의 생산성 분석은 부가가치 기준으로 분석하는 것이 일반화되고 있다. 이것은 단순한 외형보다는 기업이 산출한 순액인 부가가치가 더 중요한 요소로 인식되고 있기 때문이다.

생산성은 기본적으로 노동, 자본 등의 생산요소 투입액에 대한 생산액, 또는 산출액의 비율을 의미한다. 적은 생산요소 투입을 통해서 많은 산출을 올리면 생산성이 높은 것으로 평가된다.

## 2. 생산성 분석의 목적

① 자본설비가 현대화되어 있는가의 여부를 분석하고 평가
② 설비와 기계 등의 운용상태가 효율적인가를 분석하고 평가
③ 동업자와 비교하여 부가가치가 높고 낮음을 분석하고 평가

## 3. 생산성 분석의 구성요소

① 자본집약도의 분석
② 자본생산성의 분석
③ 부가가치율의 분석

## 4. 분석단위

생산성비율은 각 산식의 의미에 따라 자본집약도, 자본생산성, 부가가치율 등의 세

가지 부문으로 나누어서 분석할 수 있으며, 각 부문을 이루는 세부지표는 다음과 같다.

## 5. 자본집약도

자본집약도는 다음의 비율로 평가한다.

① 노동장비율
② 자본집약도
③ 노동소득 분배율

## 6. 자본생산성

자본생산성은 다음의 비율로 평가한다.

① 총자본투자효율
② 설비투자효율
③ 기계투자효율

## 7. 부가가치

부가가치는 다음의 비율로 평가한다.
① 부가가치율

### 1) 부가가치의 분석 정의

기업의 경영활동 결과, 기업외부에서 구입한 가치가 아닌 기업내부에서 창조된 가치를 말한다. 부가가치란 경제학에서 주로 사용되는 개념으로 기업이 생산활동을 한 결과, 새로이 창출된 가치를 의미하며, 일반적으로 기업은 원재료(또는 타기업이 완성한 제품)를 구입하여 경제학에서 의미하는 자연, 노동, 자본의 사용비용이 부가가치라 할 수 있다. 이러한 요소의 사용비용은 기업의 외부로 유출되어 기업 외에 소득으로 작용한다.

### 2) 부가가치의 산출방식

국가별로 작성 기관별로 차이가 있으나, 일반적으로 한국은행에서 적용하는 방식을 많은 재무분석에서 활용하고 있다.

### 3) 부가가치 항목

부가가치＝세전이익＋인건비＋순금융 비용＋임차료＋세금과 공과＋감가상각비

### 4) 부가가치의 계정 항목

#### (1) 세전이익

영업이익에 영업외 수익을 가산하고, 영업외 비용을 차감하여 특별손익을 감안한 잔액으로써 법인세 차감전 순손익을 말한다. 순이익을 기준으로 계산하면 법인세 배당, 그리고 유보액이 포함된다.

#### (2) 인건비

판매비와 관리비 중에 급여, 퇴직급여, 복리후생비 항목과 제조원가명세서 중에서 노무비, 복리후생비 항목의 합계액으로 근로자에세 직・간접적으로 지급되는 비용이다.

#### (3) 세전이익

차입금이나 회사채 발행 등에 대한 대가로 지급되는 이자비용에서 이자수익을 차감한 잔액이다. 즉 채권자에게 분배되는 몫이다.

#### (4) 임차료

판매관리 부문과 제조부문에서 사용된 토지, 건물, 기계장치 등의 임차료를 말한다. 즉 이것은 토지와 건물을 사용할 때 반대급부로 지급되는 비용이다.

#### (5) 세금과 공과

판매관리부문과 제조부문에서 발생하는 제세금과 공과를 말한다.

#### (6) 감가상각비

판매관리부문과 제조부문에서 발생된 감가상각비를 말한다. 이것은 기업에 재분배 된다.

## 8. 항목별 비율

### 1) 종업원 1인당 분석

아웃소싱 업체에 위탁하여 인원을 활용 시에는 자사의 종업원으로 포함하여 분석하여야 한다(내부인원과 아웃소싱 인원으로 나누어서 구분한다).

### 2) 종업원 1인당 노동장비도

(1) 의미

생산과정에서 종업원 1인이 어느 정도의 노동장비를 이용하고 있는가를 나타내는 지표이다. 이 비율이 높을수록 장비가 잘 갖추어져 있음을 나타낸다고 볼 수 있다.

$$\text{노동장비도} = \frac{\text{유형자산} - \text{건설중인자산}}{\text{종업원 수}}$$

(2) 판단

노동장비율은 업종에 따라 다르지만, 일반적으로 수작업에 의한 노동 집약적인 생산업체에서는 낮고, 자동화나 이루어진 자본집약적인 업체에서는 높다.

### 3) 종업원 1인당 자본집약도

(1) 의미

종업원 1인당 어느 정도의 자본액을 보유하고 있는가를 나타내는 지표로 노동장비율의 보조지표로 이용된다. 이 비율이 높을수록 양호한 것으로 판단한다.

$$\text{자본집약도} = \frac{\text{총자본}}{\text{종업원 수}}$$

### 4) 총자본 투자효율(자본 생산성)

(1) 의미

기업에 투자된 총자본으로 1년 동안에 얼마만큼의 부가가치액을 산출하였는가를 나타내는 비율이며, 총자본의 효율적 운용정보를 분석한다.

기업에 투자된 자본을 운영한 결과로 얻어진 부가가치액이 얼마인가를 나타내는 비율이다.

$$총자본\ 투자효율(\%) = \frac{부가가치}{총자본} \times 100$$

$$총자본\ 투자효율 = 부가가치율 \times 총자본\ 회전율$$

$$\frac{부가가치}{총자본} = \frac{부가가치}{매출액} \times \frac{매출액}{총자본}$$

(2) 판단

이 비율이 높을수록 총자본이 효율적으로 운영되었음을 의미하며, 자본이 부가가치 생산에 일정부분에 공헌하였다고 할 수 있다.

### 5) 설비투자 효율

(1) 의미

기업에서 실제로 사용되는 설비자산(유형자산－건설 중인 자산)이 어느 정도의 부가가치를 생산하였는가를 나타내는 지표로 총자본 투자효율의 보조지표로 이용된다.

또한 「설비투자 효율×노동장비율＝종업원 1인당 부가가치」로 표시되므로, 노동생산성의 변동요인 분석에 중요한 지표로 이용된다.

$$설비투자\ 효율 = \frac{부가가치}{유형자산 - 건설\ 중인\ 자산} \times 100$$

$$설비투자\ 효율 = \frac{부가가치}{매출액} \times \frac{매출액}{유형자산 - 건설\ 중인\ 자산} \times 100$$

(2) 판단

설비투자 효율을 높이기 위해서는 부가가치율 및 비유동자산 회전율을 높이는 방안이 실행되어야 한다.

일반적으로 이 비율이 높을수록 설비자산이 효율적으로 이용되고 있다는 것을 나타낸다.

### 6) 기계투자 효율

#### (1) 의미

설비투자 효율의 보조지표로 기업이 보유하고 있는 기계장치가 어느 정도의 부가가치를 생산하였는가를 나타내는 지표이다.

이 비율은 『기계투자 효율×기계장비율 = 종업원 1인당 부가가치』로 표시되어 생산성의 변동요인 분석지표로 이용된다.

$$기계투자\ 효율 = \frac{부가가치}{기계장치} \times 100$$

#### (2) 판단

이 지표는 설비투자와 밀접한 관련이 있다. 즉 생산성을 향상시키기 위하여 적극적인 투자를 하면 생산성은 증대하지만, 투자 초기단계에는 이 비율이 낮아졌다가 설비투자가 끝나고 나면 상승하는 경향이 있다.

따라서 이 비율은 높을수록 양호하다고 판단하지만, 비율이 낮아졌다고 하여 무조건 불량한 것으로 판단할 수는 없고, 설비투자의 내용과 연관해서 판단하여야 한다.

### 7) 부가가치율

#### (1) 의미

부가가치액을 매출액으로 나눈 비율로 매출액 중에서 생산활동에 참여한 생산요소에 귀속되는 소득의 비율을 나타내는 지표이다. 기업의 내부가치를 측정하는 기준으로 사용된다.

$$부가가치율 = \frac{부가가치}{매출액} \times 100$$

(2) 판단

이 비율은 높을수록 기업의 이해 관계자들에 대한 배분액이 많아지고, 또한 확대재생산을 가능하게 하는 능력이 있음을 개괄적으로 암시하며, 생산과정이 고도화되어 높아지는 경향이 있다. 외부 구입가치의 비중이 높을수록 낮게 나타나고, 외부 구입가치의 비중이 낮을수록 높게 나타난다. 외부 구입가치란 재료비와 외주 가공비 등의 외부에서 구입한 가치를 말한다.

동일기업의 경우에는 특별한 사정이나 변화가 없는 한 추세적으로 거의 일정한 비율을 갖게 되지만, 특별한 사유로 제품구성이나 공정세분이 많아지거나 적어지면, 동비율은 이에 따라 변화하기도 한다. 따라서 이러한 특별한 사유의 유무를 확인한 후에 양부를 판단하여야 한다.

부가가치율을 향상시키기 위한 방법으로 다음과 같은 것이 있다.

① 원재료나 상품의 구입비용의 절감
② 고부가가치 제품(상품)의 개발
③ 판매가격의 인상

이 비율이 높다는 것은 부가가치를 형성하는 세전이익, 인건비, 순금융 비용, 임차료, 조세공과, 감가상각비 등의 합계액이 매출액에 대비 크다는 것을 의미하므로, 그만큼 이익의 원천이 크다는 것을 의미한다.

부가가치율은 고부가가치의 제품을 생산할수록 높아진다. 즉, 부가가치율이 높다는 것은 기업이 내부적으로 창출한 가치의 비중이 높다는 것을 의미한다. 일반적으로는 사양기업 일수록 부가가치율이 낮으며, 성장기업 일수록 부가가치율이 높다.

### 8) 노동소득 분배율

(1) 의미

기업이 창출한 부가가치 중에서 노동에 배분된 몫의 비중을 나타내며, 당기의 인건비를 당기의 부가가치로 나눈 비율이다.

$$노동소득\ 분배율(\%) = \frac{인건비}{부가가치} \times 100$$

$$노동소득\ 분배율(\%) = \frac{인건비}{총이익} \times 100$$

(2) 판단

노동소득 분배율은 부가가치에서 차지하는 인건비 비율을 나타내는 것으로, 이 비율의 상승은 그만큼 고정비 성격으로 기업의 이익을 줄이게 되어 기업측으로서는 바람직하다고 할 수 없다. 또한 이 비율이 하향하는 것은 경기의 호황을 뜻할 수도 있고, 임금에 대한 부담이 적다고도 볼 수 있으므로, 경영기반이 튼튼하다고도 볼 수 있지만, 유의점은 노동인력 감소만이 이익창출이 되지 않는 것이다.

이 지표는 임금결정의 기준으로 활용할 수도 있다. 인건비는 기업이 창출한 부가가치의 여러 요소 중에서 특히 중요한 부분을 차지하고 있다. 또한 임금수준은 개별기업의 생산성과는 관계없이 동종업계 일반적 평균수준 등에 의해 수동적으로 결정되는 경우가 많다. 업종별로 기준이 달라질 수 있지만, 분배율이 50%를 초과할 경우에는 유의하여야 한다.

노동생산성과 노동소득 분배율을 이용하면 1인당 임금수준도 알 수 있을 뿐만 아니라, 경영의 건전성도 어느 정도 알 수 있게 된다. 즉 '고생산성 저분배율 고임금형'의 실현이 기업이 지향해야 할 이상적인 목표인 것이다. 그러므로 생산성이 높지만 분배율, 임금수준이 낮으면 종업원의 불만 요인에 의해 노사분쟁이 유발될 수 있고, 생산성이 낮고 분배율이 낮으면 예외 없이 임금수준이 낮게 되는데, 이 유형은 특히 한국의 중소기업에서 많다. 오히려 이익분배율이 낮으면, 이해관계자인 주주들의 불만을 초래하게 될 우려가 있다.

$$임금수준(1인당) = 1인당\ 노동생산성 \times 인건비\ 분배율$$

## 9) 종업원 1인당 부가가치 증가율(노동생산성 증가율)

(1) 의미

종업원 1인이 산출한 부가가치액이 전년에 비하여 어느 정도 증가하였는가를 나타내는 비율로 노동생산성을 측정하는 대표적인 지표이다.

$$\text{종업원 1인당 부가가치 증가율}(\%) = \left(\frac{\text{당기 종업원 1인당 부가가치}}{\text{전기 종업원 1인당 부가가치}} \times 100\right) - 100$$

• 종업원 1인당 부가가치＝부가가치÷종업원 수

## 10) 종업원 1인당 매출액 증가율

(1) 의미

노동력 단위당 매출액이 전년에 비해 얼마나 증가했는지를 나타내는 지표이다. 매출액 증가율이 종업원 수를 고려하지 않는데 비하여 이 비율은 종업원 수로 나눈 매출액에 대한 연간 증감률을 나타낸다.

$$\text{종업원 1인당 부가가치 증가율}(\%) = \left(\frac{\text{당기 종업원 1인당 매출액}}{\text{전기 종업원 1인당 매출액}} \times 100\right) - 100$$

• 종업원 1인당 매출액＝매출액÷종업원 수

## 11) 종업원 1인당 인건비 증가율

(1) 의미

종업원 한 사람에게 지급된 인건비가 전년에 비하여 어느 정도 상승하였는가를 나타내는 지표이다.

수익성 진단과 연계하여 판단한다. 기업의 수익이 증가하여 종업원의 인건비가 상승하면 바람직한 모델이 된다. 기업은 매출액이 증가하는 경우, 일정시점이 경과하면 인건비 비율이 증가하므로, 적정한 상승폭이 있어야 유리하다.

$$\text{종업원 1인당 부가가치 증가율}(\%) = \left(\frac{\text{당기 종업원 1인당 인건비}}{\text{전기 종업원 1인당 인건비}} \times 100\right) - 100$$

• 종업원 1인당 인건비＝인건비(급여＋노무비)÷종업원 수

## 12) 기계장비도

### (1) 의미

노동력 1단위가 보유하는 기계장치 금액을 나타내는 지표이다.

$$기계장비도(금액) = \frac{기계장치}{종업원\ 수}$$

## 13) 노동생산성

### 1) 의미

가장 중요한 생산수단인 노동력의 단위당 성과를 나타내는 지표이다. 종업원 1인당 일정기간 동안에 얼마만큼의 부가가치를 생산하였는가를 나타내는 것이다. 종업원 1인이 창출한 부가가치 생산액을 의미한다.

기업의 경쟁력을 측정하는 지표로 많이 이용되며, 종업원은 임원, 촉탁, 파트타이머(시간제 근무자), 아르바이트 등을 포함하며 배분기준은 다음과 같다.

① 촉탁은 종업원 1인의 2/3 기준
② 시간제 근무자는 8시간을 기준
③ 아르바이트는 8시간을 기준

$$노동생산성 = \frac{부가가치}{상시\ 종업원\ 수}$$

$$노동생산성 = \frac{매출\ 총이익}{상시\ 종업원\ 수}$$

### (2) 판단

수치가 높다는 것은 그만큼 노동력이 효율적으로 이용되어 부가가치를 보다 많이 산출했다는 의미로 부가가치 생산액은 기업의 장래는 물론, 국가경제 전반의 장래성을 측정하는데도 이용된다.

이 비율이 낮을 경우에는 저부가가치 제품생산, 숙련공의 부족, 또는 과다한 고용인

력일 가능성이 많다.

부가가치 = 세전이익 + 인건비 + 순금융 비용 + 임차료 + 세금과 공과 + 감가상각비

### 14) 노동생산성 증가율

(1) 의미

기업의 활동은 크게 노동과 자본의 결합에 의하여 이루어지므로, 그 성과도 자본요인과 노동요인으로 구분하여 볼 수 있다. 노동생산성 증가율은 노동생산성을 측정하는 지표로 종업원 한 사람이 창출한 부가가치액이 전년도에 비해 어느 정도 증가하였는가를 나타낸다.

부가가치는 노동 외에 자본, 기술 등 생산요소의 투입비율, 생산요소 가격의 변화, 경영효율, 노사관계 등 여러 요인 등에 의해 영향을 받기 때문에 엄밀한 의미에서 이 지표는 노동생산성을 반영한다고 보기 어려운 점이 있다.

$$\text{노동생산성 증가율}(\%) = \frac{\text{당기 노동생산성} - \text{전기 노동생산성}}{\text{전기 노동생산성}} \times 100$$

(2) 판단

노동생산성 증가율, 즉 종업원 1인당 부가가치 증가율이 증가할수록 산업 내에서 경쟁력이 강화된다는 것을 의미하는데, 특히 임금인상 등 원가 상승요인을 흡수할 수 있는 능력에 대한 판단에 유용한 정보를 제공한다. 이 비율을 판단할 때, 표준비율은 없으나 당해 기업의 과거와 동종 기업의 평균비율과 비교하여 판단하고 있다.

### 15) 종업원 1인당 인건비

(1) 의미

노동력 1단위당 지급된 인건비를 나타낸다.

$$종업원1인당인건비 = \frac{인건비}{종업원\ 수}$$

(2) 판단

1인당 인건비를 계산하기 위하여 회사 전체 인원수, 또는 생산직 인원수, 영업직 인원수, 지원부서 인원수로 나눔에 따라 분석의 방향이 달라지므로, 응용방향을 바르게 할 필요가 있다.

### 16) 이윤 분배율

(1) 의미

법인세 공제 후의 당기순이익의 부가가치에 대한 비율로 자기자본에 대한 분배율을 의미한다. 이 비율은 성과배분의 합리성을 분석하는데 이용된다.

$$이용분배율 = \frac{당기순이익}{부가가치} \times 100$$

(2) 판단

이윤 분배율 계산 시에는 당기순이익 자체가 아니라, 종업원에게 성과 배분 결정에 활용하는 것이 바람직하다.

## 4.7 시장가치 비율분석

### 1. 시장가치 비율분석의 정의

기업의 재무상태와 경영성과에 대하여 증권시장이 어떻게 반응하고 있는가를 나타내는 비율이다. 일반적으로 비회계 자료로 가장 신뢰성이 높은 척도는 주가이다. 효율적 자본시장에서는 공시되는 모든 자료가 주가에 반영되기 때문에 주가는 기업을 객관적으로 평가할 수 있는 바람직한 척도이다. 이는 기업의 평가척도로 활용하려는 것이다.

## 2. 항목별 비율

### 1) 주가수익율 비율(PER)

(1) 의미

보통주의 시장가격을 주당이익으로 나눈 비율이며, 주당이익은 수익성을 평가하는 지수이다. 주당이익에 비하여 투자자들이 높은 주가로 거래하고 있다는 것은 그 기업의 성장 가능성을 높게 보고 있다는 것이다.

$$\text{주가수익율 비율} = \frac{\text{보통주의 시장가격}}{\text{주당이익(당기순이익} \div \text{발행 주식 수)}}$$

### 2) 주가순자산 비율(PEB)

(1) 의미

주가대 장부가치의 비율을 의미하는 것으로 주식가격을 1주당 순자산으로 나눈 것이다. 1주당 순자산이란, 기업의 자산에서 부채를 공제한 순수한 자본총액을 발행 주식수로 나눈 것이다. 즉 주주에게 귀속될 순수한 자산가치를 나타낸다.

주가순자산 비율이 1보다 높다면 아직도 기업에 대한 성장성을 높게 본다는 것을 의미한다. 왜냐하면 기업의 1주당 정상적 청산가치보다 투자자들이 높은 주가를 제시하는 것은 미래의 가능성을 보기 때문이다.

$$\text{주가순자산 비율} = \frac{\text{보통주의 시장가격}}{\text{주당순이익(순이익} \div \text{발행 주식 수)}}$$

### 3) 유보율

(1) 의미

잉여금을 주주가 인출하지 않고, 얼마나 사내에 축적하고 있는가를 나타내는 것이다. 즉 자본금을 기준으로 어느 정도의 잉여금을 사내에 유보하고 있는가를 의미하는 것으로, 유보율이 높으면 많은 잉여금이 축적되기 때문에 잉여금의 자본전입에 의한 무상증자의 가능성이 높다. 따라서 유보율이 높은 기업은 투자가치가 높다고 할 수 있다.

$$유보율 = \frac{자본총계 - 배당금 - 자본금}{자본금}$$

## 4) 주당 순이익(EPS)

### (1) 의미

기업이 벌어들인 순이익(당기 순이익)을 기업이 발행한 주식 총수로 나눈 값으로 1주당 이익을 얼마나 창출하였는가를 나타내는 지표이다. 기업이 1년간 벌어들인 수익에 대한 주주의 몫을 나타내므로, 주당 순이익(EPS)이 높을수록 주식의 투자가치는 높다고 할 수 있다.

기업의 미래 EPS를 정확히 예측하는 것은 투자분석에 있어 그 중요성이 점차 강조되어지고 있다.

$$주당\ 순이익(EPS) = \frac{순이익(당기순이익)}{발행주식\ 총수}$$

### (2) 판단

당기순이익 규모가 늘면 EPS는 높아지게 되고, 전환사채의 주식전환이나 증자로 주식수가 많아지면 낮아지게 된다. 결국 EPS가 높다는 것은 그만큼 경영실적이 양호하며, 배당 여력도 많다는 뜻으로 주가에 긍정적인 영향을 미친다.

**예제**

- 세후 순이익 : 5억(세율 50%)
- 발행 주식수 : 200,000 주
- 전환사채 발행액 : 100억(이자율 6%)

• 전환비율 : 1백만원당 20주

**풀이** • 전환 전 EPS : 5억 ÷ 200,000주 = 2,500원

• 전환 후 EPS : 사채전환에 의하여 주식 200,000주 증가하여 총 400,000주가 된다. 세후 순이익은 사채이자를 부담하지 않아도 되므로 최초의 이익 5억+사채이자 6억(×세율 50%) = 8억

8억 ÷ 400,000주 = 2,000원

# 4.8 현금흐름표 분석

## 1. 현금흐름표의 분석 정의

현금흐름표의 영업활동, 투자활동, 재무활동 등의 정보에 대하여 재무상태표, 배당액, 주식 보유수에 대비하여 비율분석을 하여 현금보유에 대한 활용성을 분석하고자 한다.

## 2. 항목별 비율

### 1) 현금보유 비율

(1) 의미

현금보유 비율이란, 현금 및 예금이 총자산에서 차지하는 비율을 말한다. 기업은 기업 내외의 여러 가지 요인을 감안하여 적정수준의 현금을 보유하여야 한다. 기업의 적정 현금 보유액은 해당 기업의 영업상태나 판매정책 등의 기업 내부상황, 그리고 자금시장 상황, 금융정책 방향 등 기업 외부여건 등을 반영하여 결정하여야 한다. 적정현금 보유액 결정을 위한 여러 가지 기법과 모형이 제시되고 있으나, 실제적인 적용은 쉽지 않다.

$$현금보유\ 비율 = \frac{현금\ 및\ 예금}{총자산}$$

## 2) 영업 현금흐름대 유동부채 비율

### (1) 의미

영업활동으로 인한 현금흐름을 유동부채로 나누어 구하는데, 유동부채의 어느 정도 수준을 영업활동 흐름으로 보유하고 있는가를 나타낸다. 만기가 된 단기부채를 지급할 수 있는 능력을 측정한다. 이 비율이 1보다 작을 경우, 유동부채 지급에 문제가 생길 수 있다.

$$\text{영업 현금흐름대 유동부채 비율}(\%) = \frac{\text{영업 현금흐름}}{\text{유동부채}}$$

## 3) 영업 현금흐름대 총부채 비율

### (1) 의미

영업 현금흐름을 총부채로 나누어 구하는데, 부채의 어느 정도 수준을 영업현금흐름으로 보유하고 있는가를 나타낸다. 만기가 된 총부채를 지급할 수 있는 기업의 전반적 지급능력이나 장기 지급능력을 측정한다. 이 비율은 기업의 부실예측에 유용한 비율로 사용되고 있다.

$$\text{영업 현금흐름대 총부채 비율}(\%) = \frac{\text{영업 현금흐름}}{\text{총부채}}$$

## 4) 영업 현금흐름대 현금배당금 비율

### (1) 의미

영업 현금흐름을 현금 배당금으로 나누어 구하는데, 현금 배당금의 어느 정도 수준을 영업 현금흐름으로 보유하고 있는가를 나타낸다. 현금배당을 지급할 수 있는 충분한 현금을 보유하고 있는가를 측정한다. 이 비율이 1보다 작을 경우, 영업활동이 아닌 투자활동이나 재무활동을 통하여 배당금을 조달하였다는 것을 의미한다.

$$영업\ 현금흐름대\ 현금배당금\ 비율(\%) = \frac{영업\ 현금흐름}{현금\ 배당금}$$

## 5) 주당 영업 현금흐름

### (1) 의미

1주당 영업 현금흐름 크기를 나타내는데, 영업 현금흐름에서 우선주 배당금을 공제한 다음, 보통주의 평균발행 주식수로 나누어서 계산한다. 현재주가와 비교하여 낮으면 저평가가 되어있다고 볼 수 있으므로, 투자가치가 있다고 할 수 있다.

$$주당\ 영업\ 현금흐름(\%) = \frac{영업\ 현금흐름 - 우선주\ 배당금}{평균\ 보통주\ 발행주\ 수}$$

05 CHAPTER

# 손익분기점 분석

## 5.1 손익분기점의 기본 이해

### 1. 의미

손익분기점(BEP: Break-Even Point)이란, 총수익과 총비용이 일치하여 이익, 또는 손실이 0이 되는 점을 찾아내어 판매, 제조 등의 기업활동에 활용하는 경영기법이다.

손익분기점 분석은 협의와 광의로 나눌 수 있다. 우선 협의의 개념은 기업활동의 결과, 이익도 손실도 발생하지 않는 총이익과 총비용이 0이 되는 기업의 채산점을 분석하는 것을 의미한다. 그리고 광의의 개념은 기업의 경영계획이나 단기 이익계획, 중장기 이익계획 등을 세우는데 필요한 손익분기점을 분석하여 기업경영에 활용하는 것이다.

이와 같은 손익분기점 분석법은 기업의 이익구조를 알 수 있고, 기업의 안전도도 명확하게 파악할 수 있어서 경영관리에 유용하게 활용되는 기법으로, 그 효시는 CVP라고 할 수 있다.

### 2. CVP분석

#### 1) 발생

(1) 발생의 배경

제1차 세계대전을 전후한 시기에 투자의 비약적인 증대로 생산능력이 과잉되는 경향이 발생하였다. 다시 말해 생산기술이 진보함에 따라 그에 대한 소득을 얻기 위해서는 설비투자가 요구되었고, 투자의 증가에 의하여 경쟁우위의 지위를 차지하려는 부단한 노력이 언제나 시장을 웃도는 생산능력을 유지하게 되었다. 이와 같은 경쟁이 새로운 기술진보와 설비투자를 유발시키는 시대에 이익 관리적인 시각에 의하여 등장하게 되었다.

(2) 발전

이 시기는 판매의 시대였으므로, 필연적으로 생산가치보다도 매출을 비교하는 것이었다. 원가, 매출량(조업도), 이익의 관계를 분석하는 CVP(Cost-Volume-Profit)가 발전했다. 이러한 분석 방법은 단지 고정비, 변동비 구분뿐만 아니라, 수익과 비용과의 관계에서 손익의 분기점을 파악하는 특이한 구조분석에 대한 최초의 논문 「Manufacturing: Capital, Costs, Profit and Dividends」을 1903년에 헨리 헤스(Henry Hess)가 발표했다.

(3) 헨리 헤스(Henry Hess)

헨리 헤스는 원가, 매출량, 이익의 관계를 명확하게 해석하여 설명하였으며, 발생할 손익을 예측하는데 매우 유용하였다. 그러나 고정비와 변동비의 분해를 명확하게 제시하지 않은 점이 한계로 지적되고 있다. 그는 직접비와 간접비, 고정비와 변동비의 개념이나, 자본 관리적인 발상을 원가와 관련시켜 설명하였다.

(4) 뇌펠(Charles E. Knoeppel)

헨리 헤스의 이론을 도표적으로 발전시킨 것이 미국의 능률기사 및 경영학자인 뇌펠이다. 그는 1908~1909에 펜실베니아에 있는 보일러 제조기업의 공장개선 컨설팅을 하는 과정에서 헨리 헤스의 클로스 오버 차트를 이용하여 손익분기점을 최초로 도표로 창안하여 저서 『Graphic Production Control』(1920년)에 발표하였다. 이후 미국에서는 많은 기업이 활발하게 이용하게 되었다.

그는 논문에서 7가지의 분기점(균형점)을 들고 있다. 첫째, 영업상의 손익분기점(operating profitless point)으로 영업비용은 매출원가, 일반관리비, 판매비를 합한 것이다. 둘째, 기업의 손익분기점(business profitless point)으로 영업비용과 이자비를 제외한 재무 제비용이다. 셋째, 위기점(crisis point)으로 총비용은 이자비를 포함한 총비용이다. 넷째, 위험점(danger point)으로 총비용과 우선주 배당비용이다. 다섯째, 불건

강점(unhealthy point)으로 총비용, 우선주 배당액, 보통주 배당액 등을 합한 것이다. 여섯째, 잉여금 유보점(surplus retention point)으로 총비용, 주식 배당액, 이익유보액 등을 합한 것이다. 일곱째, 사선(dead line)으로 총비용과 자기자본에 대한 최소액의 보수를 합한 것이다.

이후에 현재에 일반화되어 사용되고 있는 손익분기점(break-even point of vanishing profits)이란 용어를 처음으로 사용한 것은 월터 라우텐슈트라우흐(Walter Rautenstrauch)이다.

## 2) CVP(Cost-Volume-Profit) 분석

CVP분석은 문자 그대로 원가 · 매출량(조업도) · 이익분석이라고 한다. 원가, 매출량, 이익 상호간의 유기적인 관계를 분석함으로써 각 부문, 또는 전사적으로 경영관리에 유용하게 활용할 목적으로 분석하는 기법이다. (1) 판매가격, (2) 매출량, (3) 제품조합, (4) 변동비, (5) 고정비 등의 5가지 요소의 변화 및 그러한 상호작용이 이익에 어떠한 영향을 미치는가를 각 업무구분 또는 부문별, 전사적으로 분석하는 것이다.

주로 CVP분석은 단기이익의 계획이 중시된다. 이 분석은 어느 일정 시점에서의 정태적인 이익의 분석에 그치는 것은 아니고, 투입과 산출과의 차액관계, 또는 유입(inflow)와 유출(out flow)와의 차액관계에 의하여 이익을 파악하는 흐름(flow) 분석적인 성질을 가지는 이익분석인 것이다.

### (1) 도표적 표현

이익도표를 통하여 이익에 관련되는 어떤 종류의 요소와 이익과의 함수관계를 나타내어 이익발생의 요인 및 인과관계를 알 수 있고, 이에 따라 여러 가지의 이익관리 목적에 도움이 되게 하는 것이다.

이러한 관계를 도표로 나타내어 CVP 분석을 통한 손익분기점에서의 매출량은 얼마인가를 도표로 나타내면 다음 그림과 같다.

CVP 분석 도표

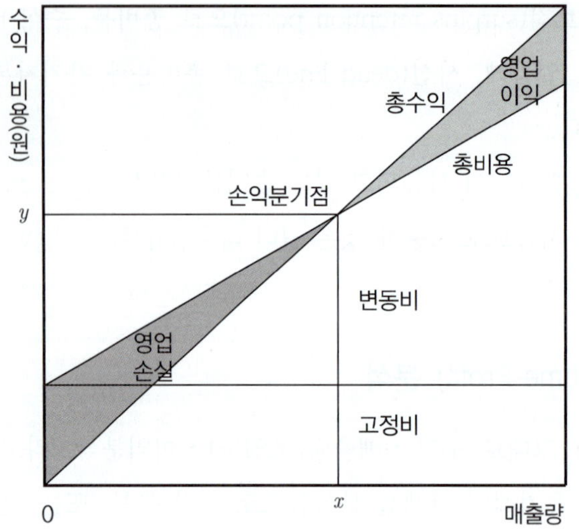


(2) 이익도표의 의미

기업경영에 이용되는 이익도표는 이익에 관한 정보를 도표적 표현에 의하여 여러 가지의 경영관리 목적으로 분석하는 도구로써, 이익관리를 위하여 이익을 분석하여 이익에 관한 것을 시각적으로 표현한 그림이다.

(3) 이익도표의 변동요인

이익은 어떠한 요소에 의해 변동하는가 하는 이익 함수적 파악의 도표적 표현이 이익도표 작성의 목적이지만, 이익에 영향을 주는 여러 가지의 변동요인도 직접적으로는 판매가격, 제품조합, 매출량, 변동비, 고정비, 변동적 사용자산, 고정비적 사용자산의 변화라는 형태를 통해서 이익에 영향을 준다.

(4) CVP의 형식

손익분기점 분석에서 다른 분석기법과 비교하여 특이한 분석효과를 가져 오는 손익분기점의 산출 작업은 (1) 관계 수치표, (2) 수식, (3) 그래프, (4) 계산 도표 등을 이용하여 이루어진다.

(5) CVP의 분석기법

분석기법으로 이익의 총액 분석법에 속하는 손익분기점 분석, 이에 대한 연장선상에서 생각할 수 있는 선형계획(Linear Programming)에 의한 분석, 이익의 차액 분석법에 속하는 증분이익분석 등의 3가지 기법이 있다.

손익분기점 분석은 비용을 고정비와 변동비로 분해하여 매출액에서 변동비를 공제하고, 이후의 순이익을 총액적으로 파악하여 손익이 0인 매출액 및 일정이익을 얻는 매출액을 산출하여 다양한 대체적 코스를 선택하거나, 그 외의 의사결정에 기본적으로 도움이 되는 것을 목표로 하는 분석기법이다.

선형계획 계산을 CVP로 사용하는 경우는 여러 가지의 제약 조건하에서 획득 가능한 최적이익을 총액적으로 산출하는 기법이다.

증분이익 분석은 대체적 선택결정의 문제에서 여러 가지 대체안 중에서 어느 것을 선택하는가에 의하여 원가, 매출량, 이익이 직접적으로 영향을 받는 차액이익을 산출하는 것에 의하여 분석하는 것이다.

## 5.2 손익분기점

### 1. 손익분기점(BEP: Break-Even Point)

앞에서도 서술한 바와 같이 손익분기점이란 단어를 처음으로 사용한 것은 월터 라우텐슈트라우흐(Walter Rautenstrauch)이다.

손익분기점(Break-Even Point)이란, 매출액과 총비용이 일치하는 점을 말하며, 다음의 그림에서 살펴본다면, 매출액과 총비용 직선의 교차점을 손익분기점이라 한다. 그리고 총비용은 고정비와 변동비로 분해할 수 있다. 매출액이 손익분기점을 상회하면 기업은 이익이 발생하고, 하회하면 손실이 되어 많은 기업이 경영관리에 이용하는 기법이다.

손익분기점 도표

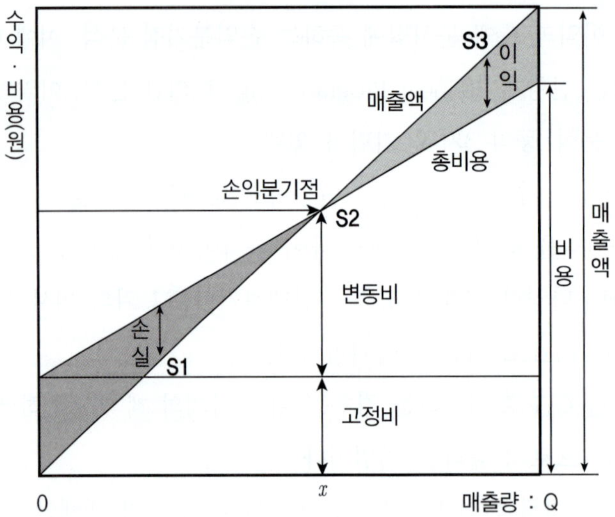


매출액(S2)−총비용(변동비＋고정비)＝0은 손익분기점의 매출액

매출액(S1)−총비용＝마이너스(영업 손실)

매출액(S3)−총비용＝플러스(영업 이익)

### 1) 손익분기점의 기본구조

손익분기점의 기본적인 구조는 다음의 가정을 전제로 성립이 된다. 첫째, 총비용은 고정비와 변동비로 분해된다. 둘째, 총수익은 매출량에 정비례한다. 셋째, 원가요소의 가격은 일정하다. 넷째, 단위당 제품의 판매가격은 항상 일정하다. 다섯째, 고정비는 일정하다. 여섯째, 변동비는 조업도에 따라 비례하여 변동한다. 일곱째, 공장설비의 능률과 생산성은 일정하다. 여덟째, 조업도의 변동에 불구하고 매출제품의 구성은 일정하다는 등의 가정을 전제로 설명할 수 있다.

### 2) 매출액과 비용의 분류

기업의 이익을 분석하고, 이를 기본으로 미래의 이익계획을 세우는 효과적인 수단이지만, 조업도의 관계에서 매출액을 산출하고 비용을 고정비와 변동비로 분류하여야 한다.

### (1) 매출액의 계산

매출액이란 기업이 상품과 서비스를 판매하여 얻은 총수입을 말하는데, 판매단가와 판매수량 곱의 함수로 나타낼 수 있다.

즉, 매출액(S)＝판매단가(P)×판매수량(Q)이다.

### (2) 고정비와 변동비

① 고정비

고정비는 조업도의 증감과는 관계없이 원가총액이 변동하지 않고, 고정적으로 발생하는 원가를 말한다. 그러므로 조업도의 증감에 따라 고정비의 단위당 원가를 계산한다면, 조업도가 증가하면 고정비의 단위당 원가는 감소하고, 반대로 조업도가 감소하면 단위당 고정원가는 증가한다.

② 변동비

변동비는 조업도의 증감에 따라 원가총액이 비례적으로 증감하는 원가이며, 비례비 또는 가변비라고도 한다. 변동비는 제품을 제조하여 판매하지 않는 경우는 발생하지 않는다.

### (3) 비용의 분류

손익분기점을 구하기 위해서는 기업 내에서 발생하는 모든 비용을 상기의 고정비와 변동비로 구분하는데, 변동비와 고정비의 분류는 조업도의 증가에 따른 원가형태를 기준으로 한 것이다.

조업도란 일정한 생산설비의 이용도를 나타내며, 원가형태는 이러한 조업도의 증감에 따라 원가의 반응을 나타내는 것으로 이를 원가함수라고도 한다. 원가는 원가형태에 따라 기본적으로 고정비와 변동비로 구분한다. 그러나 이와 같은 구분은 항목에 따라서는 명확하게 구분할 수 없는 경우도 있다.

고정비는 매출액이나 조업도의 증감변화에 관계없이 일정하게 발생하는 비용으로, 기간총액으로는 고정적인 비용이나 제품 단위당으로는 매출액 규모에 따라 변동한다.

변동비는 매출액이나 조업도의 증감변화에 따라 비례하여 변동되는 비용으로, 기간총액으로는 매출액의 증감에 비례하여 변동하는 비용이지만, 제품단위당은 변동하지 않는다.

이와 같은 고정비와 변동비에 속하는 계정항목을 분류 및 정리하여 도표로 표현다면 다음과 같다.

고정비 및 변동비 항목

| 고정비 | 변동비 |
|---|---|
| 급여(○) | 재료비 |
| 상여 | 상품매입원가 |
| 잡급 | 외주가공비 |
| 퇴직급여 | 전력비(○) |
| 복리후생비 | 가스료(○) |
| 기타노무비 | 수도료(○) |
| 감가상각비 | 공장소모품비 |
| 수선비(○) | 운반비(○) |
| 리스료 | 판매촉진비 |
| 임원보수 | |
| 종업원급여(○) | |
| 광고선전비(○) | |
| 차량운반비(○) | |
| 여비교통비(○) | |
| 임차료(○) | |
| 수선비 | |
| 소모품비 | |
| 통신비 | |
| 세금공과금 | |
| 접대비 | |
| 보험료 | |

(○)는 변동비적 요소가 포함　　(○)는 고정비적 요소가 포함

### 3) 부문별의 분기점을 파악

기업의 내부에서는 외부로부터 불명확한 비용에 대해 많은 정보를 입수할 수 있다. 따라서 비용을 변동비와 고정비로 나누는 경우에도 외부에서 비교하는 것보다 용이하다.

비용과 매출을 지역별, 부문별, 제품별 등으로 한층 더 세분화할 수 있기 때문에 비용과 매출과의 관계를 보다 가치 있게 파악할 수가 있다. 그 결과 지역별, 부문별, 제품별 채산성의 분석을 용이하게 할 수 있으며, 이와 같은 결과로 경영 개선책의 기법으로 연결된다.

## 2. 손익분기점의 산출

### 1) 손익분기점의 매출액 및 매출량

손익분기점은 총수익과 총비용이 일치하는 점에서의 판매액이고, 총비용은 손익분

기점 분석의 고정비와 변동비로 구분할 수 있다는 가정에서 다음의 식을 도출할 수 있다. 그러나 본서에서는 유도하는 과정을 생략하고 기본공식만을 나타내면 다음과 같다.

(1) 손익분기점 매출액

$$\text{손익분기점 매출액} = \frac{\text{고정비}}{1 - \dfrac{\text{변동비}}{\text{매출액}}} \left(\text{변동비율} = \frac{\text{변동비}}{\text{매출액}}\right)$$

$$= \frac{\text{고정비}}{1 - \text{변동비율}} = \frac{\text{고정비}}{\text{한계이익률}}$$

(2) 손익분기점 매출량

$$\text{손익분기점 매출량} = \frac{\text{고정비}}{\text{판매단가} - \text{단위당 변동비}} \left(\text{단위당 변동비} = \frac{\text{변동비}}{\text{판매량}}\right)$$

## 2) 손익분기점의 산출방법

(1) 개별법

개별법은 P/L의 비용 항목을 각각 분석하여 변동비인가 고정비인지를 판정하는 방법이다. 비용은 매출원가, 판매 및 일반관리비, 영업외 비용 등이 있는데, 영업외 비용은 영업외 수익으로 상쇄하고, 그 나머지를 고정비에서 가감하는 편이 편리하다.

매출원가, 판매 및 일반관리비에 대해서는 항목별로 매출과의 관계를 조사하면, 고정비와 변동비에 대한 분류기준을 이해할 수 있다. 즉, 준고정비, 준변동비가 문제이다. 일부는 매출과 연동하고, 일부는 연동하지 않는데, 본래 손익분기점은 모든 비용을 고정비와 변동비로 분리된다고 가정하고 있기 때문에 한계가 발생하고 있다. 이것이 개별법의 한계이다.

(2) 비율법

비율법으로 변동비와 고정비를 구하는 방법은 당기와 전기의 매출액 증감과 비용의 증감을 계산하여 그 증감의 상대적인 비율로 변동비와 고정비를 구하는 방법이다. 다시 말해, 매출의 증가에 대하여 변동비만이 증가한다는 추정이 들어가 있으므로, 기업의 업무내용이 전혀 변화하지 않았다면, 기업의 변동비를 추정할 수가 있다. 변동비의 금액은 매출액에 변동비율을 곱한 것이고, 고정비의 금액은 총비용의 액수에서 변동비의 금액을 공제하는 것으로 용이하게 계산할 수가 있다.

(3) 산포도법

과거 일정기간의 매출액과 비용의 관계를 도표 위에 점으로 표시하고, 이 점들을 대표할 수 있는 상관관계의 선을 계산하는 방법이다. 이때의 비용을 고정비와 변동비로 구분하는 방법은 $y$축과 교차하는 점이 고정비가 되며, 상관관계의 기울기가 변동비를 나타낸다. 따라서 $y = ax + b$라는 1차방정식을 구하여 이용하는 방법이지만, 실무상 채택하기가 어려운 방법이다.

(4) 최소자승법

최소자승법도 산포도법과 유사하나 도표상의 직선을 수학적 통계 기법인 최소승자법 원리를 이용하여 고정비와 변동비를 산출한다는 점이 다르다. 최소승자법에 의하여 비용을 분해하는 방법은 관측치와 경향치와의 편차자승의 총합계가 최소가 되도록 하는 방법이다.

다시 말해,

$$\sum_{i=1}^{n} \epsilon^2 = \sum_{i=1}^{n} (Y - a - bx)^2 \text{은}$$

자승의 합을 최소로 하는 a, b를  구하기 위하여 편미분에 의하여

$$a = \frac{\Sigma Y}{N}, \ b = \frac{\Sigma x Y}{\Sigma x^2}$$

를 계산하는 방법이다.

## 3. 손익분기점의 활용

### 1) 기업의 채산성을 파악

기업의 비용을 매출액에 대비시키면, 매출액과 비례적으로 증감하는 변동비와 매출액의 증감과는 관계없이 발생하는 고정비로 나눌 수가 있다. 물론 모든 계정이 변동비와 고정비로 정확하게 분류할 수 있는 것은 아니지만, 비용을 변동비와 고정비로 구분

하면 매출과 비용과의 관계를 보다 명료하게 설명할 수 있다.

그리고 첫째, 목표이익을 달성하기 위해서는 매출액을 어느 정도 확보해야 할까? 둘째, 적자를 없애기 위해서는 매출을 얼마나 늘려야 할까? 셋째, 매출액, 또는 판매량의 증감이 이익에 어떤 영향을 줄까? 넷째, 비용이 변화함에 따라 이익은 어떻게 변화할까? 다섯째, 매출이 부진할 경우, 비용을 얼마나 감소시켜야 할까? 등의 사항을 파악할 수 있다.

예를 들어, 다음 그림에서와 같이 S1의 매출액에서는 S1만큼의 변동비가 발생하고, S1의 영업손실이 발생한다. 그리고 S2의 매출액에서는 비용과 매출이 일치하여 손실 및 이익은 0이 되며, 이 접점이 손익분기점이 된다. 그리고 S3의 매출액에서는 S3만큼의 변동비가 발생하고, S3의 영업이익이 발생하는 것을 의미하고 있다.

따라서 대부분의 기업은 이익관리의 일환으로 손익분기점을 분석 및 산출하여 경영계획수립의 기초자료로 활용하고 있다.

손익분기점

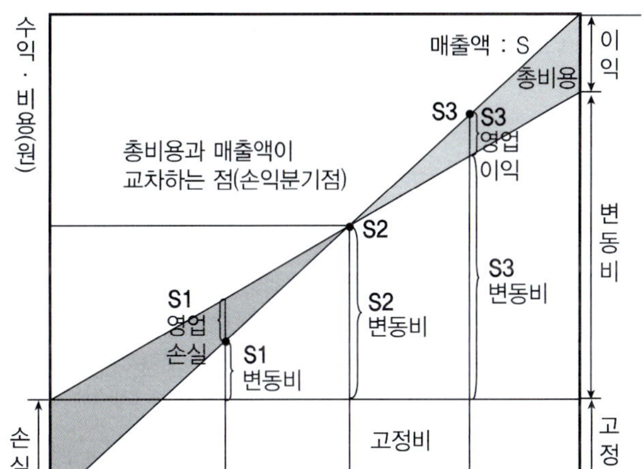


## 2) 손익분기점의 안전도

손익분기점의 안전도를 높이기 위해서는 고정비를 줄이거나, 변동비를 줄이는 방법 등으로 안전도를 높일 수 있다. 이를 그림에서 살펴보면 다음과 같다.

비용의 액수는 고정비(F)+변동비(V)의 합계이다. 고정비 F1을 F2까지 삭감할 수가 있으면, 손익분기점은 A에서 A2까지 내려가며, 매출이 동일하더라도 안전도는 높아진다.

또한 변동비 V에 대해서도 동일하다. 변동비를 V1에서 V2까지 삭감할 수 있으면, 손익분기점은 A로부터 A1까지 내려가고, 안전도는 높아진다. 이와 같이 고정비와 변동비를 모두 삭감할 수 있다면, 상승효과로 손익분기점은 A에서 A3까지 내려가므로, 안전도는 더욱 개선이 되어 이익은 P1에서 P2로 증가하게 된다.

고정비 및 변동비의 삭감효과

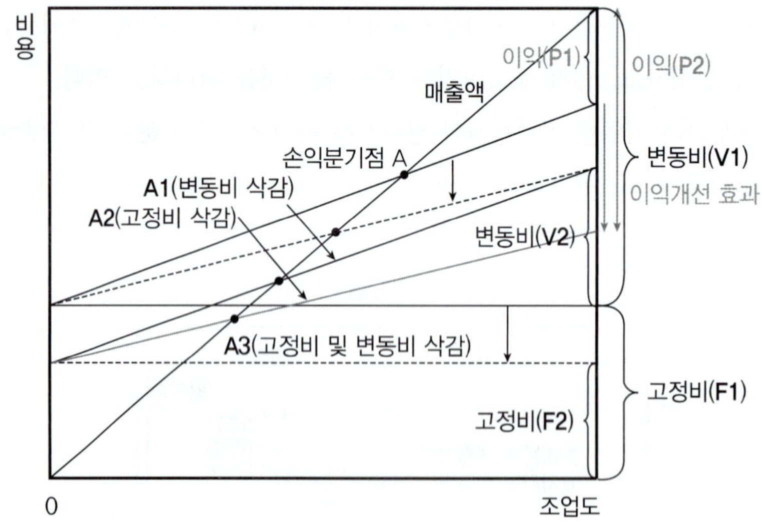


이와 같은 손익분기점은 매출액에서 제시되므로 타사와의 비교가 곤란하다. 타사와의 손익분기점을 비교하기 위해서는 손익분기점 안전도 분석이 있으며, 그 계산식과 비교기준은 다음과 같다.

$$\text{손익분기점 안전도} = \frac{\text{매출액}}{\text{손익분기점 매출액}} \times 100$$

손익분기점 안전도는 손익분기점과 매출액의 관계를 나타내는 것이다. 이 안전도가 높으면 안전성이 높지만, 목표치는 120 정도이다.

### 3) 경영안전 여유율

상기의 손익분기점 안전도와 유사한 측성방법으로 기업의 수익성에 관한 안전도를 알아보기 위해 경영안전 여유율을 활용하는 방법이 있다. 이와 같은 방법에는 안전여유율과 손익분기점비율로 나누어 설명할 수 있다. 안전여유율은 손익분기점을 상회하는 수익을 비율로 나타내는 것으로 MS비율(Margin of safety), 또는 경영안전율이라고도 하며, 비율이 높을수록 안전성이 좋다. 또한 손익분기점 비율은 손익분기점을 하회하는 비율을 나타낸 것으로 낮을수록 안전성이 좋으며, 다음과 같이 계산할 수 있다.

손익분기점 비율을 예로 들어 설명을 하면 비율이 95% 이상일 경우에는 위험 영역에 속하고, 90~95% 영역에 있을 경우에는 경계를 요하는 수준이고, 85~90% 영역에 있을 경우에는 합리화를 요하는 영역이고, 80~85% 영역에 있을 경우에는 좋은 영역에 있는 경우이고, 80% 이하의 영역에 있을 경우에는 매우 좋은 영역에 있다고 할 수 있다. 따라서 경영안전 여유율은 상기의 손익분기점 안전도와 같은 분석방법이다.

$$\text{안전여유율}(\%) = \frac{\text{매출액} - \text{손익분기점 매출액}}{\text{매출액}} \times 100$$

$$= 100 - \text{손익분기점 비율}(\%)$$

$$\text{손익분기점 비율}(\%) = \frac{\text{손익분기점 매출액}}{\text{매출액}} \times 100$$

## 4. 목표이익과 손익분기점

기업의 경영진은 이익도 손실도 발생하지 않는 일정 수준의 매출액이나 매출량이 달성되는 시점인 손익분기점에 대한 관심보다도 손실을 피할 수 있는 최소한의 매출액이나, 좀 더 적극적인 방법으로 얼마의 이익을 얻기 위해서는 어느 정도의 매출액을 올려야 하는지에 관심을 갖는다.

이러한 경우에도 손익분기점 분석이 이용될 수 있는데, 목표이익을 고려한 손익분기점의 매출량과 매출액은 다음과 같이 계산할 수 있다.

$$\text{손익분기점 매출액} = \frac{\text{고정비} + \text{목표이익}}{\text{공헌이익율}}$$

$$\text{손익분기점 매출량} = \frac{\text{고정비} + \text{목표이익}}{\text{단위당 공헌이익}}$$

$$\text{목표 매출액} = \frac{F}{1-(r-v)} = \frac{\text{고정비}}{1-(\text{영업이익율}+\text{공헌이익율})}$$

또한 손익분기점 분석은 단순히 이익이 0인 점만을 분석하는 방법을 확장시켜 기업에서 원하는 목표이익을 실현할 수 있는가를 분석할 수도 있다. 목표이익의 매출액과 매출량을 구하는 계산은 다음과 같다.

$$\text{목표이익 매출액} = \frac{\text{고정비} + \text{고정비 증가분}}{1 - \text{변동비율}}$$

$$\text{목표이익 매출량} = \frac{\text{고정비} + \text{목표이익}}{\text{판매단가} - \text{단위당 변동비}}$$

### 1) 노무비의 증가와 손익분기점 분석

기업에서 이익을 감소시키는 원인은 여러 가지로 분석될 수 있지만, 가장 큰 이유는 비용의 증가라고 할 수 있다. 따라서 단위당 판매가격이 일정하다면, 종전의 이익을 실현시키기 위해서 매출수량의 증가로 인한 판매액의 증대가 필수적이다. 노무비는 비용적 성격이므로, 노무비의 증가 이전의 이익을 확보하려면 매출액을 얼마나 올려야 하는지를 산출하는데도 손익분기점 분석이 이용된다. 노무비는 시간 임금률과 같은 성격은 변동비로, 월급이나 사무직의 급료는 고정비로 보는 것이 보편적이다. 고정비 증가액과 변동비 증가액을 알고 있을 때, 손익분기점 매출액을 다음과 같다.

$$\text{비용변경후 손익분기점} = \frac{\text{고정비} + \text{고정비 변경액}}{1 - \dfrac{\text{변동비} + \text{변동비 변경액}}{\text{매출액}}}$$

## 5. 손익분기점의 한계

위에서 살펴본 바와 같이 손익분기점 분석을 통해 재무정책에 필요한 다양한 정보를 얻을 수 있다. 즉 수익과 비용의 관계를 통하여 판매량의 변화에 따른 손익관계를 분석함으로써 정보를 획득할 수 있는 것이다.

그러나 손익분기점은 다음과 같은 한계점이 있다는 것을 알 수 있다. 첫째, 경상손익의 단계까지이고, 특별손익까지 포함한 당기이익의 분기점은 모른다는 점이다. 둘째, 고정비라든가, 변동비로 나누지 못하는 준고정비가 많으면 계산은 어렵다. 셋째, 기업의 재무상태에 대해서는 판단을 할 수 없다는 점을 들 수 있다.

### 1) 보통의 경영손익

손익분기점의 한계는 기업의 채산성을 보는 것이므로 당기이익과 같이 임시의 손익에 영향을 받는 이익단계의 채산까지는 모른다. 기업의 통상적인 경영에서 채산에 대한 정보를 분석하는 것이 한계이다. 당기이익까지 포함한 채산은 알 수 없다는 점을 인식할 필요가 있다.

### 2) 준고정비 및 준변동비

손익분기점은 비용을 변동비와 고정비로 분해가 가능하다는 가정에서 설명이 가능하다. 그러나 고정비와 변동비의 분해는 반드시 용이하지 않은 경우가 있다. 예를 들면 인건비에 대하여 생각해 보자. 기업에서 스텝에 해당하는 사무인력의 급여는 고정비이지만, 공장에서 근무하는 근로인력의 임금이라던가, 일정한 잔업이 예정되어 있으면, 임금 및 잔업수당은 변동비이다. 따라서 인건비는 고정비만이라고는 할 수 없다. 다른 예로 감가상각비도 조업도가 높아짐에 따라 초과상각을 실시하고 있다면, 역시 매출과 일정한 비례관계를 가진다. 따라서 비용 속에 준고정성 비용과 준변동성 비용의 요소가 많으면 명쾌하게 비용을 분해할 수 없다. 이러한 준고정비 및 준변동비가 많으면, 이를 충분히 파악하여 손익분기점을 다시 분석할 필요가 있다.

### 3) 분기점의 한계

손익분기점의 한계는 어디까지나 기업의 손익분기점, 즉 채산성에 대한 분석에는 효과가 있지만, 기업의 또 하나의 중요한 요소인 자산, 부채, 자본상태에 대해서는 전혀 알 수 없다.

예를 들면, 채산성이 좋아도 재정상태가 균형되어 있지 않으면, 그 기업은 건강한 기업라고 할 수 없는 경우가 있다. 기업은 채산이 좋아도 유동성 등 자금관리가 불안정하면, 기업 존립 자체가 위험해진다. 손익분기점의 분석은 그런 의미에서 기업의 일면을 분석할 뿐이므로, 기업을 다각도로 분석하여 판단할 필요가 있다.

## 6. 한계이익과 공헌이익

### 1) 한계이익

#### (1) 한계이익과 이익의 차이

한계이익은 이익이라는 단어를 사용하고 있으므로, 마치 이익일 것이라는 착각에 빠지게 된다. 한계이익은 매출액에서 변동비를 공제한 나머지 이익이기 때문에 같은 이익이라도 경상이익이나 당기이익과는 성질이 다르다.

경상이익은 말하자면 고정비와 변동비의 모두를 공제한 후의 이익이라는 것을 인식하지 않으면 안 된다.

#### (2) 한계이익과 고정비

한계이익의 특징은 고정비를 회수할 수 없으면 아직도 손실 상태이다. 각각의 제품을 매출할 때마다 한계이익이 계상된다. 이 한계이익이 쌓여 고정비를 상쇄하면서 이익이 발생하게 된다. 그림에서 제시한 바와 같이 한계이익은 고정비를 회수하지 않으면 손실이 되고, 고정비를 회수하게 되면 이익이 된다. 그때까지는 아무리 한계이익을 쌓아올려도 손실이다.

한계이익 = 매출액 − 변동비

한계이익 = 고정비 + 이익

한계이익

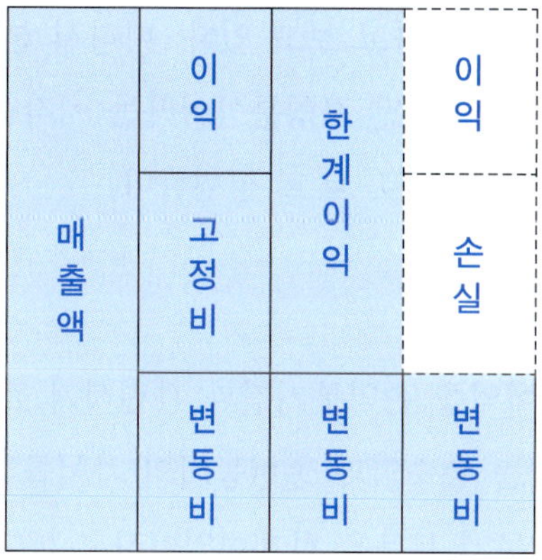


## 2) 공헌이익

한계이익은 매출액에서 변동비를 공제한 것이고, 여기에서 다시 직접 고정비를 공제한 것이 공헌이익이다.

공헌이익은 고정비의 회수에 공헌하였다고 해서 공헌이익(contribution margin)이라는 의미로 사용되는 경우와 다만 회계학상의 상품별의 한계이익에서 개별상품 판매에 직접관련이 있는 고정비를 제거한 것을 공헌이익이라고 한다. 이해를 돕기 위하여 한계이익, 공헌이익, 순이익 등의 관계를 그림으로 나타내면 다음과 같다. 그리고 이와 같은 시각에서 공헌이익을 계산한다면 ① 공헌이익=한계이익-직접 고정비 ② 공헌이익=매출액-변동비-직접 고정비라고 할 수 있다.

공헌이익

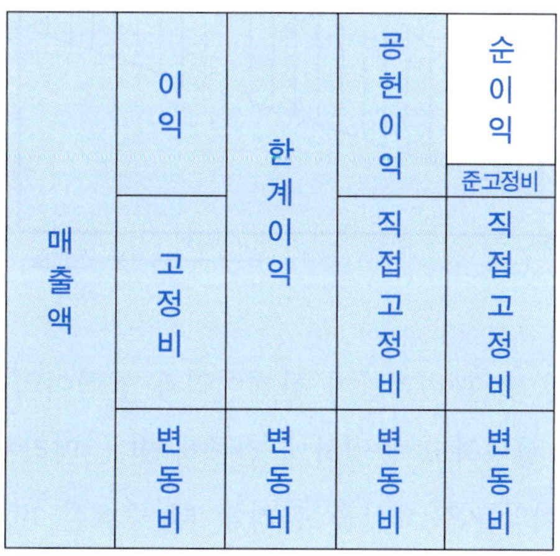

그러나 한계이익을 공헌이익과 혼동하여 사용하는 경우가 많으며, 실무에서는 일반적으로 한계이익과 공헌이익이 같다고 보고 있다. 따라서 본서에서는 한계이익과 공헌이익의 차이점을 설명하였지만, 실전 경영분석이라는 시각을 견지한다는 입장에서 한계이익과 공헌이익을 동일한 것으로 보고 설명한다.

### 3) 한계이익률과 공헌이익률

상기의 한계이익과 공헌이익을 손익분기점과 관련시켜 표현한다면 다음과 같다. 매출액의 변화에 따라 변동되는 총수익과 총변동비의 차이를 말한다. 다시 말해, 매출액에서 변동비를 제외한 빗살무늬 부분을 한계이익이라고 한다. 그리고 공헌이익은 직접적인 고정비를 회수하고 이익을 획득하는데 공헌하는 이익을 말하며, 이중 빗살무늬부분으로 표시할 수 있다. 이와 같이 매출이 발생하는 것과 동시에 한계이익도 발생한다. 이 한계이익이 고정비의 선과 교차하는 점이 손익분기점이다. 따라서 한계이익이 직접고정비를 초과한 후의 매출액에 의하여 공헌이익이 되고, 이후에 고정비를 초과한 후의 공헌이익은 순이익이 된다.

한계이익과 공헌이익 차이

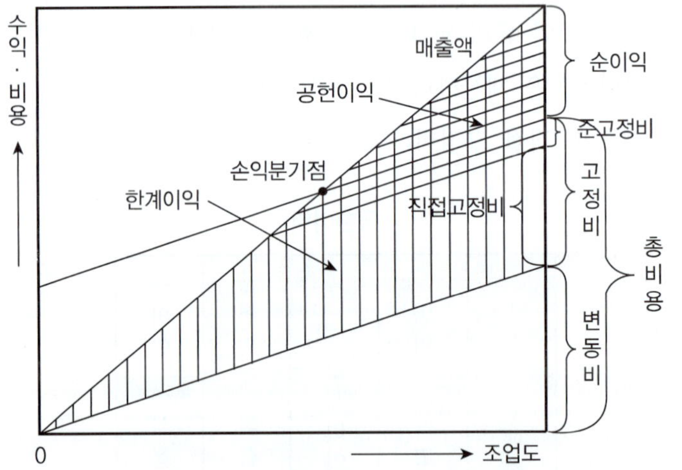


그러나 상당수의 기업 및 관련기관이 한계이익과 공헌이익을 동일하게 보고 있고, 본서에서도 차이점만을 설명하고 동일하게 간주하였다. 따라서 한계이익률과 공헌이익률도 동일하며, 한계이익률은 채산을 관리할 때 중요한 비율이다.

$$한계이익률(공헌이익률)(\%) = \frac{한계이익(공헌이익)}{매출액} \times 100$$

그러나 기업의 영업부문에서 한계이익을 계산할 경우는 관리회계상 매출총이익을 나타낸다는 것을 알아두면 편리할 것이다.

$$단위당공헌이익 = 단위당판매가 - 단위당변동비$$

$$단위당공헌이익률(\%) = \frac{단위당공헌이익}{단위당판매가} \times 100$$

## 4) 한계이익률의 활용

각 부문별로 한계이익률을 계산하여 어느 부문의 한계이익률이 제일 좋은지 여부를 파악하여 기업이 확대해야 할 부문과 축소해야 할 부문 등에 활용할 수 있다.

기업의 내부에서 매출의 종류별로 한계이익의 분석이 가능하다. 매출의 종류별이란, 예를 들어 매출액의 구분, 매출의 지역별 구분, 제품별 및 루트별로 구분을 하여 각각의 한계이익을 알 수 있다.

그리고 외부에서 기업의 한계이익률을 분석할 수 있으면, 매출의 증감에 수반하는 경상이익의 증감을 알 수 있고, 한계이익률이 높으면 높을수록 바람직하다.

그렇다면, 이와 같은 한계이익률을 활용하는 방법은 다음과 같다. 각 제품별의 한계이익률이 다음 표와 같이 기업의 제품이 A, B, C, D, E 등의 5가지 종류 있다고 하고, 각각의 한계이익은 다음과 같다고 하자.

각 제품별의 한계이익률

| 제품 | 매출액(억원) | 한계이익률(%) | 순위 |
|---|---|---|---|
| A | 100 | 45 | 1 |
| B | 100 | 25 | 3 |
| C | 100 | 23 | 4 |
| D | 100 | 35 | 2 |
| E | 300 | 17 | 5 |
| 평균 | 140 | 29 | |

기업의 평균 한계이익률은 29%이기 때문에 평균 이하의 상품은 채산의 향상을 도모하던지, 취급의 여부를 결정하지 않으면 안 된다.

기업으로서 판매에 주력할 상품은 당연히 A와 D이다. E는 매출액은 많지만, 이익의 공헌도는 낮은 상태이다. 이와 같은 한계이익률을 판매루트, 판매지역, 지점, 공장별로 작성하여 활용하면 채산성을 분석할 수 있다.

더욱 중요한 것은 전체와 개별부문의 균형을 잘 파악하는 것이다. 최종의 목적은 전체 중에서 문제가 있는 부문의 파악이기 때문에 전체 중에서의 개별부문의 비중, 의미를 잘 분석하고, 이해할 필요가 있다. 한계이익률의 계산은 세분화하면 할수록, 경영관리에 필요한 정보를 입수할 수 있다.

### 5) 활용사례

| | |
|---|---|
| 좋음 | 한계이익률이 낮은 부문이 적다. |
| 보통 | 한계이익률이 평균적이다. |
| 나쁨 | 한계이익률이 낮은 부문이 많다. |

기업별 매출액과 한계이익률

| 구분 | 제품 | 매출액(억원) | 한계이익률(%) |
|---|---|---|---|
| A기업 | A | 200 | 35 |
| | B | 200 | 35 |
| | C | 100 | 50 |
| | D | 200 | 30 |
| | E | 300 | 33 |
| | 합계 및 평균 | 1,000 | 35 |
| B기업 | A | 200 | 25 |
| | B | 200 | 35 |
| | C | 100 | 56 |
| | D | 200 | 20 |
| | E | 300 | 10 |
| | 합계 및 평균 | 1,000 | 25 |

A기업의 경우에는 평균 한계이익률은 35%이지만, 각 제품의 평균 한계이익률이 대

부분 높고, 제일 낮은 D부문도 30%나 되고, 매출액은 전사 중에서 20%를 차지하여 양호한 것으로 판단된다. 이 경우는 한계이익률이 낮은 제품의 매출이 적고, 제품의 이익이 거의 평균치에 가까워 균형 있는 제품의 구성이라고 할 수 있다.

B기업의 경우에는 평균 한계이익률은 25%로 비교적 낮으면서 각 제품의 한계이익률의 편차가 크다. 높은 제품은 56%나 되면서 매출액 비중은 10%에 지나지 않고, 낮은 제품은 E제품으로 한계이익률은 10%로 평균보다 많이 낮으면서 매출액 비중은 30%로 높은 불균형을 이루고 있다. 따라서 이 경우는 한계이익률이 높은 제품의 매출이 적고, 낮은 것은 비중이 높아 심한 불균형을 이루고 있다.

이와 같이 한계이익률은 각 부문의 채산성을 분석할 수 있으므로, 기업은 이에 대해 어떻게 대처할 것인가를 계수로 명확하게 관리하는 것이 중요하다. 그리고 간과해서는 안 되는 것은 한계이익률의 측면에서 보면, 기업 안에 육성 중인 채산이 나쁜 부문이 있는 것은 오히려 바람직한 경우가 있다는 것이다.

### 6) 한계이익률의 한계

#### (1) 고정비 관련 한계

한계이익률은 부문, 제품 등의 총비용을 계산한 이익률이 아니다. 따라서 제품의 판매가를 결정하는 경우, 고정비와 변동비 등을 고려한 직접 비용 외에 공통비라는 간접비를 가산해야 하므로, 부문 또는 제품이 변동비를 부담했을 뿐인 한계이익률로는 과연 정말로 채산이 맞는지 여부에 대한 아쉬움이 있다.

한계이익률은 다른 부문과의 채산성을 비교할 때에 고정비 배분 전의 이익으로 비교하기 때문에 관리가 어려운 고정비 배분에 대하여 합리적이지만, 한편으로 진정한 이익이라는 부분에서는 한계가 있다. 이 점에서 충분히 유의할 필요가 있다.

또한 능률의 향상을 위한 설비투자는 제조부문의 고정비로 타인자본에 의한다면 감가상각비와 금리의 증가를 수반하게 되고, 자기자본이라면 감가상각비만이 증가한다.

이러한 원가 및 비용은 모두 고정비이기 때문에 한계이익률의 범위 밖이지만, 코스트 관리면에서는 감가상각비와 금리의 요소는 무시할 수 없으므로, 한계이익률을 분석함에 있어서 한계성이라고 지적할 수 있다.

(2) 관리부문에서의 효율성 한계

코스트 관리 측면에서 관리부문의 비용 통제는 매우 중요하다. 한계이익률은 변동비와 관련되어 있어 고정비를 관리하기가 어려운 부분이 있다. 관리부문의 비용은 매출과 직접적인 관계가 없는 고정비이지만, 이에 대한 관리는 예산 등에서 하기 때문에 방법이 없다.

파킨슨의 법칙에도 있듯이 관리비는 방치해 두면 자연스럽게 증가하는 경향이 있으므로, 무엇이 필요한가를 결정하고, 예산에서 관리하는 방법 외에는 별다른 방법이 없다.

## 7. 손익분기점 분석의 유용성

손익분기점의 분석은 다음과 같은 유용성을 들 수 있다. 첫째, 기업의 수익성 등을 파악할 수 있는 경영안전 여유율을 측정할 수 있다. 둘째, 목표이익의 타당성을 평가할 수 있다. 셋째, 비용 증가에 따른 이익을 확보하기 위한 매출액을 용이하게 산출할 수 있다. 넷째, 판매가격의 인상과 인하를 결정할 수 있다. 다섯째, 기업의 지역별, 부문별, 제품별 채산성을 분석하기 용이하다. 여섯째, 기업의 안전도(손익분기점 안전도)를 계산하여 타사와의 비교가 용이하다. 일곱째, 변동비와 고정비 등의 삭감에 따른 여건의 변화에 대한 손익분기점의 변동을 용이하게 파악할 수 있다.

끝으로 이와 같은 손익분기점을 계정별로 세분화하여 그림으로 나타내면 다음과 같다.

손익분기점의 계정별 세분화

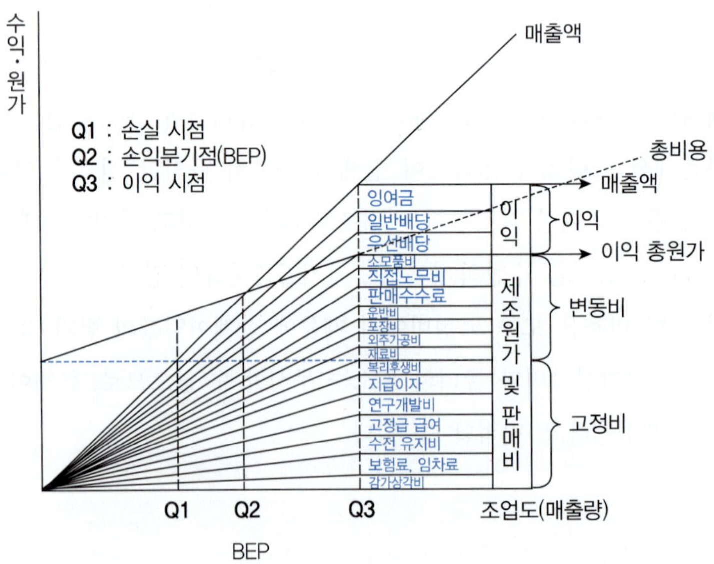

## 8. 손익분기점과 관련하여 알고 있으면 유용한 식

① $변동비율 = \frac{변동비}{매출액}$

② 한계이익=매출액－변동비

③ 한계이익=고정비＋이익

④ $한계이익률(\%) = \frac{한계이익}{매출액} \times 100 = 1 - 변동비율$

⑤ $공헌이익률(한계이익률)(\%) = \frac{한계이익(공헌이익)}{매출액} \times 100$

⑥ 단위당 공헌이익=단위당 판매가－단위당 변동비

⑦ $단위당\ 공헌이익률(\%) = \frac{단위당공헌이익}{단위당판매가} \times 100$

⑧ 손익분기점 매출액=고정비＋변동비

⑨ 손익분기점 매출액=(고정비＋손익분기점 매출액×변동비율)

⑩ $손익분기점매출액 = \frac{고정비}{1 - 변동비율}\left(변동비율 = \frac{변동비}{매출액}\right)$

⑪ $손익분기점매출량 = \frac{고정비}{판매단가 - 단위당변동비}\left(단위당변동비 = \frac{변동비}{판매량}\right)$

⑫ $목표손익분기점매출액 = \frac{고정비 + 목표이익}{공헌이익율}$

⑬ $목표손익분기점매출량 = \frac{고정비 + 목표이익}{단위당공헌이익}$

⑭ $안전여유율(\%) = \frac{매출액 - 손익분기점매출액}{매출액} \times 100$

$= 100 - 손익분기점비율(\%)$

⑮ $손익분기점비율(\%) = \frac{손익분기점매출액}{매출액} \times 100$

⑯ 손익분기점 비율＋안전여유율=1

⑰ $손익분기점안전도 = \frac{매출액}{손익분기점} \times 100$

⑱ $비용변경후\ 손익분기점 = \frac{고정비 + 고정비변경액}{1 - \frac{변동비 + 변동비변경액}{매출액}}$

⑲ $목표매출액 = \frac{고정비}{1-(영업이익율+공헌이익율)}$

⑳ 목표 매출액=목표이익+변동비+고정비

㉑ $목표이익 매출액 = \frac{고정비+고정비 증가분}{1-변동비율}$

㉒ $목표이익 매출량 = \frac{고정비+목표이익}{판매단가-단위당 변동비}$

㉓ 손익분기점 매출액=목표 매출액×(1－목표 안전여유율)

㉔ (손익분기점상의) 변동비=손익분기점 매출액×변동비율

=목표 매출액×(1－목표 안전여유율)×변동비

# 06 CHAPTER

# 레버리지 분석

## 6.1 레버리지의 기본 이해

### 1. 의미

레버리지는 사전적 의미는 '지렛대의 작용' 또는 '지렛대의 장치', '어떤 목적에 영향을 미치는 추가된 수단'의 뜻을 가지고 있다. 즉 기업재무에서 고정적인 비용을 부담하고 이익을 올리는 것을 의미한다.

지렛대는 힘들이지 않고 무거운 물건을 들어 올리는데 사용되는 도구이다. 지렛대의 원리를 이용하면 쉽게 무거운 물건을 힘들이지 않고 들어 올릴 수 있다. 이러한 지렛대의 원리를 기업경영에도 활용할 수 있는데, 기업경영에서 지렛대의 역할을 하는 것이 고정 영업비용과 고정 재무비용이다. 총비용 중에서 고정 영업비용이 차지하는 비중을 높게 조정함으로써 판매량의 변화에 따라 높은 비율로 영업이익이 변화하는 효과를 얻을 수 있으며, 고정 재무비용의 비중을 높게 조정함으로써 영업이익의 변화에 따라 순이익이 높은 비율로 변화하는 효과를 얻을 수 있다. 이와 같이 고정 영업비용과 고정 재무비용이 지렛대 작용을 하기 때문에 판매량이 적은 비율로 변동하더라도 영업이익이나 순이익이 그보다 높은 비율로 변동하는 현상이 일어나는데, 이와 같은 효과를 레버리지 효과라고 한다. 레버리지효과는 매출액의 변화의 폭에 따라 이익이 크게 감소하거나, 높게 되는 손익의 변화를 분석하는 것을 말하는 것이다.

레버리지분석은 기업이 얼마나 탄력적으로 위험에 대하여 반응하는 것을 분석하는 것이다.

## 2. 레버리지의 종류

레버리지는 비유동자산을 보유함으로써 고정 영업비용을 부담하는 영업레버리지와 타인자본을 사용함으로써 고정 재무비용을 부담하는 재무레버리지, 그리고 영업 레버리지와 재무레버리지를 결합한 것으로 비유동자산과 타인자본의 사용으로 고정비용을 부담하는 결합레버리지로 구분할 수 있다.

## 3. 레버리지 위험의 분류

위험은 경영위험과 재무위험으로 분류할 수 있고, 경영위험의 업종 특성상 발생하는 위험을 말하며, 이는 업종 특성상 고유의 영업행위로 인한 위험이라고 할 수 있다. 재무 관점에서 보면 매출액에서 영업이익까지의 범위를 말한다. 매출의 변화가 영업이익의 변화에 큰 영향을 미친다면 경영위험이 높은 것이다. 이러한 경영위험을 영업레버리지로 표현한다.

재무위험이란 자본의 조달에 대한 위험이다. 자본조달에 대한 위험은 타인자본을 사용하기 때문에 발생하는 위험이다. 주주에 대한 배당금은 사전에 약속된 금액이 아니기 때문에 기업의 입장에서 큰 부담이 되지 않지만, 타인자본의 사용은 이자비용을 부담하여야 하기 때문이다. 이러한 이자비용은 손익계산서에서 영업외 비용의 한 항목인 이자비용을 의미한다.

먼저 매출액에서 영업이익까지의 변화가 이자비용에 의하여 당기순이익에 영향을 미친다면 재무위험이 높은 것이다. 이러한 재무위험 분석을 재무레버리지로 표현한다.

**위험의 분류와 레버리지**

<table>
<tr><td rowspan="4">위험의 분류</td><td>경영위험</td></tr>
<tr><td>- 기업이 속하는 업종과 일반 경제동향에 의하여 발생하는 위험<br>- 영업 레버리지에 의한 분석<br>- 손익계산서의 매출액에서 영업이익까지의 범위</td></tr>
<tr><td>재무위험</td></tr>
<tr><td>- 타인자본의 조달에 의하여 발생하는 위험<br>- 재무 레버리지에 의한 분석<br>- 손익계산서의 이자비용이 주로 해당</td></tr>
</table>

| | | |
|---|---|---|
| 매출액 | | 매출액 |
| 변동비 | | |
| −매출원가 | | |
| 고정비 | 영업레버리지 | −변동비 |
| 매출 총이익 | | 공헌이익 |
| 변동비 | | |
| 판매비와 관리비 | | |
| 고정비 | | −고정비 |
| 영업이익(EBIT) | | 영업이익(EBIT) |
| −이자(영업외 비용−고정비) | | −이자(영업외 비용−고정비) |
| 법인세 차감전 순이익(EBT) | | 법인세 차감전 순이익(EBT) |
| -법인세 비용 | 재무레버리지 | −법인세 비용 |
| 당기순이익(EAT) | | 당기순이익(EAT) |
| ÷ 발행 주식수 | | ÷ 발행 주식수 |
| = 주당 순이익(EPS) | | = 주당 순이익(EPS) |

## 4. 기업위험과 레버리지

경영분석에서 말하는 위험이란, 보통 이익의 변동성을 의미한다. 기업의 경영활동 과정에서 발생하는 위험은 크게 영업위험과 재무위험으로 분류된다.

영업위험이란, 기업의 투자결정, 생산활동, 마케팅 활동 등 영업활동에 따른 영업이익의 변동성을 말한다. 영업위험, 즉 영업이익의 변동성을 가져오는 기본적인 원인은 비용 중에 고정 영업비가 존재하기 때문이다. 총영업비용 중 고정 영업비가 차지하는 비중이 높을수록 영업비용은 높아진다. 즉 투자정책이나 영업정책에 따라 비유동자산에 많이 투자하여 총영업비에서 고정 영업비가 차지하는 비중이 높을수록 판매량의 변화에 따라 영업이익의 변동이 커지므로, 영업위험은 영업비용의 구조에 의하여 결정된다. 자동차, 철강, 장치산업 등과 같은 자본집약적 산업은 비유동자산의 비중이 높기 때문에 영업위험이 높고, 섬유산업이나 신발산업 등과 같은 노동집약적 산업은 영업위험이 낮다.

결국 영업레버리지 효과는 총영업비에서 고정적인 영업비가 존재하기 때문에 매출액의 변동보다 영업이익의 변동이 크게 나타내는 현상을 말한다. 다시 말해 고정 영업비의 비중이 클수록, 영업이익은 매출량이 변하는 비율보다 높은 비율로 커지는 것을 영업레버리지 효과라고 한다.

재무위험은 자본조달 정책결정 과정에서 고정 재무비용을 발생시키는 부채를 이용할 때, 나타내는 위험을 의미한다. 부채 의존도가 높을수록 고정 재무비용의 비중이 증가하기 때문에 영업이익이 변동할 때, 순이익이 그보다 높은 비율로 변동하는 재무위험을 수반한다. 따라서 업종에 관계없이 부채를 많이 사용하는 기업일수록 재무위험이 높아진다. 재무 레버리지 효과는 부채를 활용함에 따라 고정적인 이자비용을 부담하게 되어 영업이익의 변동보다 순이익의 변동이 크게 확대되는 현상을 말한다.

투자정책과 자본조달 정책이 수익력의 크기와 질에 미치는 영향을 분석하는 일은 매우 중요한 의미를 갖는다. 수익력의 크기와 질을 분석하는 것은 비용구조의 변화에 따른 위험과 수익 간에 관계를 검토함으로써 가능하다. 이러한 레버리지 분석은 기업의 경영위험과 재무위험을 분석하는 수단이 된다.

## 6.2 영업레버리지

### 1. 의미

영업레버리지는 총영업 비용 중에서 고정 영업비용이 차지하는 비중을 의미한다. 영업레버리지는 매출액(또는 매출수량)의 변화가 영업이익의 변화를 어느 정도 초래하고 있는지 분석하는 것으로, 손익계산서의 매출액에 의하여 영업행위의 결과인 영업이익이 어떻게 변화하고 있는지를 분석하여 매출의 변화에 따라 영업이익의 변화를 파악하는 것이다.

영업레버리지 분석의 초점은 매출액과 영업이익의 관계에 커다란 영향을 미치는 고정적 영업비용의 역할이다.

영업레버리지 효과

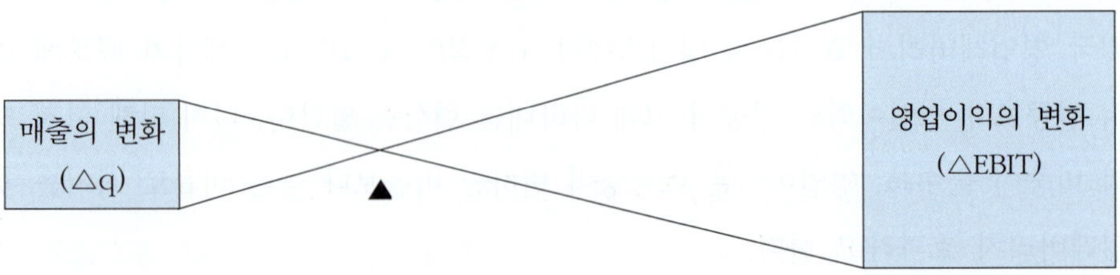

| 항 목 | 20% 감소 | 현 재 | 20% 증가 |
|---|---|---|---|
| 매출 | 8,000 | 10,000 | 12,000 |
| (−)변동비(60%) | 4,800 | 6,000 | 7,200 |
| 공헌이익 | 3,200 | 4,000 | 4,800 |
| (−)고정비 | 3,000 | 3,000 | 3,000 |
| 영업이익 | 200 | 1,000 | 1,800 |

제품원가에서 고정비의 비중이 높은 기업은 고정비의 비중이 낮은 기업에 비하여 영업 레버리지와 손익분기점이 높다.

매출액이 20% 증감하면 변동비는 그에 상응하여 20% 증감한다. 따라서 공헌이익도 20% 증감한다. 고정비를 차감한 최종 영업이익은 80% 증감으로 나타난다. 고정비의 개입에 의하여 영업이익의 변화율이 크게 나타난다는 증거이다. 영업레버리지를 크게 발생시키는 원인으로 고정비가 작용하고 있음을 알 수 있다.

또 다른 예를 살펴보자.

아래의 표에서 전자제품을 생산하는 두 회사인 A 와 B의 영업비에 관한 사항이다. A회사는 자동화 시설을 갖춘 회사이고, B회사는 부분적으로 자동화 시설을 갖춘 회사이다. A회사는 B보다 자본 집약적이므로, 비유동자산에 대한 투자규모가 크며, 이는 A회사가 B회사보다 고정 영업비용을 보다 많이 지출함을 의미한다. A회사와 B회사는 모두 총영업비로 150억원을 지출하지만, A회사의 고정영업비가 차지하는 비중은 66.6%로 B회사의 고정영업비가 차지하는 비중보다 2배 높다. 따라서 영업레버리지의 정의에 따르면 1,000단위 생산 수준에서 B기업보다 A기업의 영업레버리지가 높다.

**영업레버리지 비교**

(단위 : 백만)

| 구분 / 항목 | A 회사 | B 회사 |
|---|---|---|
| ① 고정 영업비용 | 10,000 | 5,000 |
| ② 단위당 변동 영업비용 | 5 | 10 |
| ③ 제품단위 수 | 1,000 | 1,000 |
| ④ 총변동비(②×③) | 5,000 | 10,000 |
| ⑤ 총영업비(①÷④) | 15,000 | 15,000 |
| ⑥ 영업 레버리지 $= \frac{\text{고정영업비용}}{\text{총영업비}} \times 100$ | $\frac{10,000}{15,000} \times 100 = 66.6\%$ | $\frac{5,000}{15,000} \times 100 = 33.3\%$ |

## 2. 영업레버리지의 측정

영업레버리지(Degree of Operating Leverage: DOL)

$$DOL = \frac{\text{영업이익의 변동률}}{\text{매출액의 변동률}} = \frac{\dfrac{\text{영업이익변동분}}{\text{영업이익}}}{\dfrac{\text{매출액변동분}}{\text{매출량}}} \frac{\dfrac{\triangle EBIT}{EBIT}}{\dfrac{\triangle Q}{Q}}$$

영업이익(EBIT)은 매출액(QP)에서 변동비(QV)와 고정비(F)를 뺀 것이므로, EBIT = Q(P−V)−F가 된다. 영업이익 변동분(△EBIT)은 △Q(P-V)가 된다. 따라서 식으로 표현하면 다음과 같다.

$$DOL = \frac{Q(P-V)}{Q(P-V)-F} = \frac{Q(P-V)}{EBIT}$$

QP : 매출액

QV : 변동비

F : 고정비

EBIT : 영업이익

영업레버리지가 높다고 좋고, 낮다고 나쁜 것이 아니라, 다만 매출액 증가 또는 감소에 따른 영업이익의 증가 또는 감소 정도를 표시한다.

경영위험, 또는 영업위험은 비유동자산에 대한 투자의 결과로 나타내는 영업이익의 변동성이나 기업체가 고정비를 충당할 수 없는 가능성을 의미한다.

영업레버리지가 높을수록, 즉 비유동자산의 의존도가 높을수록, 이러한 고정영업비 부담을 위해서 높은 매출액이 요구되며, 따라서 손익분기점이 높다. 그러나 일단 이 손익분기점을 지나면 그만큼 이익의 확대효과가 나타난다.

**예제**

선영산업의 매출량은 1,000개이고, 개당 판매가격은 1,000원이며, 개당 변동비는 800원이고 고정비는 18만원이다. 판매량이 1,200개로 증가될 때, 선영산업의 영업 레버리지는 얼마인가?

**풀이**
- 1,000개일 때 영업이익
  EBIT = 1,000×(1,000 − 800) − 180,000 = 20,000
- 1,200개일 때 영업이익
  EBIT = 1,200 × (1,000 − 800) − 180,000 = 60,000
- 영업이익 변동비(△EBIT) − 40,000

$$DOL = \frac{\triangle EBIT/EBIT}{\triangle Q/Q} = \frac{40,000/20,000}{200/1,000} = 10$$

$$DOL = \frac{Q(P-V)}{EBIT} = \frac{1,000(1,000-800)}{20,000} = 10$$

**해석** 영업레버리지 10은 매출량이 1,000개일 때, 영업이익의 증가율은 매출량 증가율의 10배로 나타남을 의미한다.

## 3. 고정비와 영업레버리지

고정비가 큰 기업일수록 기업의 레버리지는 증가하게 된다. 그것은 고정비가 기업의 탄력성에 크게 영향을 미치기 때문이다. 또한 기업의 매출이 증가하는 것은 기업의 규모가 증가하는 것이며, 그것은 규모가 증가할수록 기업의 영업레버리지는 감소하게 된다. 즉 기업은 규모가 증가할수록 탄력성이 저하된다는 것이다.

**예제**

매출량이 10,000 단위인 15,000 단위인 경우의 다음 기업의 영업 레버리지를 구하고 레버리지 차이에 대한 설명을 하시오.

| 항목 \ 기업 | A 기업 | B 기업 | C 기업 |
|---|---|---|---|
| 단위당 판매가격 | 100원 | 100원 | 100원 |
| 단위당 변동비 | 60원 | 50원 | 40원 |
| 총 고정비 | 20,000원 | 40,000원 | 60,000원 |

**풀이** • A 기업

$$\frac{10,000(100-60)}{10,000(100-60)-20,000}=1.05$$

• B 기업

$$\frac{10,000(100-50)}{10,000(100-50)-40,000}=1.09$$

• C 기업

$$\frac{10,000(100-40)}{10,000(100-40)-60,000}=1.11$$

고정비의 비중이 큰 기업일수록 영업레버리지가 커진다는 사실이 입증되었다. 그러면 매출량이 15,000 단위인 경우의 영업레버리지를 구하면 다음과 같다.

• A 기업

$$\frac{15,000(100-60)}{15,000(100-60)-20,000}=1.03$$

• B 기업

$$\frac{15,000(100-50)}{15,000(100-50)-40,000}=1.06$$

• C 기업

$$\frac{15,000(100-40)}{15,000(100-40)-60,000}=1.07$$

매출규모가 증가할수록 레버리지 계수가 작아지는 것은 기업의 규모가 증가할수록 기업의 탄력성은 작아진다는 것이다. 대규모 기업의 1% 증가와 소규모 기업의 1% 증가는 그 변화정도에 상당한 차이가 있다는 것을 의미한다. 즉 기업규모가 큰 기업은 탄력성이 저하되어 레버리지 계수가 저하된다.

## 6.3 재무레버리지

### 1. 의미

고정 영업비가 매출액의 변화에 따른 영업이익의 변화의 확대효과를 가져올 수 있다면, 영업이익의 변화도 세후 순이익의 변화를 확대시키는 효과를 가져온다. 이러한 변화는 기업이 부채를 이용해서 자본을 조달할 때 발생한다. 부채에 의하여 자본을 조달하면 고정적인 재무비용, 즉 이자비용을 지급하여야 한다. 이자비용은 영업이익에서 지급하여야 하므로, 영업이익의 변화에 비하여 세후 순이익의 변화를 큰 폭으로 확대시킨다.

재무레버리지는 총비용중 고정적인 재무비용이 차지하는 비중을 말한다. 즉 재무레버리지는 기업이 타인자본을 사용할 때, 영업여부에 관계없이 반드시 지급해야 하는 고정적 재무비용인 이자가 주주의 궁극적 이익인 주당 순이익에 미치는 영향을 말한다. 부채 의존도가 높을수록 고정적 재무비용의 부담이 증가하기 때문에 영업이익이 변화할 때, 주당 순이익이 그보다 높은 비율로 변화하는 재무레버리지 효과가 나타난다.

총자본 중에서 부채의 비중이 높아 고정적인 재무비용이 많을수록 영업이익의 변화에 대하여 주당이익의 변화폭이 커지며, 부채로 자본을 조달하지 않고 자기자본으로만 자본을 조달하여 고정적인 재무비용이 발생하지 않으면 재무레버리지효과가 발생하지 않는다.

재무레버리지에서도 계수에 결정적으로 영향을 미치고 있는 것은 고정비인 이자비용이며, 법인세 비용은 변동비로 이익의 변화율에 영향을 미치지 못한다. 타인자본에 많이 의존하는 기업은 재무 레버리지가 크다.

재무레버리지 효과

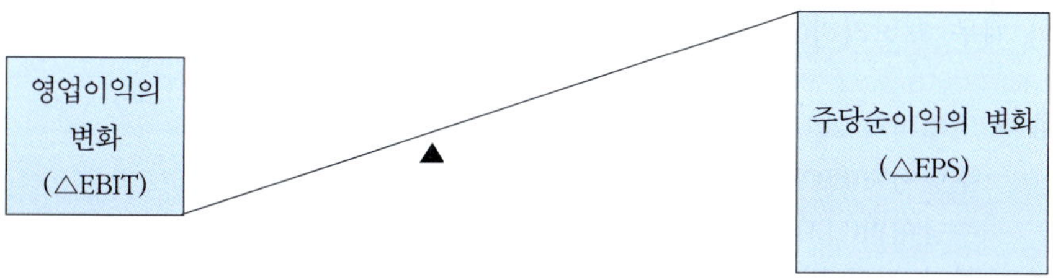


| 항 목 | 20% 감소 | 현 재 | 20% 증가 |
|---|---|---|---|
| 영업이익 | 8,000 | 10,000 | 12,000 |
| (−)이자비용 | 4,800 | 6,000 | 7,200 |
| 세전이익 | 3,200 | 4,000 | 4,800 |
| (−)법인세(20%) | 640 | 800 | 960 |
| 세후이익 | 2,560 | 3,200 | 3,840 |

## 2. 재무레버리지의 측정

재무레버리지(Degree of Financial Leverage: DFL)

$$DFL = \frac{\text{주당이익의 변동률}}{\text{영업이익의 변동률}} = \frac{\frac{\Delta EPS}{EPS}}{\frac{\Delta EBIT}{EBIT}}$$

$$DFL = \frac{EBIT}{EBIT - I} \qquad \text{I : 이자비용}$$

고정적 성격의 재무비용이 많은 기업은 상대적으로 그 비중이 적은 기업에 비하여 영업이익의 변동이 주당이익에 미치는 효과가 더 크게 나타난다.

재무위험이란 부채(타인자본)의 사용으로 나타나는 주당 순이익의 변동 정도, 또는 부채를 사용하는 기업이 고정적인 이자나 원금을 갚을 수 없는 위험을 말한다. 어떤 기업에서 재무레버리지 의존도가 높을 때, 그 기업은 고정 재무비를 충당할 수 없는 재무위험이 높아지고, 또한 주당순이익이 변동할 가능성이 높아진다.

**예제**

선연산업의 고정적 이자는 1만원이고, 법인세율은 40%이고, 주식발행수는 1,000주이다. 영업이익이 2만원에서 6만원으로 증가했을 경우, 영업이익 2만원에서의 재무 레버리지(DFL)을 구하라.

**풀이** • 영업이익 2만원일 때의 주당이익

주당이익(EBIT=20,000)=(20,000−10,000)(I−0.4)/1000=6원

주당이익(EBIT=60,000)=(60,000−10,000)(I−0.4)/1000=30원

주당 이익 변화액(△EPS)=24원

위 식에서

$$DFL = \frac{\Delta EPS/EPS}{\Delta EBIT/EBIT} = \frac{24/6}{40,000/20,000} = 2$$

$$DFL = \frac{EBIT}{EBIT - I} = \frac{20,000}{20,000 - 10,000} = 2$$

**해석** 재무 레버리지가 2라는 것은 영업이익이 2만원일 때 주당이익의 증가율은 영업이익 증가율의 2배로 나타난다는 것을 뜻한다.

# 6.4 자본분기점 분석

## 1. 의미

재무레버리지의 개념을 이용하여 자본분기점이라는 모형을 이용하면 자본조달에 대한 유용한 의사결정을 할 수 있다. 자본분기점은 자금의 조달을 고려하는 경우에 가능한 2개안의 선택에 결정적인 기준을 제공하여 준다. 즉 기업의 궁극적인 목적이 주당순이익(EPS)의 극대화에 있다면, 영업이익이 어느 수준 이상에서는 특정안을 택하여야 한다는 기준이 설정된다.

<table>
<tr><td rowspan="2">필요 자금액 : 5억<br>사채 조달시 : 연리 10% 이자를 지급함<br>1주당 액면가액 : 5,000원<br>법인세율 : 40%</td><td>[제 1 안]<br>주식 3억 발행 : 60,000주<br>사채 2억 발행 : 이자 2,000만원</td></tr>
<tr><td>[제 2 안 ]<br>주식 2억 발행 : 40,000주<br>사채 3억 발행 : 이자 3,000만원</td></tr>
</table>

[제1안]

| 영업이익 | 2,000 | 3,000 | 4,000 | 5,000 | 6,000 |
|---|---|---|---|---|---|
| (-)이자 | 2,000 | 2,000 | 2,000 | 2,000 | 2,000 |
| 세전이익 | 0 | 1,000 | 2,000 | 3,000 | 4,000 |
| (-)세금(40%) | 0 | 400 | 800 | 1,200 | 1,600 |
| 세후이익 | 0 | 600 | 1,200 | 1,800 | 2,400 |
| 주당이익 | 0 | 100 | 200 | 300 | 400 |

[제2안]

| 영업이익 | 2,000 | 3,000 | 4,000 | 5,000 | 6,000 |
|---|---|---|---|---|---|
| (-)이자 | 3,000 | 3,000 | 3,000 | 3,000 | 3,000 |
| 세전이익 | -1,000 | 0 | 1,000 | 2,000 | 3,000 |
| (-)세금(40%) | 0 | 0 | 400 | 800 | 1,200 |
| 세후이익 | 0 | 0 | 600 | 1,200 | 1,800 |
| 주당이익 | -250 | 0 | 150 | 300 | 450 |

1안은 2안에 비하여 주식보다 사체를 더 많이 발행하여 부채의 부담을 크게 느끼는 상황이다. 영업이익이 2,000(만원)에서 6,000(만원)까지 변동하면서 주당이익은 0에서 400까지 변동하고 있다. 제2안에 비하여 영업이익의 변동 폭은 동일하나 주당이익의 변동 폭은 작다. 즉 레버리지가 낮게 나타나고 있다.

2안은 1안에 비하여 주식보다 사채를 더 많이 발행하여 부채의 부담을 크게 느끼는 상황이다. 따라서 이자비용이 2안에 비하여 1,000(만원)이 많은 상황이다. 결과적으로 주당이익은 영업이익이 2,000(만원)에서 6,000(만원)까지 변동하면서 주당이익은 −250에서 450까지 변동하고 있다.

표에 의하면 자본분기점 이상에서 영업이익이 형성될 수 있다면, 부채를 많이 조달하는 1안이 채택된다. 따라서 그 자본분기점을 알아야 한다. 자본분기점은 2개안의 주당이익과 영업이익이 같은 점이므로, 다음과 같은 공식이 성립된다.

[공식]

$$\frac{(\text{영업이익}: EBIT - \text{이자}: I_1)(1 - \text{세율}: t)}{\text{발행주식수}: n_1}$$

$$\frac{\text{영업이익}: EBIT - 3{,}000\text{만원})(1 - 0.4)}{40{,}000\text{주}}$$

$$= \frac{\text{영업이익}: EBIT - 2{,}000\text{만원})(1 - 0.4)}{60{,}000\text{주}}$$

영업이익은 5,000만원

당사는 영업이익 5,000만원 이상을 획득할 수 있다면 부채가 많은 1안을 채택하고, 영업이익 5,000만원 이상의 획득이 어렵다면 부채가 적은 2안을 채택하여야 한다. 이와 같이 자본분기점은 경영자에게 자본조달의 의사결정에 유용한 자료를 제공할 수 있다. 그러나 현실적으로 3개 이상의 다양한 복수안이 나타날 수 있다.

# 6.5 결합레버리지

## 1. 의미

투자결정에 따른 영업레버리지와 부채조달에 따른 재무레버리지를 통합한 것을 결합레버리지라고 한다. 총비용 중에서 고정 영업비용과 고정 재무비용이 차지하는 비중으로 결합레버리지를 측정할 수 있다.

결합레버리지가 높을수록 고정 영업비용과 고정 재무비용이 동시에 지렛대 작용을 하기 때문에 매출액의 변화에 따라 주당 순이익이 그보다 높은 비율로 변화하는 결합레버리지 효과가 나타난다.

결합레버리지는 매출액의 변동이 주당이익에 미치는 확대효과를 의미한다. 결합레버리지(DCL : Degree of Combined Leverage)는 영업레버리지(DOL)와 재무레버리지(DFL)의 곱으로 나타낼 수 있다.

결합 레버리지 효과를 측정하는 척도로 결합 레버리지가 이용된다.

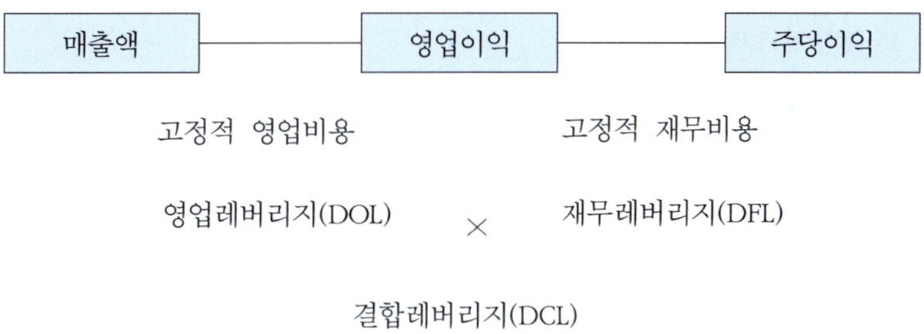


## 2. 결합레버리지의 측정

### ■ 결합레버리지(Degree of Combined Leverage : DCL)

결합레버리지는 매출액 변동률에 대한 주당 이익변동률의 비용으로 다음의 식으로 나타난다. 또한 결합레버리지는 영업레버리지와 재무레버리지의 곱으로 나타난다.

$$DCL = \frac{\text{주당이익의 변동률}}{\text{매출액의 변동률}} = \frac{\frac{\Delta EPS}{EPS}}{\frac{\Delta Q}{Q}}$$

$$= \frac{\text{영업이익의변동률}}{\text{매출액변동률}} = \frac{\text{주당이익의 변동률}}{\text{영업이익의 변동률}}$$

$$= DOL \times DFL$$

$$DCL = \frac{Q(P-V)}{EBIT-I} \qquad \text{I : 이자비용}$$

**예제**

다산기업의 단위당 판매가격은 1,000원이고, 단위당 변동비는 800원이며, 보통주 발행 수는 1,000주이며, 고정비는 18만원이다. 이자지급액은 1만원이며, 법인세율은 40%이다. 매출량이 1,000개에서 1,200개로 증가할 경우의 결합 레버리지를 구하라.

**풀이**
- 매출량이 1,000개일 경우
  EBIT＝1,000×(1,000−800)−180,000＝20,000원
  EPS＝(20,000−10,000)×(1−0.4)/1,000＝6원
- 매출량이 1,200개일 경우
  EBIT＝1,200×(1,000−800)−180,000＝60,000원
  EPS＝(60,000−10,000)×(1−0.4)/1,000＝30원

$$DCL = \frac{\Delta EPS/EPS}{\Delta Q/Q} = \frac{24/6}{200/1,000} = 20$$

$$DCL = \frac{Q(P-V)}{EBIT-I} = \frac{1,000(1,000-800)}{20,000-10,000} = 20$$

**해석** 결합레버리지(DCL)가 20이라는 것은 매출량이 1,000개일 경우, 주당이익의 증가율은 매출액 증가율은 매출액 증가율의 20배로 나타난다는 것을 뜻한다.

〈부록〉

# 경영분석 프로그램 메뉴얼

## ■ TBI 소개

TBI

http://www.sunyeng.co.kr
http://www.ggbc.kr

**재무제표를 통한 경영 분석/예측 솔루션**
(정확한 의사결정은 회사의 비전)

◆ Forecast
분석만이 아니고, 예측도 가능하다.

◆ Risk Warning
위험요소를 조기에 발견하여 대처할 수 있다.

◆ Bench Marking
경쟁기업의 강점과 약점을 알 수 있다.

◆ Real Analyze
실시간 분석으로 의사결정이 빠르다.

◆ Support
최적의 의사결정을 지원한다.

# TBI

## 기업의 성패를 좌우하는 재무의 힘!

### 200여개의 경영지표, 보고서 제공

- **비율관리** → 수익성, 안전성, 건전성, 성장성, 활동성, 생산성, 현금비율, 시장가치비율
- **분　　석** → 연별분석, 연간 종합분석, 자산운영 및 수익성, 현금전환 사이클, 매출채권 관리, 종합분석
- **추세분석** → 대차대조표 구성, 대차대조표 분석, 손익계산서 구성, 손익계산서 분석, 투자수익률 분석, 부가가치, 현금흐름표
- **Tree분석** → 차트분석-재무/부채/5분해, 주가 및 변동분석, 총자본순이익률, 자기자본순이익률
- **지수법분석** → 지수법
- **Radar-Cht** → 수익성, 안전성, 건전성, 성장성, 활동성, 생산성, 현금비율, 시장가치비율
- **손익분기점** → 손익분기점
- **계　　획** → 손익계산서 계획추정

※ TBI 경영분석 프로그램에 관한 문의사항은 jbkim05@paran.com으로 하여 주세요.

## ■ TBI 설치설명서

# Intergration Business Analysis

통합경영분석시스템의 사용자를 위한 설치설명서 입니다.

**선연경영연구소**

**2012년 03월**

### 설치 환경

1. 프로그램설치 환경

   1.1 Window XP(32bit), Window 7(32bit) 환경에서만 실행됩니다.

   ( 64 Bit 환경은 향후 지원예정)

   1.2 Ms Office 버전 2007 이상을 권장합니다.

2. 지원은 메일로 접수하시면, 지원하여 드리겠습니다(yengji@chol.com).

3. 사용자 교육
   사용자 교육은 최소 8명 이상 성원이 되었을 때, 사용자 교육(4시간 내외)을 실시하겠습니다(교육을 요청할 때, 성명, 연락처, 메일주소를 메일로 보내주시면 됩니다).

   교육장소는 모임장소인 토즈를 활용하여 교육을 실시하오니, 실비 부담이 있습니다.
   수강시 노트북을 지참하시기 바랍니다.

## 설치_Step 1

1. 책에 첨부된 경영분석 Demo CD를 컴퓨터 CD 드라이버에 넣는다.

2. 윈도우 탐색기를 실행하여 CD 드라이버를 선택하여 "통합경영분석데모.EXE"를 마우스로 더블클릭하여 실행시킨다.

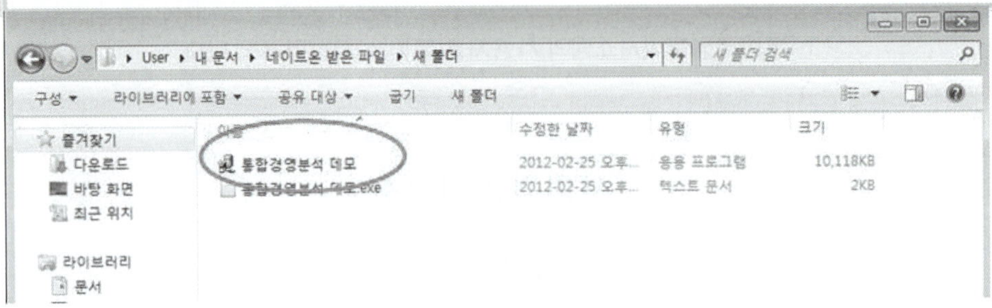



## 설치_Step 2

3. 실행을 하여 다음과 같은 화면이 보이면, 실행버튼을 마우스로 클릭한다.

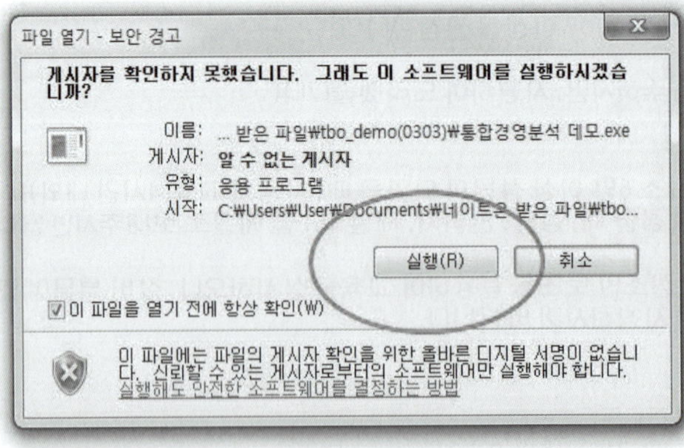

## 설치_Step 3

4. 다음의 화면에서 설치를 시작하기 위하여 다음 버튼을 마우스로 클릭한다.

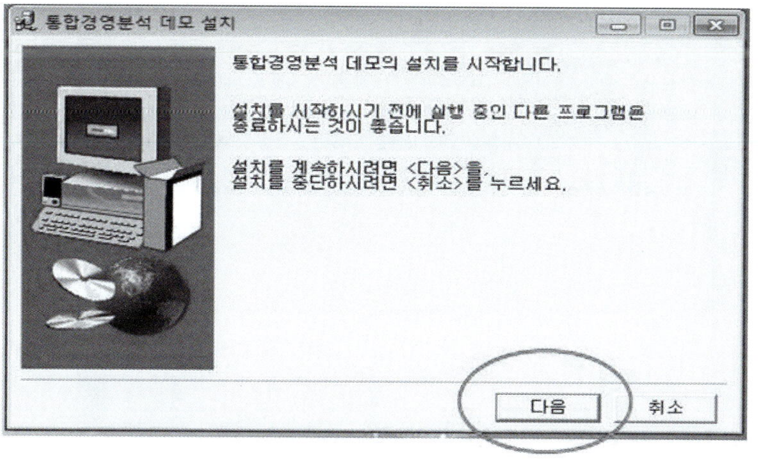


## 설치_Step 4

5. 라이센스 화면이 보이면, 동의함 버튼을 마우스로 클릭한다.

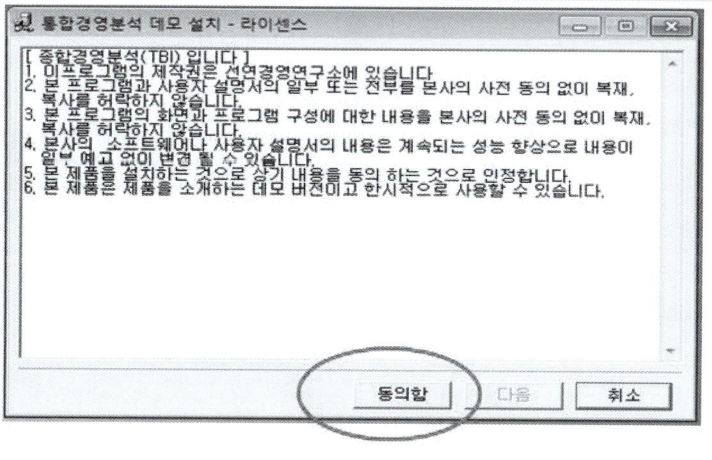

## 설치_Step 5

6. 다음의 화면에서 설치를 시작하기 위하여 다음 버튼을 마우스로 클릭한다.

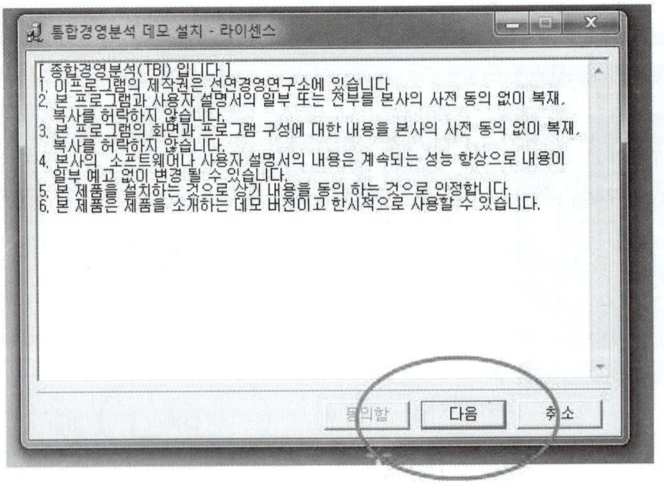

## 설치_Step 6

7. 다음과 같은 화면이 보이면, 설치시작 버튼을 마우스로 클릭한다.

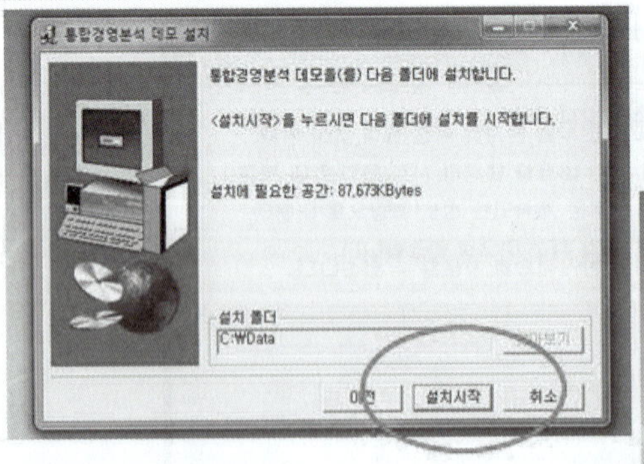

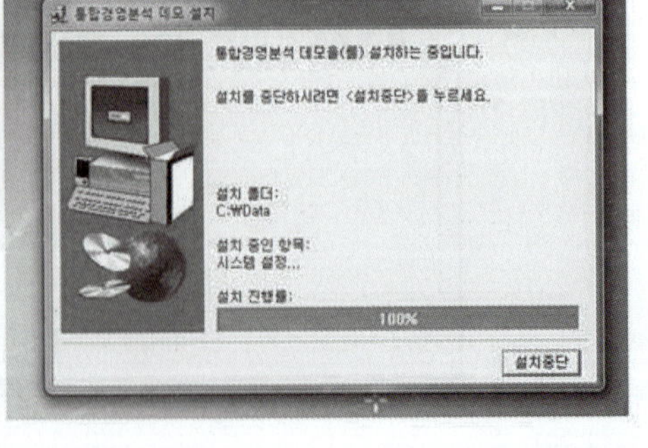

## 설치_Step 7

8. 설치가 완료되면, 프로그램 실행에 체크를 확인한 후, 확인 버튼을 클릭하여 다음 프로그램을 실행한다.

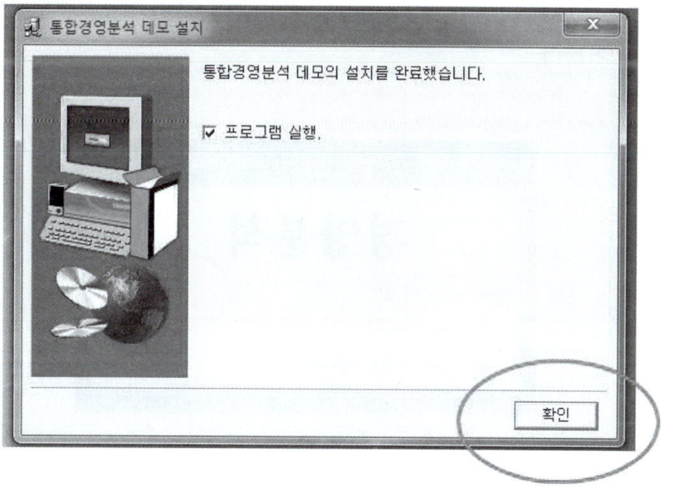


## 설치_Step 8

9. 이 단계부터는 통합경영분석 데모프로그램이 설치되기 시작한다.

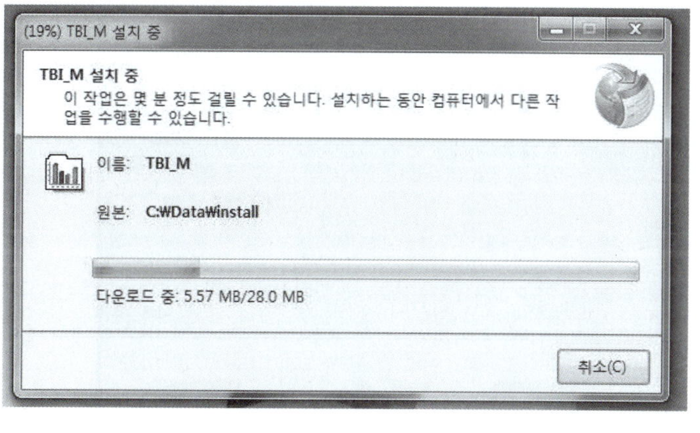

## 설치_Step 9

10. 설치가 완료되면, 프로그램 데모 실행화면이 실행된다.

자동실행이 안되면, 바탕화면에서 TBI_M.exe 를 실행시킨다.

보이는 화면에서 OK버튼을 마우스로 클릭하여 메인 화면이 실행되면, 정상적으로 설치가 된 것이다.

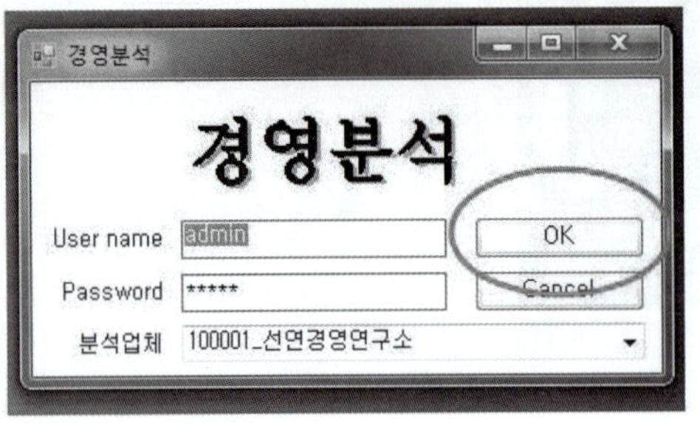


## 설치_Step 10

11. 정상적으로 설치가 완료된 화면임.

## ■ TBI 사용자설명서(기본)

# Intergration Business Analysis

통합경영분석시스템의 사용자를 위한 설명서 입니다.

**선연경영연구소**

**2012년 03월**

sunyeng.co.kr

## 1. 특징

1. 사용자 중심의 경영분석 시스템
2. 사용자가 분석공식을 입력하여 분석
3. 사용자가 원하는 그래프를 정의하여 분석
4. 분석업체 수에 상관 없이 분석가능
5. 사용자가 원하는 분석업무 수행가능
6. 기업의 모든 정보를 종합분석을 할 수 있는 종합 분석 툴
7. 프리젠테이션 기능강화

## 버튼 설명

1. 경영분석 프로그램을 입력, 조회, 저장, 삭제, 출력작업에 필요한 버튼을 설명

(1) 신규로 자료를 입력하기 위한 버튼으로 신규입력을 하고자 할 경우에는 반듯이 이 버튼을 클릭한 후에 입력하여야 한다.
(2) 조회 조건에 대하여 자료를 조회할 때 사용하는 조회 버튼
(3) 자료를 입력 한 후에 저장할 때 사용하는 저장버튼
신규버튼을 클릭 후, 저장을 하면은 신규 저장이 된다.
조회 후에 저장 버튼을 누르면 수정 저장이 된다.
(4) 조회를 한 이후에 버튼을 누르면 삭제 여부를 확인 후, 조회한 자료를 삭제하는 버튼
(5) 경영분석 자료에 대한 엑셀 출력을 하는 출력 버튼
(6) 활성화된 화면에서 나올 때 사용하는 종료 버튼
활성화된 화면이 없을 경우에는 프로그램 종료를 실행한다.
(7) 각 화면에 대한 간력한 소개와 운용법을 설명한다.



## 로그인

1. 서버용 버전 : 개발회사에서 공급하는 마스터 ID로 사용자를 등록 후 사용자별로 화면 권한을 부여하여 로그인
2. PC용 버전 : 개발회사에서 공급하는 사용자ID로 로그인

1. 기본적으로 분석 업체 코드는 "100001"으로 세팅 되어 공급하므로 처음 사용시에는 이 업체 코드를 선택하여 로그인 한다.
2. User name : 개발회사가 공급하는 사용자ID
3. Password : 개발회사가 공급하는 암호
4. 입력 후 OK 버튼을 누르면 작업화면이 보여진다.
5. 분석업체 : 환경 – 분석업체관리 화면에서 입력한 업체 리스트가 로그인 시에 선택할 수 있게 콤보로 보여지고 있으며, 선택한 업체에 대하여 자료입력 및 경영분석을 할 수 있다.
업체를 변경하여 자료입력 및 경영분석을 할 경우에는 프로그램을 종료 후, 다시 실행하여 선택하여 주세요.

sunyeng.co.kr

## 환경-분석업체관리

1. 경영분석을 하고자 하는 업체를 등록한다. 결합재무제표 방법으로 분석 시에는 가상의 업체를 등록한 후, 결합하고자 하는 업체를 선택하여 분석

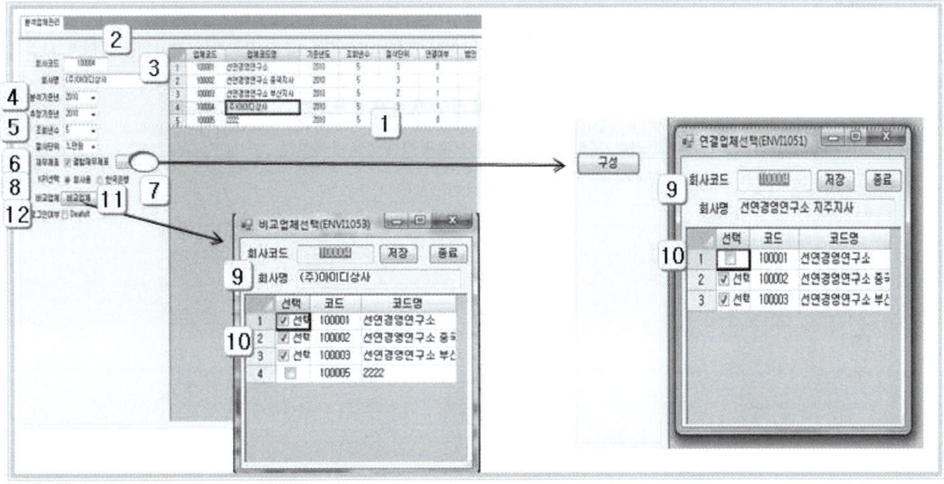

sunyeng.co.kr

## 환경-분석업체관리

1. 상단 메뉴의 환경에서 업체관리를 선택하면 그리드에 조회된다.
2. "2" 번 업체코드를 영숫자 6자리로 입력한다. 단 "0"으로 시작을 하여서는 안 된다.
3. "3"번 업체명 : 한글 30자, 영문 60자로 입력하세요.
4. "4" 입력된 재무제표나, ERP 자료가 5년치 미만일 경우에는 선택하세요.
   추정 재무제표를 분석 시에는 추정기준 년도를 선택하세요.
5. "5"번 경영분석 시에 보여지는 금액에 대한 기준을 절사할 때에 단위를 콤보에서 선택하세요.
6. "6"번 결합 재무제표로 분석 하고자 할 때에는 그리드에서 선택하면 (구성) 버튼이 보여지고,
   이 버튼을 클릭하면 결합재무제표를 경영분석할 업체를 멀티로 선택할 수 있다.
7. 결합재무제표로 분석하고자 하는 업체를 선택한 후에 (9) 저장 버튼을 누른다.
8. KPI를 적용할 기준을 선택한다.
10. 보여지는 팝업 화면을 닫는다.
11. 비교업체 버튼을 누르면, 비교업체 리스트 팝업 화면에서 비교하고자 하는 업체를 선택하세요
12. 로그인 화면에서 분석작업을 수시로 하는 업체로 세팅하기 위한 체크 박스이다.
13. KPI 선택 : 경영분석 시에 사용하는 KPI를 적용하는 기준을 선택한다.
14. KPI코드 : 경영분석 시에 적용하는 KPI코드를 선택한다.

sunyeng.co.kr

## 환경-업체관리

1. 분석을 하려는 기업을 입력하는 화면으로 재무제표, 또는 분석의 그룹으로 업체를 분류한다.
2. 예를 들어, 현재에는 세무서 지역이 다르면 각각 재무제표를 작성하고 있으므로, 이를 하나의 업체로 보고 입력을 하고, 데이터를 입력 또는 엑셀로 업로드를 할 수 있다.
3. 실적 재무제표와 연초 사업계획 시에 작성되는 추정 재무표의 시작 연도를 세팅 하여야 이를 기준으로 조회 및 분석을 할 수 있다.
4. 분석 시에 기준이 되는 목표값, 또는 비교값을 입력하고, 분석에 적용하려는 KPI기준을 한국은행, 회사의 과거실적, 사업계획 실적치 등으로 기준값을 선택한다.
5. 업체를 그룹으로 묶어서 비교 및 분석할 수 있도록, 업체를 입력하면 그룹으로 묶어준다.
6. 비교업체는 5사까지 선택할 수 있으며, 분석업체와 비교함으로써 경쟁력을 분석한다.

sunyeng.co.kr

## 환경-자료(계정)코드관리

1. 경영분석을 위한 데이터를 관리하고, 활용하기 위한 기본적인 분석계정을 입력하는 창이다.
2. 제품을 구매하면, 이 화면에서 정의 및 확인을 다시 하여야 한다.

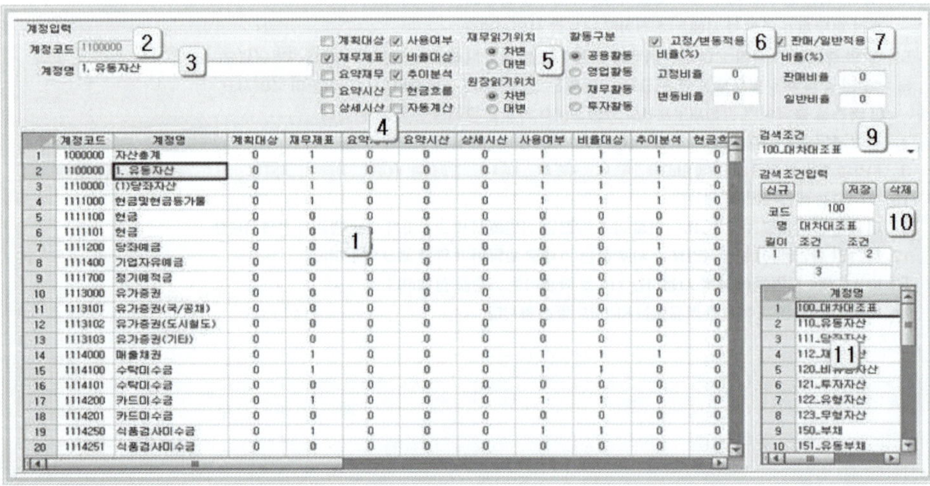

## 환경-자료(계정)코드관리

1. 상단 메뉴에서 환경-자료(계정)코드관리를 선택하면 그리드에서 조회한다.
2. 계정코드에서 PC버전은 설치시 저장된 계정, 서버버전은 업체가 관리하는 계정을 이용하는 것을 기본으로 하며, PC용 버전은 영숫자 8자리로 입력한다. 단 "0"으로 시작을 하여서는 안 된다.
   계정코드를 정의하는 방법은 경영분석을 하기 위하여 그룹으로 계정을 분류하고 있으므로, 그룹으로 정의하여야 한다.
3. 계정명 : 한글 30자 영문 60자로 입력하세요.
4. 자료를 입력하거나, 경영분석 시에 제어를 위한 체크 박스
   계획대상 : 추정 재무제표나 경영계획 입력에 사용하는 체크코드
   재무제표 : 계정코드가 재무제표를 확인하는 체크코드(체크시 재무재표 코드로 인식)
   요약재무 : 재무제표 입력시 요약 재무계정 코드만 입력을 하기 위한 체크코드(현재 사용 안함)
   요약시산 : 시산표 입력이나 시산표 분석 시에 사용하는 체크코드 (현재 사용 안함)
   상세시산 : 시산표 입력이나 시산표 분석 시에 사용하는 체크코드 (현재 사용 안함)
   사용여부 : 자료입력 시나 경영분석에서 사용하는 체크코드
   비율분석 : 경영분석 비율분석에서 사용하는 체크코드
   추이분석 : 경영분석 추이분석에서 사용하는 체크코드
   현금흐름 : 현금흐름표 생성시 사용하는 체크코드(현재 사용 안함)
   자동계산 : 재무제표 입력 시에 자동계산에 사용하는 체크코드(현재 사용 안함)
   구성비계산기준: Web BI용 Mart Table에 계정코드별로 구성비를 계산하여 전송하기 위한 계정 선택 체크코드
   BI_TRAN : Web BI용 Mart Table에 전송대상이 되는 계정 체크코드



## 환경-자료(계정)코드관리

5. 재무읽기 : 엑셀 업로드시에 활용되며, 읽기 위치를 정하여 주는 체크박스(여기서는 선택 안함)
   원장읽기 : 현재 사용 안함.
6. 활동구분 : 재무제표에 대한 경영활동 구분을 분석하기 위한 체크박스(현재 사용 안함)
7. 고정/변동구분 : CVP 계산 또는 고정비용, 변동비용을 비율분석하기 위하여 손익계산서와 제조원가명세서의 계정을 고정비와 변동비로 구분하기 위한 체크박스이며, 계정코드별로 고정비율, 변동비율을 입력하여야만 적용이 가능하다.
   일반적으로 고정비율을 100% 인 경우에는 변동비율은 0%을 입력하여야 한다.
8. 판매/일반적용 : 손익계산서의 판매 및 일반관리비가 혼합하여 보여지고 있으므로, 이를 판매비와 일반비로 구분하기 위한 체크박스이며, 판매비율과 일반비율을 입력하여만 적용이 가능하다.
9. 콤보박스를 선택하면, 그리드에 보여주는 내용을 선택한 코드를 기준으로 보여진다.
10. 조회조건을 입력하기 위한 창이다.
    코드 : 영숫자 3자리
    길이 : 조회조건 입력 자릿수
    소건 : 4가지 조회조건을 길이에 맞추어서 입력한다.
11. 조회조건에 대한 수정 및 삭제를 위한 조회 화면이며, 그리드에서 선택하여 수정 및 삭제를 한다.

sunyeng.co.kr

## 환경-자료(계정)코드관리

1. 분석하려는 계정에 대하여 기본적인 정의를 하는 화면이다.
2. 현 화면에서 정의 되는것은 재무정보에 대해서만 정의를 한다.
3. 계정분류는 다음과 같다.
   재무상태표는 1(자산), 2(부채), 3(자산), 4(손익분기점), 5(현금흐름표), 6(이익잉여금), 7(제조원가명세서), M(재무제표 이외의 재무정보)를 기준으로 입력을 한다.
   자산은 11(유동자산), 12(비유동자산)으로 분류하고, 111(당좌자산), 112(재고자산), 121(투자자산), 122(유형자산), 123(무형자산)으로 그룹화되어 있으면 하위 계정도 그룹으로 분류하고 있다.
   부채는 21(유동부채), 21(비유동부채)로 분류하여 그룹화되어 있으면 하위 계정도 그룹으로 분류하고 있다.
   자산은 31(자본금), 32(자본잉여금), 33(이익잉여금), 34(자본조정), 35(기타 포괄 손익누계액) 으로 그룹화되어 있다.
4. 경영분석 프로그램을 활용하기 위해서는 기업에 대한 재무정보의 관리방법이나, 계정의 정의에 대한 내역을 파악하고 있어야 한다.

sunyeng.co.kr

## 환경-자료(계정)세팅관리

1. 경영분석을 위한 자료를 관리하기 위한 기본적인 분석 계정을 입력하여 경영분석에 이용하기 위한 입력 창이다.
2. 제품을 구매하면 이 화면에서 다시 정의 및 확인을 하여야 한다.

◉ 전체 ○ 자본변동표 ○ 손익계산서 ○ 제조원가명세서 ○ 이익잉여금계산서 ○ 현금흐름표

| | 계정코드 | 계정명 | 계획대상 | 재무제표 | 요약재무 | 요약시산 | 상세시산 | 사용여부 | 비율대상 | 추이분석 | 현금흐름 | 재무읽기 | 원장읽기 | 재무활용 |
|---|---|---|---|---|---|---|---|---|---|---|---|---|---|---|
| 1 | 1000000 | 자산총계 | 0 | 1 | 0 | 0 | 0 | 1 | 1 | 1 | 0 | 1 | 1 | 1 |
| 2 | 1100000 | 1. 유동자산 | 0 | 1 | 0 | 0 | 0 | 1 | 1 | 1 | 0 | 1 | 1 | 1 |
| 3 | 1110000 | (1)당좌자산 | 0 | 1 | 0 | 0 | 0 | 1 | 1 | 1 | 0 | 1 | 1 | 1 |
| 4 | 1111000 | 현금및현금등가물 | 0 | 1 | 0 | 0 | 0 | 1 | 1 | 1 | 0 | 1 | 1 | 1 |
| 5 | 1111100 | 현금 | 0 | 0 | 0 | 0 | 0 | 0 | 0 | 0 | 0 | 1 | 1 | 1 |
| 6 | 1111101 | 현금 | 0 | 0 | 0 | 0 | 0 | 0 | 0 | 0 | 0 | 1 | 1 | 1 |
| 7 | 1111200 | 당좌예금 | 0 | 0 | 0 | 0 | 0 | 0 | 0 | 1 | 0 | 1 | 1 | 1 |
| 8 | 1111400 | 기업자유예금 | 0 | 0 | 0 | 0 | 0 | 0 | 0 | 0 | 0 | 1 | 1 | 1 |
| 9 | 1111700 | 정기예적금 | 0 | 0 | 0 | 0 | 0 | 0 | 0 | 0 | 0 | 1 | 1 | 1 |
| 10 | 1113000 | 유가증권 | 0 | 0 | 0 | 0 | 0 | 0 | 0 | 0 | 0 | 1 | 1 | 1 |
| 11 | 1113101 | 유가증권(국/공채) | 0 | 0 | 0 | 0 | 0 | 0 | 0 | 0 | 0 | 1 | 1 | 1 |
| 12 | 1113102 | 유가증권(도시철도) | 0 | 0 | 0 | 0 | 0 | 0 | 0 | 0 | 0 | 1 | 1 | 1 |
| 13 | 1113103 | 유가증권(기타) | 0 | 0 | 0 | 0 | 0 | 0 | 0 | 0 | 0 | 1 | 1 | 1 |
| 14 | 1114000 | 매출채권 | 0 | 1 | 0 | 0 | 0 | 1 | 1 | 1 | 0 | 1 | 1 | 1 |
| 15 | 1114100 | 수탁미수금 | 0 | 1 | 0 | 0 | 0 | 1 | 1 | 0 | 0 | 1 | 1 | 1 |
| 16 | 1114101 | 수탁미수금 | 0 | 0 | 0 | 0 | 0 | 0 | 0 | 0 | 0 | 1 | 1 | 1 |
| 17 | 1114200 | 카드미수금 | 0 | 1 | 0 | 0 | 0 | 1 | 1 | 0 | 0 | 1 | 1 | 1 |
| 18 | 1114201 | 카드미수금 | 0 | 0 | 0 | 0 | 0 | 0 | 0 | 0 | 0 | 1 | 1 | 1 |
| 19 | 1114250 | 식품검사미수금 | 0 | 1 | 0 | 0 | 0 | 1 | 1 | 0 | 0 | 1 | 1 | 1 |
| 20 | 1114251 | 식품검사미수금 | 0 | 0 | 0 | 0 | 0 | 0 | 0 | 0 | 0 | 1 | 1 | 1 |
| 21 | 1114300 | 받을어음 | 0 | 1 | 0 | 0 | 0 | 1 | 1 | 0 | 0 | 1 | 1 | 1 |
| 22 | 1114301 | 받을어음(일반) | 0 | 0 | 0 | 0 | 0 | 0 | 0 | 0 | 0 | 1 | 1 | 1 |
| 23 | 1114350 | 부도어음 | 0 | 1 | 0 | 0 | 0 | 1 | 1 | 0 | 0 | 1 | 1 | 1 |
| 24 | 1114351 | 부도어음 | 0 | 0 | 0 | 0 | 0 | 0 | 0 | 0 | 0 | 1 | 1 | 1 |

sunyengi.co.kr

## 환경-자료(계정)세팅관리

1. 상단 메뉴에서 환경-자료(계정)세팅관리를 선택하면 화면이 보여진다.
2. 조회하고자 하는 재무제표를 선택한 후, 상단 조회 버튼을 누르면 조회되며, 여기에서 마우스로 더블 클릭하여 "1" : 적용, "0" : 적용 안함을 선택 한 후, 저장 버튼을 누르면 전체 저장이 되므로 유의해야 한다.

sunyengi.co.kr

## 환경-분석환경-KPI입력(종합)

1. 경영분석에 필요한 KPI코드의 등록과 KPI코드 값을 입력하는 화면이다.
2. 입력된 KPI값은 경영분석 전반에 걸쳐서 사용된다.

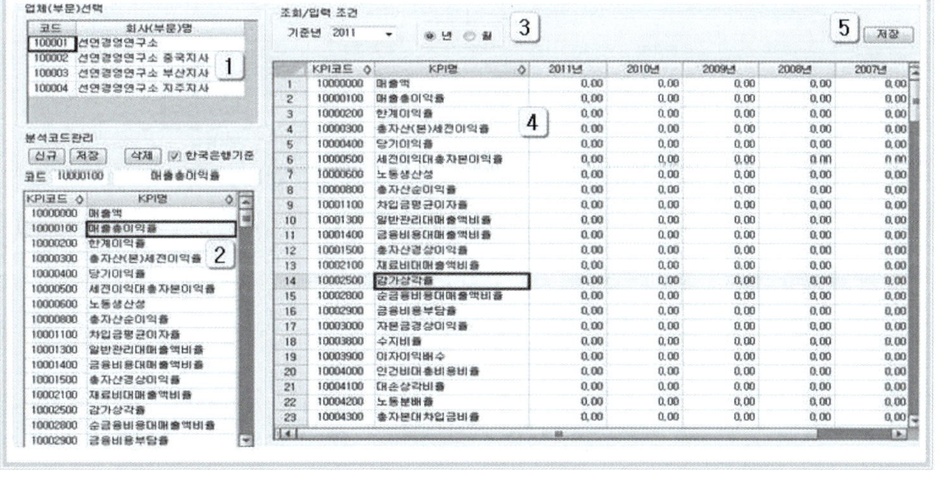

## 환경-분석환경-KPI입력(종합)

1. 메뉴에서 환경-분석환경-KPI입력(종합)을 실행하면 화면이 보여지고, 기존에 등록된 업체 리스트와 KPI코드가 그리드에 보여지며, 그리드에서 선택하여 수정 및 삭제를 할 수 있다.
2. "1"번에서 업체를 선택하면, "4"번 그리드에서 KPI코드와 기존에 등록된 KPI값이 보여진다.
3. "2"번 그리드는 KPI코드에 대한 신규입력, 또는 수정 및 삭제할 수 있는 그리드이며, 신규 버튼을 클릭하면 KPI코드가 자동으로 생성되고, KPI명과 한국은행에서 사용하는 KPI코드일 경우에는 체크를 한 다음에 저장 버튼을 누르면 됩니다.
4. "3"번에서 년을 선택하면 KPI년 입력창이 보여지며, 월을 선택하면 년 콤보 에서 선택된 당해 년에 대한 월단위로 입력이 가능한 그리드가 보여진다.
5. KPI코드 값은 비율과 금액을 입력하면 된다.

sunyeng.co.kr

## 환경-분석환경-KPI입력(개별)

1. 경영분석에 필요한 KPI 코드 값을 입력하는 화면이다.
2. 여기에 입력된 KPI값은 경영분석 전반에 사용된다.

| KPI코드 | KPI명 | 비율(금액) | KPI코드 | KPI명 | 비율(금액) | KPI코드 | KPI명 | 비율(금액) |
|---|---|---|---|---|---|---|---|---|
| 10000000 | 매출액 | 0.00 | 10000100 | 매출총이익률 | 0.00 | 10000200 | 한계이익률 | 0.00 |
| 10000300 | 총자산(본)세전이익률 | 0.00 | 10000400 | 당기이익률 | 0.00 | 10000500 | 세전이익대총자본이익률 | 0.00 |
| 10000600 | 노동생산성 | 0.00 | 10000800 | 총자산순이익률 | 0.00 | 10001100 | 차입금평균이자률 | 0.00 |
| 10001300 | 일반관리대매출액비률 | 0.00 | 10001400 | 금융비용대매출액비률 | 0.00 | 10001500 | 총자산경상이익률 | 0.00 |
| 10002100 | 재료비대매출액비률 | 0.00 | 10002500 | 감가상각률 | 0.00 | 10002800 | 순금융비용대매출액비률 | 0.00 |
| 10002900 | 금융비용부담률 | 0.00 | 10003000 | 자본금경상이익률 | 0.00 | 10003800 | 수지비률 | 0.00 |
| 10003900 | 이자이익배수 | 0.00 | 10004000 | 인건비대총비용비률 | 0.00 | 10004100 | 대손상각비률 | 0.00 |
| 10004200 | 노동분배률 | 0.00 | 10004300 | 총자본대차입금비률 | 0.00 | 10004400 | 실질지불이자률 | 0.00 |
| 10004500 | 손익분기점매상고 | 0.00 | 10004700 | 이자보상비률 | 0.00 | 10004900 | 유동자산비률 | 0.00 |
| 10005100 | 당좌비률 | 0.00 | 10005200 | 유동비률 | 0.00 | 10005300 | 고정비률 | 0.00 |
| 10005400 | 고정장기적합비률 | 0.00 | 10005500 | 내부유보비률 | 0.00 | 10005600 | 자기자본비률 | 0.00 |
| 10005700 | 부채비률 | 0.00 | 10005800 | 차입금의존도률 | 0.00 | 10006100 | 순이자보상비률 | 0.00 |
| 10006200 | 현금비률 | 0.00 | 10006300 | 유동부채비률 | 0.00 | 10006400 | 고정부채비률 | 0.00 |
| 10006500 | 순운전자본대총자본비률 | 0.00 | 10006600 | 방어기간 | 0.00 | 10006700 | 총부채비률 | 0.00 |
| 10006800 | 매출채권대재고자산 | 0.00 | 10006900 | 당좌자산유동자산 | 0.00 | 10007000 | 당좌흐름비률 | 0.00 |
| 10007100 | 상(제)품회전수 | 0.00 | 10007200 | 교차비률 | 0.00 | 10007300 | 매출채권배수 | 0.00 |
| 10007400 | 매입채권배수 | 0.00 | 10007500 | 총자본회전수 | 0.00 | 10007600 | 신규계약비률 | 0.00 |
| 10007700 | 일인당경상이익 | 0.00 | 10007800 | 손익분기점매출액 | 0.00 | 10007900 | 노동장비률 | 0.00 |
| 10008000 | 자본집약도 | 0.00 | 10008100 | 매출액증가률 | 0.00 | 10008200 | 매출총이익증가률 | 0.00 |
| 10008300 | 세전이익증가률 | 0.00 | 10008500 | 총자본증가률 | 0.00 | 10008600 | 자기자본증가률 | 0.00 |
| 10008700 | 고정자산증가률 | 0.00 | 10008800 | 재고자산증가률 | 0.00 | 10008900 | 수출액 증가률 | 0.00 |
| 10009100 | 당기순이익증가률 | 0.00 | 10009200 | 영업이익증가률 | 0.00 | 10009400 | 총자본(자산)회전률 | 0.00 |
| 10009600 | 재고자산회전률 | 0.00 | 10009700 | 매출채권회전률 | 0.00 | 10009800 | 매입채무회전률 | 0.00 |
| 10009900 | 제품회전률 | 0.00 | 10010000 | 유형자산회전률 | 0.00 | 10010300 | 경영자산회전률 | 0.00 |
| 10010400 | 타인자본회전률 | 0.00 | 10010500 | 매출채권평균회수기간(일/ | 0.00 | 10010600 | 재고자산회전기간(일/회) | 0.00 |
| 10010700 | 매입채무지불기간(일/회) | 0.00 | 10010800 | 총자본(자산)투자효율 | 0.00 | 10010900 | 일인당 부가가치 증가률(%) | 0.00 |

sunyeng.co.kr

## 환경-분석환경-KPI입력(개별)

1. 메뉴에서 환경-분석환경-KPI입력(개별)을 실행하면 화면이 보여지고, KPI코드가 그리드에 보여지면, 그리드에서 입력 수정을 할 수 있으며, 삭제할 때는 0을 입력하여 처리한다.
2. 회사 코드와 년을 선택한 다음에 상단 조회버튼을 누르면 된다.
3. 저장을 할 때에는 상단 저장버튼을 누르면 저장된다.

sunyeng.co.kr

## 환경-분석환경-KPI입력(한국은행)

1. 경영분석에 필요한 KPI 코드 값을 입력하는 화면이다.
2. 입력된 KPI값은 경영분석 전반에 사용된다.

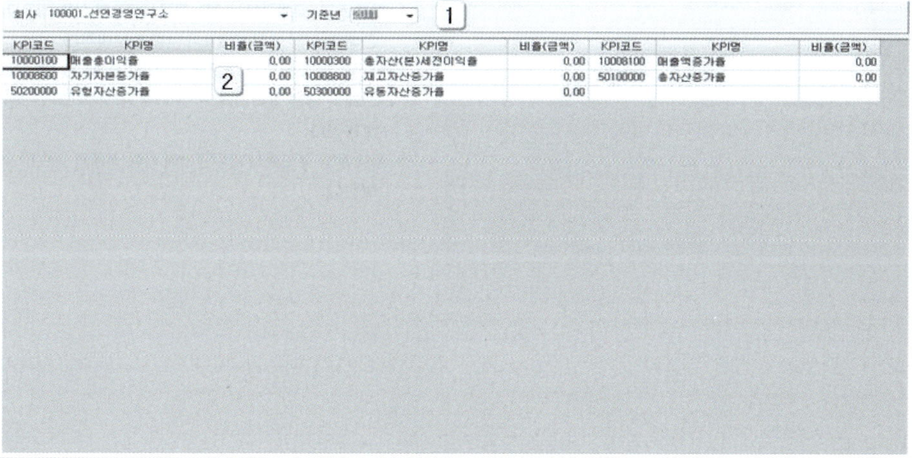

sunyeng.co.kr

## 환경-분석환경-KPI입력(한국은행)

1. 메뉴에서 환경-분석환경-KPI입력(한국은행)을 실행하면 화면이 보여지고, KPI코드가 그리드에 보여지면, 그리드에서 입력 수정을 할 수 있으며, 삭제할 때에는 0을 입력하여 처리한다.
2. 회사 코드와 년을 선택한 다음에 상단 조회 버튼을 누르면 된다.
3. 저장을 할 때에는 상단 저장 버튼을 누르면 저장된다.

sunyeng.co.kr

## 자료관리-회계정보(종합)-재무상태표

1. 재무상태표를 일괄적으로 조회할 수 있는 화면이다.

1. 자료관리-회계정보(종합)-재무상태표를 선택하면, 기존에 저장된 재무상태표가 년별로 보여진다.
2. 년, 월, 분기 래디오 버튼을 선택한 다음에 "1"번 그리드에서 년을 선택하면, 관련 자료가 "2"번 그리드에서 보여진다.
3. 자료계정 코드에서 재무관리에 사용 상태인 코드만 보여진다.

## 자료관리-회계정보(종합)-손익계산서

1. 손익계산서를 일괄적으로 조회하는 화면이다.

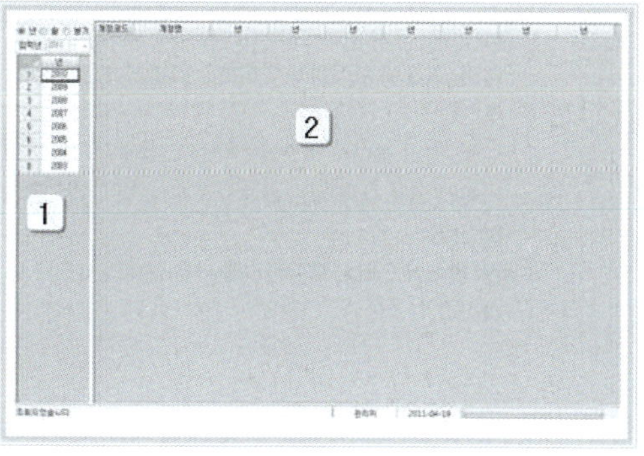


1. 자료관리-회계정보(종합)-손익계산서를 선택하면, 기존에 저장된 손익계산서가 년별로 보여진다.
2. 년, 월, 분기 래디오 버튼을 선택한 다음에 "1"번 그리드에서 년을 선택하면, 관련자료가 "2"번 그리드에서 보여진다.
3. 자료계정코드에서 재무관리에 사용 상태인 코드만 보여진다.



## 자료관리-회계정보(종합)-제조원가 명세서

1. 제조원가명세서를 일괄적으로 조회하는 화면이다.

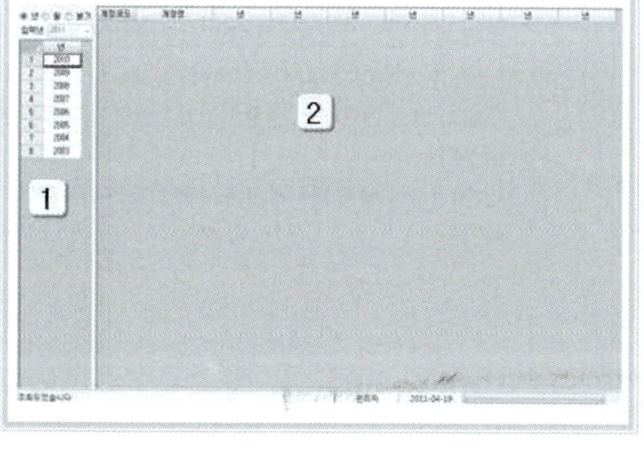


1. 자료관리-회계정보(종합)-제조원가명세서를 선택하면, 기존에 저장한 제조원가명세서가 년별로 보여진다.
2. 년, 월, 분기 래디오 버튼을 선택한 다음에 "1"번 그리드에서 년을 선택하면, 관련 자료가 "2"번 그리드에 보여진다.
3. 자료계정 코드에서 재무관리에 사용 상태인 코드만 보여진다.

## 자료관리-회계정보(종합)-이익잉여금명세서

1. 이익잉여금 명세서를 일괄적으로 조회하는 화면이다.

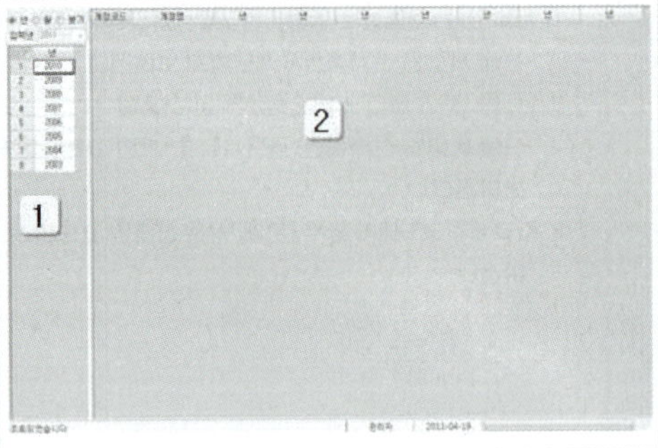

1. 자료관리-회계정보(종합)-이익잉여금 명세서를 선택하면, 기존에 저장된 이익잉여금 명세서가 년별로 보여진다.
2. 년, 월, 분기 래디오 버튼을 선택한 다음에 "1"번 그리드에서 년을 선택하면, 관련자료가 "2"번 그리드에 보여진다.
3. 자료계정 코드에서 재무관리에 사용 상태인 코드만 보여진다.



## 자료관리-회계정보(종합)-현금흐름표

1. 현금흐름표을 일괄적으로 조회하는 화면이다.

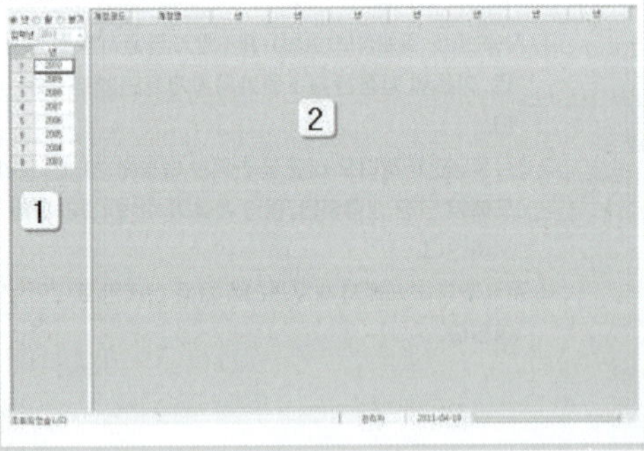

1. 자료관리-회계정보(종합)-현금흐름표를 선택하면, 기존에 저장한 현금흐름표가 년별로 보여진다.
2. 년, 월, 분기 래디오 버튼을 선택한 다음에 "1"번 그리드에서 년을 선택하면, 관련자료가 "2"번 그리드에 보여진다.
3. 자료계정 코드에서 재무관리에 사용 상태인 코드만 보여진다.

## 자료관리-회계정보(종합)-시산표

1. 시산표를 일괄적으로 조회 및 입력을 하는 화면이다.

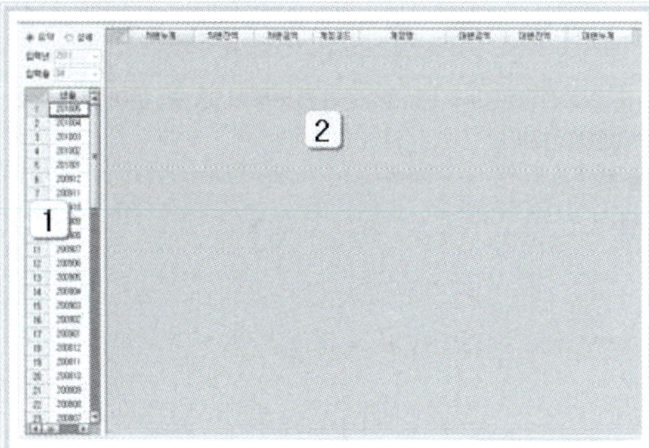


1. 자료관리-회계정보(종합)-시산표를 선택하면, 기존에 저장한 시산표가 년월별로 보여진다.
2. 요약,상세 래디오 버튼을 선택한 이후에 "1"번 그리드에서 년을 선택하면, 관련자료가 "2"번 그리드에 보여진다.
3. 자료계정 코드에서 재무관리, 요약시산, 요약상세에 사용 상태인 코드만 보여진다.
4. 신규 버튼을 누르면, 계정코드와 계정명만 보여지고, 입력상태가 되면 입력한 다음에 저장 버튼을 누르면 저장이 된다.
5. 삭제 버튼을 누르면, 해당 년월에 대한 시산표 자료가 삭제된다.



## 자료관리-회계정보(개별)-재무상태표

1. 재무상태표를 년, 월, 분기별로 조회 및 입력을 하는 화면이다.

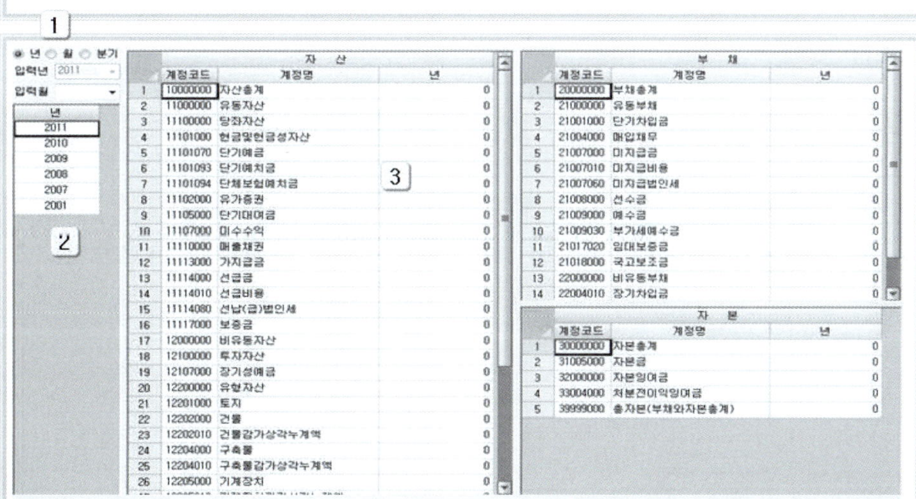

## 자료관리-회계정보(개별)-재무상태표

1. 자료관리-회계정보(개별)-재무상태표를 선택하면, 기존에 저장된 재무상태표가 년별로 "2"번 그리드에 보여진다.
2. "1"번 조건을 우선 선택한다.
   년을 선택한 다음에 "2" 번 그리드에서 년을 선택 하면, "3"번 그리드에 재무상태표 자료가 조회된다.
   월, 분기를 선택한 다음에 "2"번 그리드에서 년을 선택하면, 당월, 당분기의 재무상태표 자료가 "3"번 그리드에 조회된다.
   다른 월, 분기를 조회하고자 할 경우에는 월, 분기 콤보에서 선택한 다음에 상단 조회 버튼을 클릭하면, "3"번 그리드에 재무상태표 자료가 조회된다.
3. 신규 입력 시에는 상단 신규 버튼을 클릭한 다음에 년, 월, 분기를 선택한 이후 년, 월, 분기 콤보에서 년, 월, 분기를 선택한다. "3"번 그리드에 입력을 한 다음에 상단 저장 버튼을 누르면 저장된다.
4. 삭제 버튼을 누르면, 해당 년에 대한 재무상태표 자료가 삭제 된다.
5. 자료계정 코드에서 재무관리에 사용 상태인 코드만 보여진다.



## 자료관리-회계정보(개별)-손익계산서

1. 손익계산서를 년, 월, 분기별로 조회 및 입력을 하는 화면이다.

sunyeng.co.kr

## 자료관리-회계정보(개별)-손익계산서

1. 자료관리-회계정보(개별)-재무상태표를 선택하면, 기존에 저장된 손익계산서가 년별로 "2"번 그리드에 보여진다.
2. "1"번 조건을 우선 선택한다.
   년을 선택한 다음에 "2" 번 그리드에서 년을 선택 하면은 "3"번 그리드에 손익계산서자료가 조회된다.
   월, 분기을 선택한 이후에 "2"번 그리드에서 년을 선택하면, 당월, 당분기의 손익계산서 자료가 "3"번 그리드에 조회된다.
   다른 월, 분기를 조회하고자 할 경우에는 월, 분기 콤보에서 선택한 다음에 상단 조회 버튼을 클릭하면, "3"번 그리드에 손익계산서 자료가 조회된다.
3. 신규 입력 시에는 상단 신규버튼을 클릭한 후에 년, 월, 분기를 선택한 다음에 년, 월, 분기 콤보에서 년, 월, 분기를 선택한다. "3"번 그리드에 입력을 한 이후에 상단 저장버튼을 누르면 저장된다.
4. 삭제 버튼을 누르면, 해당 년에 대한 손익계산서 자료가 삭제 된다.
5. 자료계정 코드에서 재무관리에 사용 상태인 코드만 보여진다.

sunyeng.co.kr

## 자료관리-회계정보(개별)-제조원가명세서

1. 제조원가명세서를 년, 월, 분기별로 조회 및 입력을 하는 화면이다.

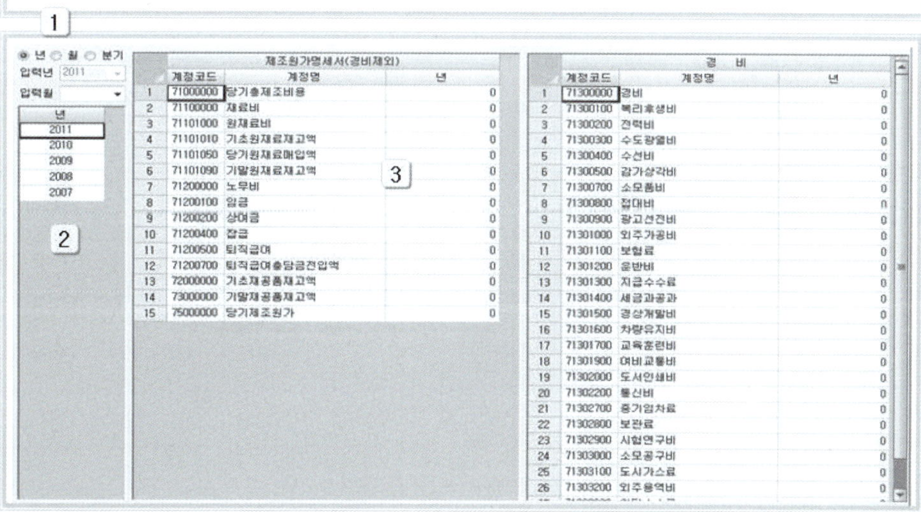

## 자료관리-회계정보(개별)-제조원가 명세서

1. 자료관리-회계정보(개별)-재무상태표를 선택하면, 기존에 저장된 제조원가명세서가 년별로 "2"번 그리드에 보여진다.
2. "1"번 조건을 우선 선택한다.
   년을 선택한 다음에 "2" 번 그리드에서 년을 선택 하면, "3"번 그리드에 제조원가명세서 자료가 조회된다.
   월, 분기를 선택한 다음에 "2"번 그리드에서 년을 선택하면, 당월, 당분기의 제조원가명세서 자료가 "3"번 그리드에 조회된다.
   다른 월, 분기를 조회하고자 할 경우에는 월, 분기 콤보에서 선택 한 후에 상단 조회 버튼을 클릭하면, "3"번 그리드에 제조원가명세서 자료가 조회된다.
3. 신규 입력 시에는 상단 신규버튼을 클릭한 다음에 년, 월, 분기를 선택한 후, 콤보에서 년, 월, 분기를 선택한다. "3"번 그리드에 입력을 한 다음에 상단 저장 버튼을 누르면 저장된다.
4. 삭제 버튼을 누르면, 해당 년에 대한 제조원가명세서 자료가 삭제된다.
5. 자료계정 코드에서 재무관리에 사용 상태인 코드만 보여진다.



## 자료관리-회계정보(개별)-현금흐름표

1. 현금흐름표를 년, 월, 분기별로 조회 및 입력을 하는 화면이다.

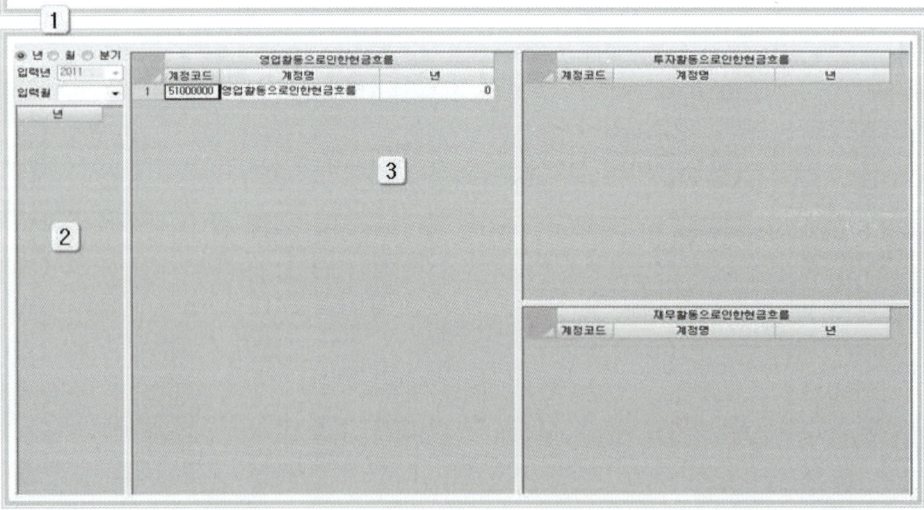

## 자료관리-회계정보(개별)-현금흐름표

1. 자료관리-회계정보(개별)-재무상태표를 선택하면, 기존에 저장된 현금흐름표가 년별로 "2"번 그리드에 보여진다.
2. "1"번 조건을 우선 선택한다.
   년을 선택한 다음에 "2" 번 그리드에서 년을 선택 하면, "3"번 그리드에 현금흐름표 자료가 조회된다.
   월, 분기를 선택한 다음에 "2"번 그리드에서 년을 선택하면, 당월, 당분기의 현금흐름표자료가 "3"번 그리드에 조회된다.
   다른 월, 분기를 조회하고자 할 경우에는 월, 분기 콤보를 선택 한 다음에 상단 조회 버튼을 클릭하면, "3"번 그리드에 현금흐름표 자료가 조회된다.
3. 신규 입력 시에는 상단 신규버튼을 클릭한 다음에 년, 월, 분기를 선택한 후에 콤보에서 년, 월, 분기를 선택한다. "3"번 그리드에 입력을 한 다음에 상단 저장 버튼을 누르면 저장된다.
4. 삭제 버튼을 누르면, 해당 년에 대한 현금흐름표 자료가 삭제된다.
5. 자료계정 코드에서 재무관리에 사용 상태인 코드만 보여진다.

sunyeng.co.kr

## 자료관리-회계정보(개별)-이익잉여금 명세서 및 비재무자료

1. 이익잉여금명세서 및 비재무자료를 년, 월, 분기별로 조회 및 입력을 하는 화면이다.

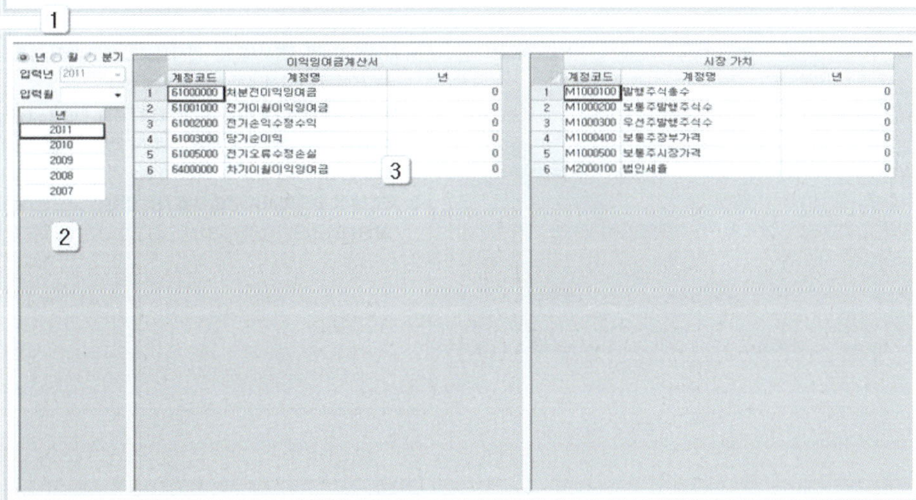

sunyeng.co.kr

## 자료관리-회계정보(개별)-이익잉여금명세서 및 비재무자료

1. 자료관리-회계정보(개별)-재무상태표를 선택하면, 기존에 저장된 이익잉여금 명세서 및 비재무제표가 년별로 "2"번 그리드에 보여진다.
2. "1"번 조건을 우선 선택한다.
   년을 선택한 다음에 "2" 번 그리드에서 년을 선택 하면, "3"번 그리드에 이익잉여금 명세서 및 비재무제표 자료가 조회된다.
   월, 분기을 선택한 다음에 "2"번 그리드에서 년을 선택하면, 당월, 당분기의 이익잉여금 및 비재무제표 자료가 "3"번 그리드에 조회된다.
   다른 월, 분기를 조회할 경우에는 월, 분기 콤보에서 선택 한 다음에 상단 조회 버튼을 클릭하면, "3"번 그리드에 이익잉여금명세서 및 비 재무제표 자료가 조회된다.
3. 신규 입력 시에는 상단 신규 버튼을 클릭한 다음에 년, 월, 분기를 선택한 후에 콤보에서 년, 월, 분기를 선택한다. "3"번 그리드에 입력한 다음에 상단 저장 버튼을 누르면 저장된다.
4. 삭제 버튼을 누르면, 해당 년에 대한 이익잉여금 명세서 및 비재무제표 자료가 삭제된다.
5. 자료계정 코드에서 재무관리에 사용 상태인 코드만 보여진다.

sunyeng.co.kr

## 자료관리-인사정보(종합)-인사자료

1. 인사자료를 일괄적으로 조회하는 화면이다.

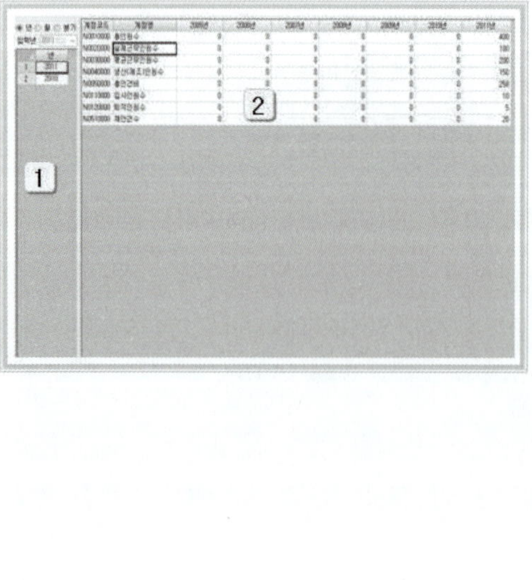


1. 자료관리-인사정보(종합)-인사자료를 선택하면, 기존에 저장된 인사자료가 년별로 보여진다.
2. 년, 월, 분기 래디오 버튼을 선택한 다음에 "1"번 그리드에서 년을 선택하면, 관련 자료가 "2"번 그리드에 보여진다.
3. 자료계정 코드에서 사용여부에 사용 상태인 코드만 보여진다.

sunyeng.co.kr

## 자료관리-엑셀업로드-비교식

1. 재무제표자료를 엑셀업로드하는 화면이다.

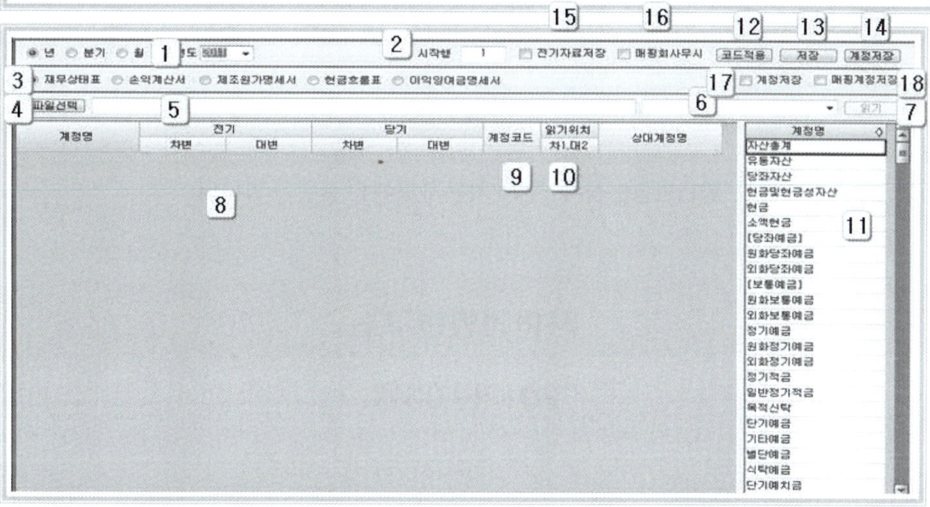

sunyeng.co.kr

## 자료관리-엑셀업로드-비교식

1. 자료관리-엑셀업로드-비교식을 선택하면 빈화면이 보여진다.
2. "1"번 조건에서 업로드 하여 저장을 하려는 년, 월, 분기를 선택한다.
3. "3"번 조건에서 업로드할 대상인 재무제표를 선택한다.
4. "2"번에서 엑셀파일 읽기 시작 행을 입력한다. 반듯이 숫자로 시작하는 행이어야 한다.
5. "4"번 버튼을 클릭하여 엑셀파일을 읽어오면, "5"번에서 엑셀이 저장되어 있는 주소가 보여지고, "6"번 콤보에 엑셀 시트가 콤보에 세팅된다.
6. "6"번 콤보에서 읽고자 하는 엑셀 시트를 선택한 후에 "7"번 읽기 버튼을 클릭하면, "8"번 그리드에 엑셀 자료가 보여진다.
7. "8"번 그리드에 엑셀 자료가 보여지면, 경영분석에 등록된 계정과 매핑 작업을 시작한다.
   그리드 행을 마우스로 선택 한 다음에 "11"번 그리드에서 매핑되는 계정을 선택한다.
   만일 계정이 미등록 되어있을 때는 "환경-자료계정 코드 관리"에 등록한 후, 상단 조회 버튼을 클릭하면 선택할 수 있다.
   "9"번은 잘못 선택 된 경우에 "?"를 입력하면 되고, "10"번은 숫자 읽기 위치를 "차변=1, 대변=2"을 입력한다.
8. 매핑된 계정을 수시로 저장할 경우에는 "14"번을 클릭하며, 선택된 "8"번 그리드 행에 계정이 개별 저장된다.
9. 매핑이 완료 되면, 다음과 같은 체크 작업을 선택한다(저장할 때 동시작업).
   "17"번 계정의 사용여부, 재무제표를 체크한다.
   "18" 번 매핑 정보를 일괄 저장한다.
   "15"번 저장할 때, 전기와 당기를 동시에 저장하기 위함이며, 체크를 하지 않았을 때는 당기만 저장된다.
10. 모든 매핑과 체크가 완료되면 "13"번 저장 버튼을 클릭하여 저장을 한다.
11. "8"번 그리드에 엑셀 자료가 보여지면, 저장된 매핑을 일괄 처리하기 위하여 "12"번 코드 적용을 클릭한다. "8"번 그리드에 매핑된 계정이 보여지고, "16"번을 체크하여 코드 적용 버튼을 클릭하면, 회사에 상관없이 매핑이 된다.
    (주의 : 반듯이 확인하여야 한다. 유형자산의 감각상각, 대손상각의 경우에는 잘못 매핑될 수 있음)

## ■ TBI 사용자설명서(재무분석)

# Intergration Business Analysis

통합경영분석시스템의 사용자를 위한 설명서 입니다.

**선연경영연구소**

**2012년 03월**

sunyeng.co.kr

## 1. 특징

1. 사용자 중심의 경영분석 시스템
2. 사용자가 분석공식을 입력하여 분석
3. 사용자가 원하는 그래프를 정의하여 분석
4. 분석업체 수에 상관 없이 분석가능
5. 사용자가 원하는 분석업무 수행가능
6. 기업의 모든 정보를 종합분석을 할 수 있는 종합 분석 툴
7. 프리젠테이션 기능강화

## 버튼 설명

1. 경영분석 프로그램을 입력, 조회, 저장, 삭제, 출력작업에 필요한 버튼을 설명

(1) 신규로 자료를 입력하기 위한 버튼으로 신규입력을 하고자 할 경우에는 반듯이 이 버튼을 클릭한 후에 입력하여야 한다.
(2) 조회 조건에 대하여 자료를 조회할 때 사용하는 조회 버튼
(3) 자료를 입력 한 후에 저장할 때 사용하는 저장버튼
신규버튼을 클릭 후, 저장을 하면은 신규 저장이 된다.
조회 후에 저장 버튼을 누르면 수정 저장이 된다.
(4) 조회를 한 이후에 버튼을 누르면 삭제 여부를 확인 후, 조회한 자료를 삭제하는 버튼
(5) 경영분석 자료에 대한 엑셀 출력을 하는 출력 버튼
(6) 활성화된 화면에서 나올 때 사용하는 종료 버튼
활성화된 화면이 없을 경우에는 프로그램 종료를 실행한다.
(7) 각 화면에 대한 간력한 소개와 운용법을 설명한다.



## 재무분석-비율분석-비율분석

1. 재무제표를 활용하여 수익성, 안정성, 효율성, 성장성, 활동성, 생산성, 현금비율, 시장가치 등의 비율을 분석하는 화면이다.

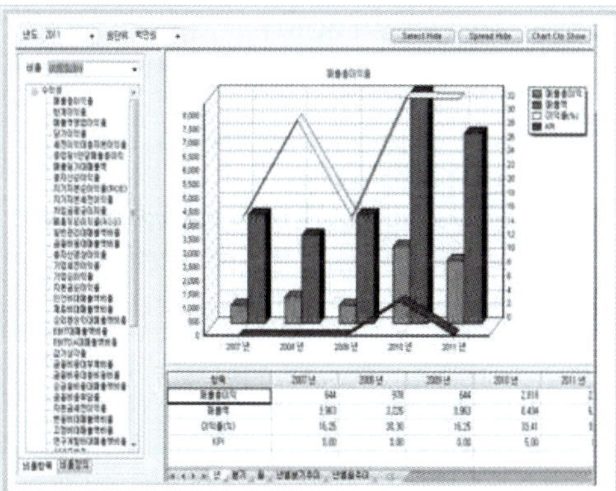

1. 재무제표를 기반으로 공식을 등록하여 계산하는 비율분석을 하는 화면이다.
2. 재무분석-비율분석-비율분석으로 실행한다.
3. 년과 원단위를 선택한다.
4. 비율의 종류를 선택한다.
5. 트리뷰에서 분석하려는 비율분석 코드를 선택하면, 그래프와 관련된 년, 월, 분기 등의 분석자료가 표시된다.

## 재무분석-비율분석-비율분석

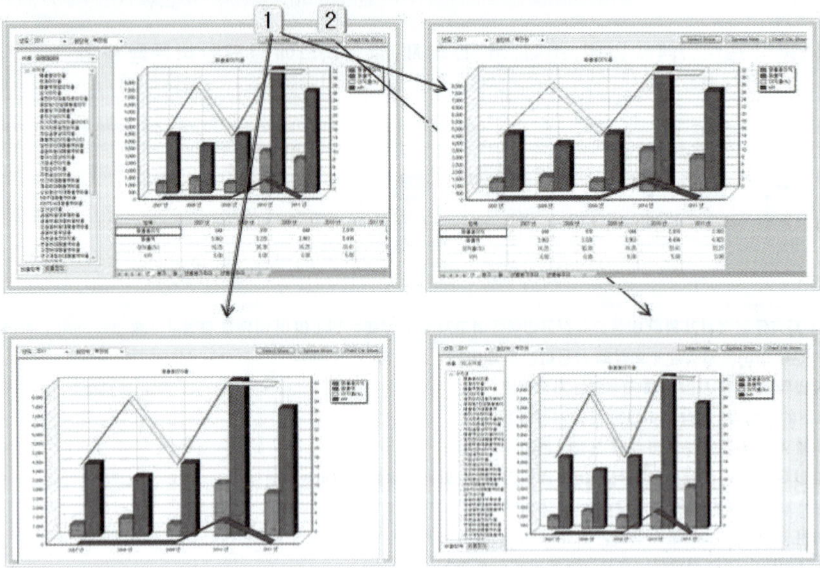




## 재무분석-비율분석-전년동기별비율분석

1. 재무제표를 활용하여 수익성, 안정성, 효율성, 성장성, 활동성, 생산성, 현금비율, 시장가치 등의 전년 동기별 비율을 분석하는 화면이다.

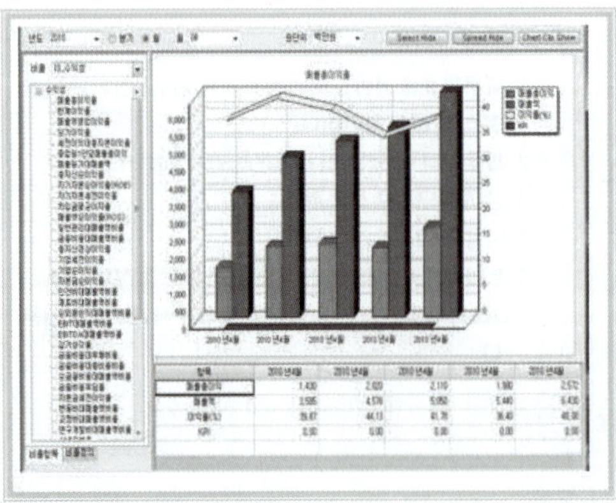

1. 재무제표를 기반으로 공식을 등록하여 계산하는 전년 동기별 비율분석 화면이다.
2. 재무분석-비율분석-전년 동기별 비율분석으로 실행한다.
3. 년, 월, 분기 등과 원단위를 선택한다.
4. 비율의 종류를 선택한다.
5. 트리뷰에서 분석하려는 비율분석 코드를 선택하면, 그래프와 관련된 년, 월, 분기 등의 분석자료가 표시된다.

## 재무분석-비율분석-전년 동기별 비율분석

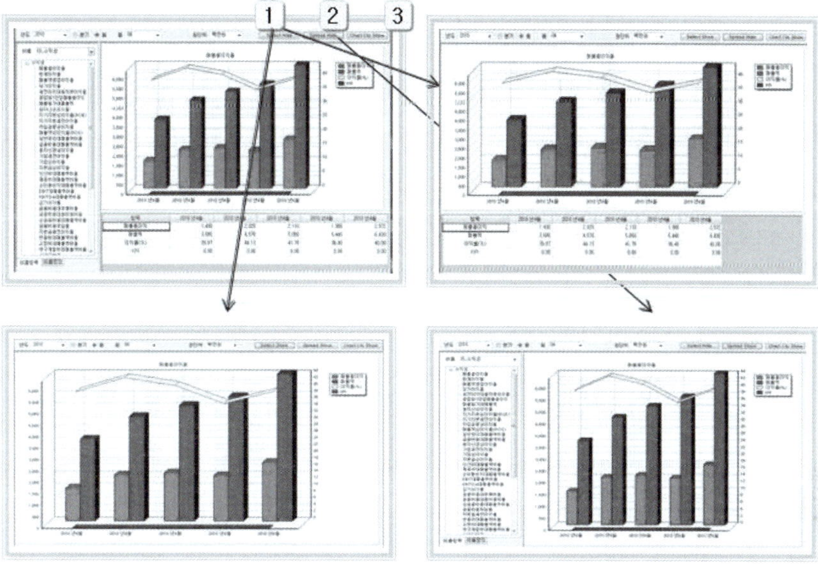




## 재무분석-비율분석-계정관련 비율분석

1. 재무제표를 활용하여 재무상태표, 손익계산서, 제조원가명세서, 현금흐름표, 이익잉여금 명세표, 시장가치 등의 전년 동기별 비율을 분석하는 화면이다.

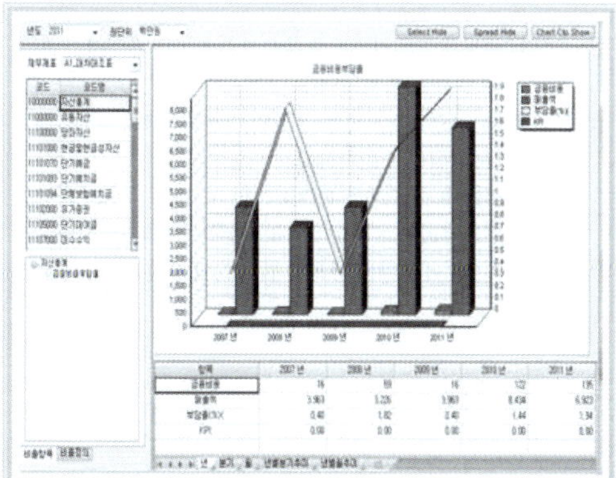

1. 재무제표를 기반으로 공식을 등록하여 계산하는 전년 동기별 비율분석 화면이다.
2. 재무분석-비율분석-계정관련 비율분석으로 실행한다.
3. 년, 원단위를 선택한다.
4. 재무제표와 계정을 선택한다.
5. 트리뷰에서 분석하려는 비율분석 코드를 선택하면, 그래프와 관련된 년, 월, 분기 등의 분석자료가 표시된다.
6. 계정코드 등록에서 추이분석에 체크(사용상태)가 되어야 한다.

## 재무분석-비율분석-계정관련 비율분석

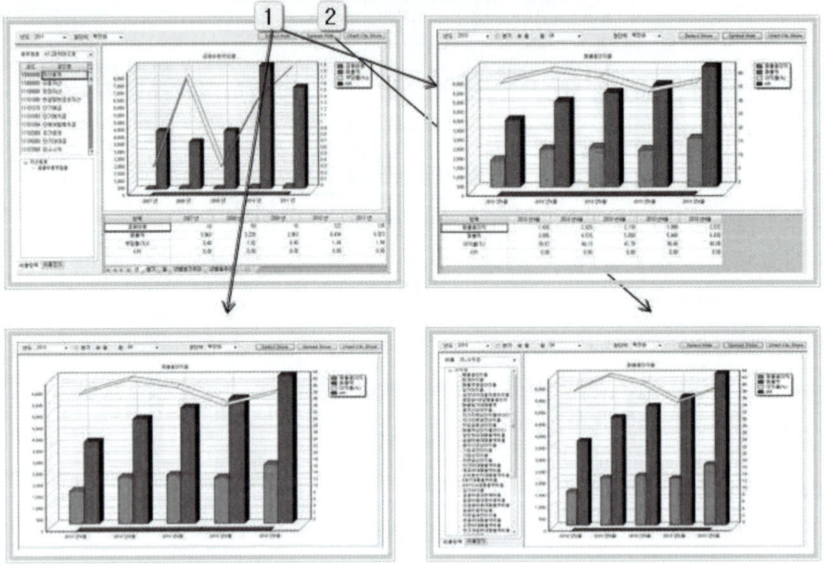




## 재무분석-비율분석-기간별 비율분석

1. 재무제표를 활용하여 수익성, 안정성, 효율성, 성장성, 활동성, 생산성, 현금비율, 시장가치 비율의 기간별 비율을 분석하는 화면이다.

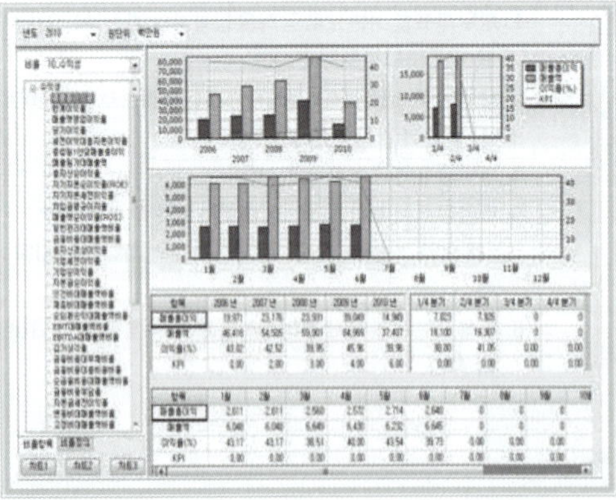

1. 재무제표를 기반으로 공식을 등록하여 계산하는 기간별 비율분석 화면이다.
2. 재무분석-비율분석-기간별 비율분석으로 실행한다.
3. 년, 원단위를 선택한다.
4. 비율의 종류를 선택한다.
5. 트리뷰에서 분석하려는 비율분석 코드를 선택하면, 그래프와 관련된 년, 월, 분기 등의 분석자료가 표시된다.

# 재무분석-추세분석-계정별추이분석

1. 재무제표를 활용하여 재무상태표, 손익계산서, 제조원가명세서, 현금흐름표, 이익잉여금 명세표, 시장가치 비율 등의 계정별 추이를 분석하는 화면이다.

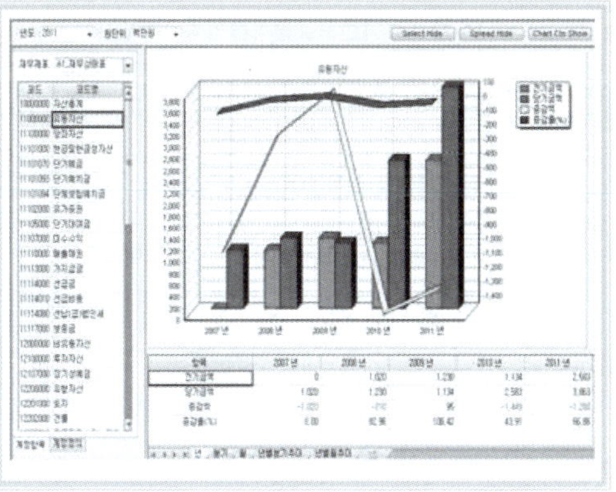

1. 재무제표를 기반으로 공식을 등록하여 계산하는 계정별 추이분석 화면이다.
2. 재무분석-추이분석-계정별 추이분석으로 실행한다.
3. 년, 원단위를 선택한다.
4. 재무제표의 계정 코드를 선택한다.
5. 트리뷰에서 분석하려는 계정 코드를 선택하면, 그래프와 관련된 년, 월, 분기 등의 분석자료가 표시된다.



# 재무분석-비율분석-계정별 추이분석

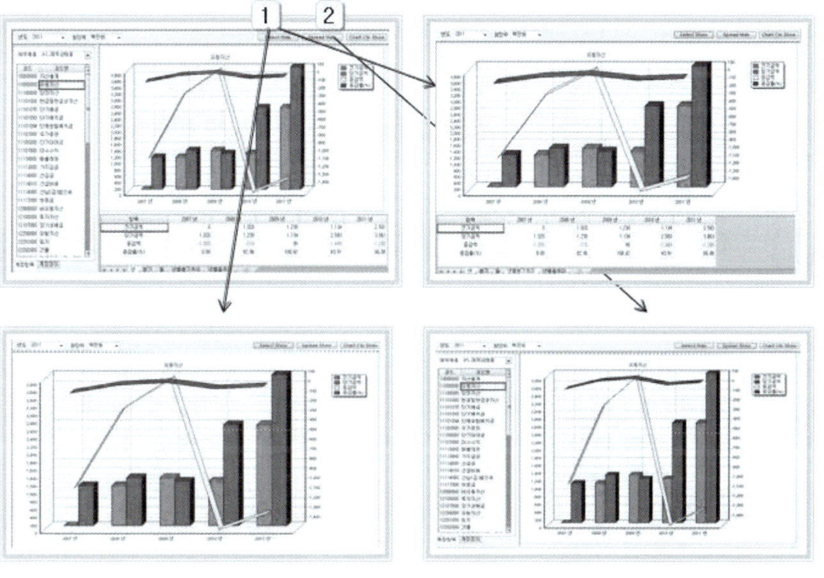

## 재무분석-추세분석-분석계정별 추이분석

1. 재무제표를 활용하여 재무상태표, 손익계산서, 제조원가명세서, 현금흐름표, 이익잉여금 명세표, 시장가치 비율 등의 분석 계정별 추이를 분석하는 화면이다.

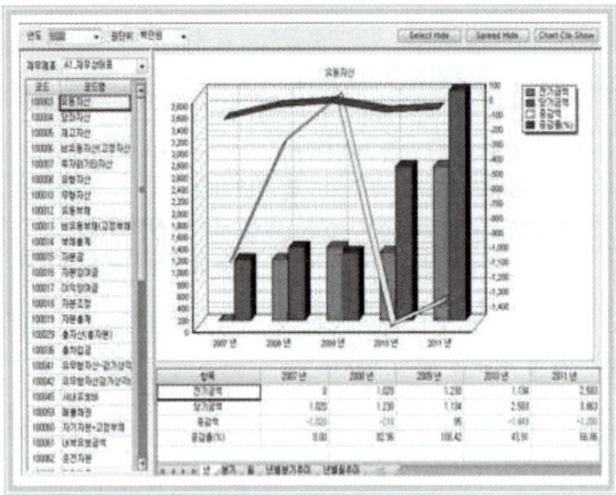

1. 재무제표를 기반으로 공식을 등록하여 계산하는 분석 계정별 추이분석 화면이다.
2. 재무분석-추이분석-분석계정별 추이분석으로 실행한다.
3. 년, 원단위를 선택한다.
4. 재무제표의 계정 코드를 선택한다.
5. 트리뷰에서 분석하려는 계정코드를 선택하면, 그래프와 관련된 년, 월, 분기 등의 분석자료가 표시된다.



## 재무분석-비율분석-분석계정별 추이분석

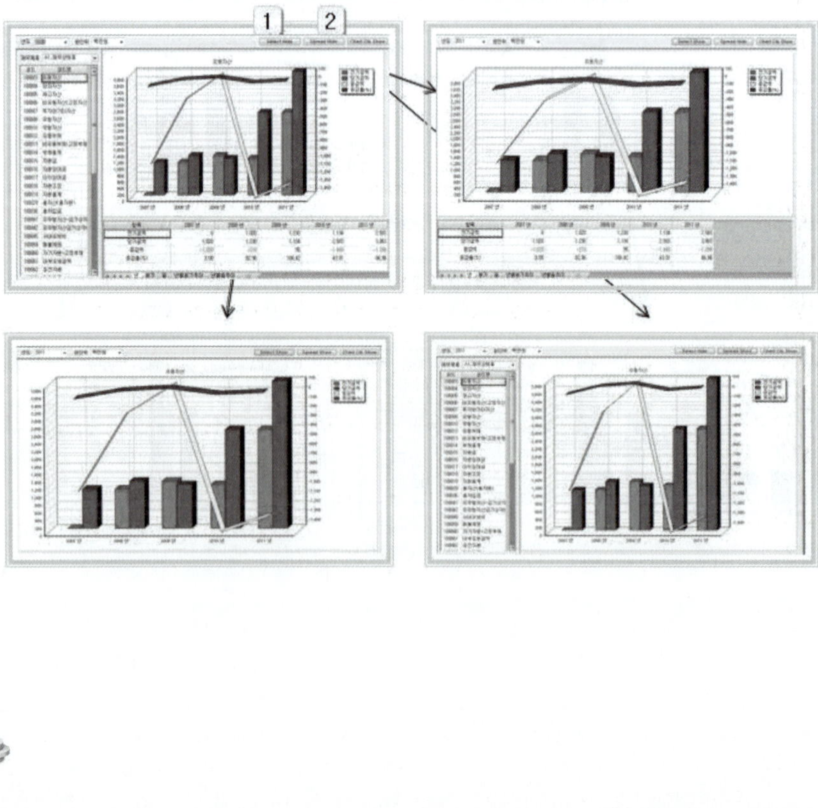

## 재무분석-추세분석-재무상태표분석-추이분석-대표계정

1. 재무제표를 활용하여 재무상태표의 대표 계정별 추이를 분석하는 화면이다.

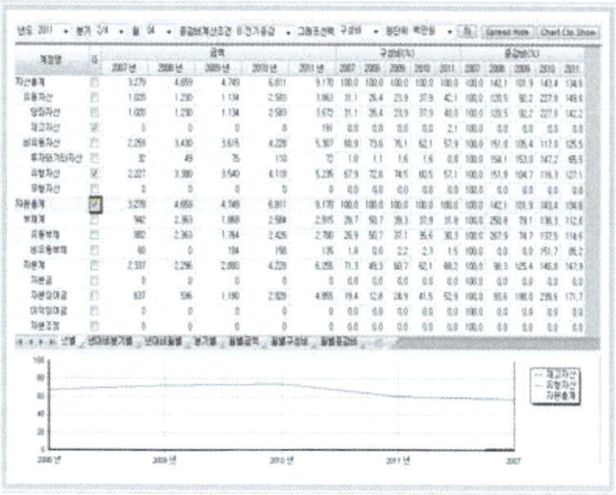

1. 재무제표를 기반으로 공식을 등록하여 계산하는 계정별 추이분석 화면이다.
2. 재무분석-추이분석-재무상태표 분석-추이분석-대표계정으로 실행한다.
3. 년, 월, 분기 등과 원단위를 선택한다.
4. 증감비 계산조건, 그래프를 선택한다.
5. 그리드에서 분석하려는 계정코드를 선택하면, 분석 그래프가 표시된다.



## 재무분석-추세분석-재무상태표 분석-추이분석-대표계정

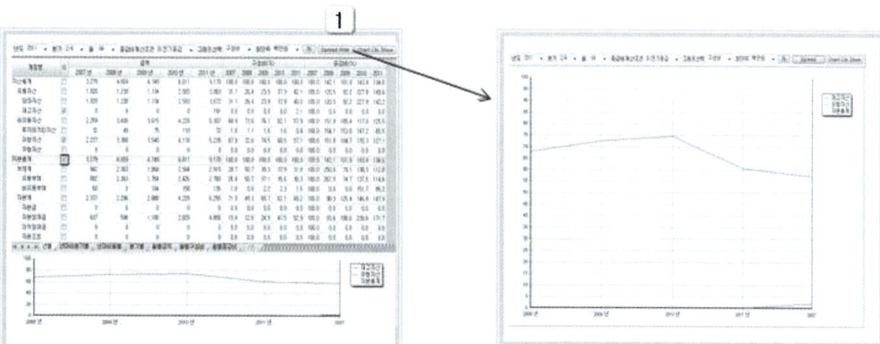

sunyengi.co.kr

## 재무분석–추세분석–재무상태표 분석–추이분석–계정별

1. 재무제표를 활용하여 재무상태표의 재무 계정별 추이를 분석하는 화면이다.

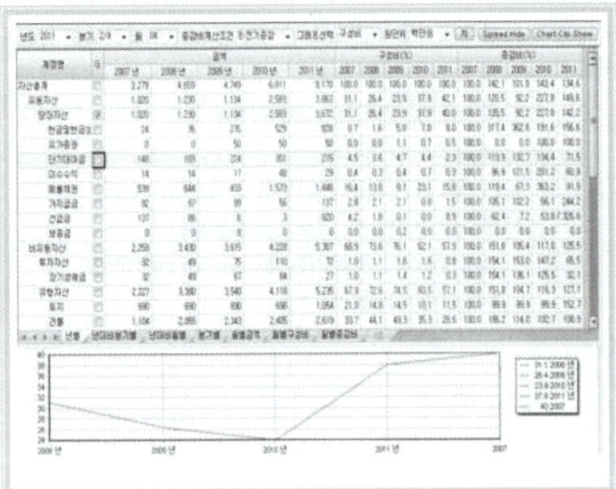

1. 재무제표를 기반으로 공식을 등록하여 계산하는 계정별 추이분석 화면이다.
2. 재무분석-추이분석-재무상태표 분석-추이분석-계정별로 실행한다.
3. 년, 월, 분기 등과 원단위를 선택한다.
4. 증감비 계산조건, 그래프를 선택한다.
5. 그리드에서 분석하려는 계정코드를 선택하면, 그래프 분석자료가 표시된다.

sunyengi.co.kr

## 재무분석–추세분석–재무상태표 분석–추이분석–계정별

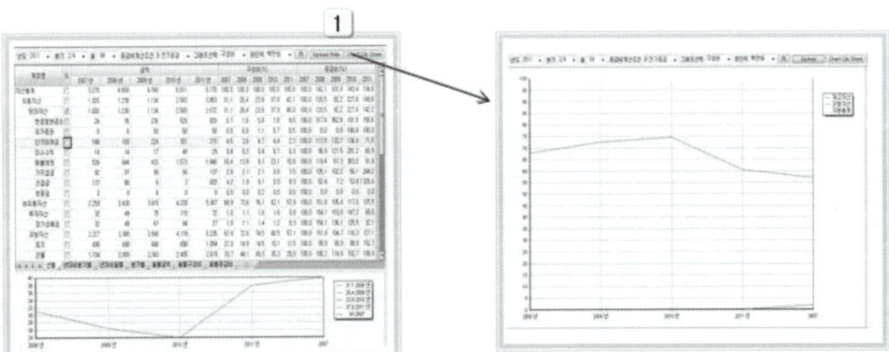

## 재무분석-추세분석-손익계산서 분석-추이분석-대표계정

1. 재무제표를 활용하여 손익계산서의 대표 계정별 추이를 분석하는 화면이다.

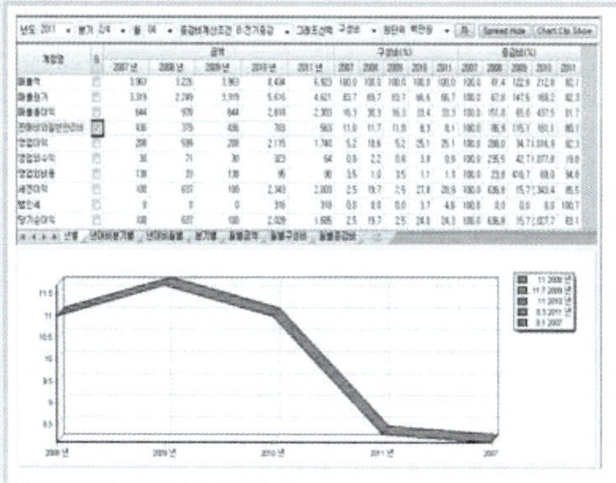

1. 재무제표를 기반으로 공식을 등록하여 계산하는 계정별 추이분석 화면이다.
2. 재무분석-추이분석-손익계산서 분석-추이분석-대표계정으로 실행한다.
3. 년, 월, 분기 등과 원단위를 선택한다.
4. 증감비 계산조건, 그래프 등을 선택한다.
5. 그리드에서 분석하려는 계정코드를 선택하면, 그래프 분석자료가 표시된다.

sunyeng.co.kr

## 재무분석-추세분석-손익계산서 분석-추이분석-대표계정

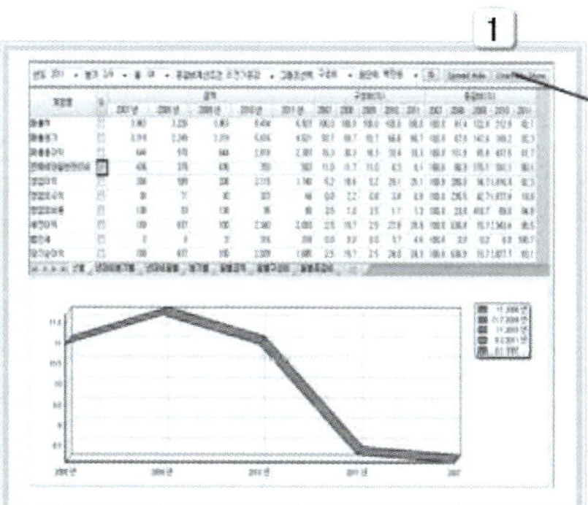


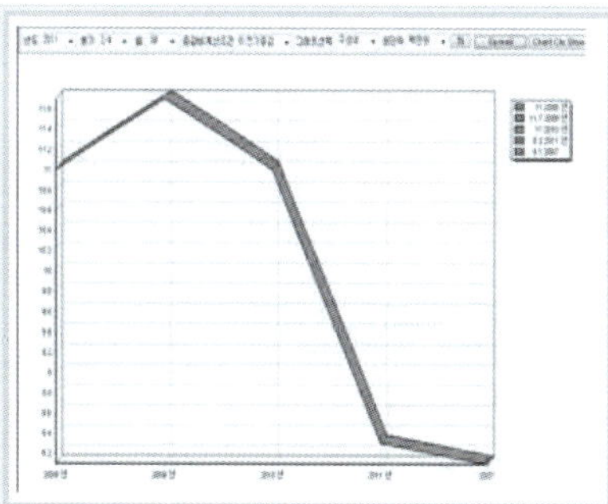

sunyeng.co.kr

## 재무분석-추세분석-손익계산서분석-추이분석-계정별

1. 재무제표를 활용하여 손익계산서의 재무 계정별 추이를 분석하는 화면이다.

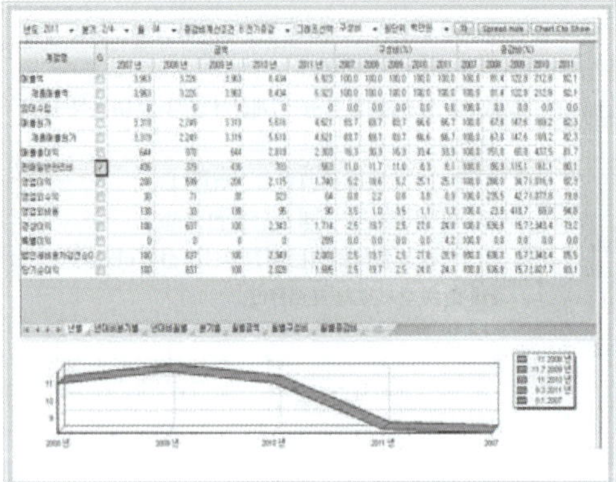

1. 재무제표를 기반으로 공식을 등록하여 계산하는 계정별 추이분석 화면이다.
2. 재무분석-추이분석-손익계산서 분석-추이분석-계정별로 실행한다.
3. 년, 월, 분기 등과 원단위를 선택한다.
4. 증감비 계산조건, 그래프 등을 선택한다.
5. 그리드에서 분석하려는 계정코드를 선택하면, 그래프 분석자료가 표시된다.

sunyeng.co.kr

## 재무분석-추세분석-손익계산서 분석-추이분석-계정별

1

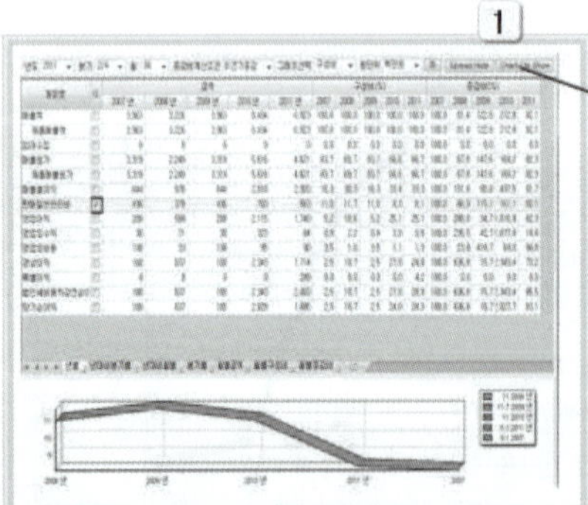

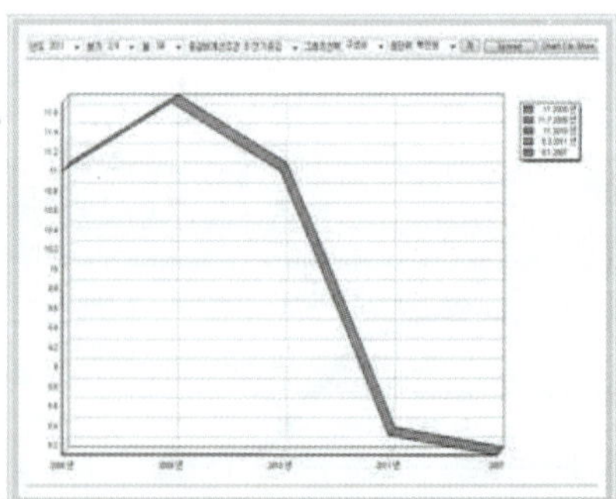

sunyengi.co.kr

## 재무분석-추세분석-제조원가 명세서 분석-추이분석-대표계정

1. 재무제표를 활용하여 제조원가 명세서의 대표 계정별 추이를 분석하는 화면이다.

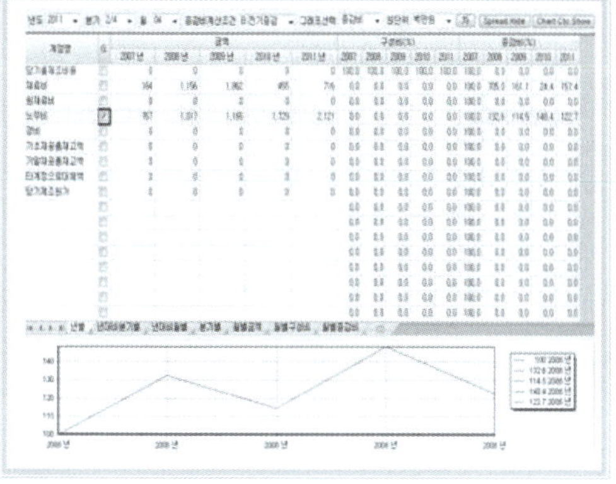

1. 재무제표를 기반으로 공식을 등록하여 계산하는 계정별 추이분석 화면이다.
2. 재무분석-추이분석-제조원가명세서 분석-추이분석-대표계정으로 실행한다.
3. 년, 월, 분기 등과 원단위를 선택한다.
4. 증감비 계산조건, 그래프 등을 선택한다.
5. 그리드에서 분석하려는 계정코드를 선택하면, 그래프 분석자료가 표시된다.

sunyengi.co.kr

## 재무분석-추세분석-제조원가 명세서 분석-추이분석-대표계정

1

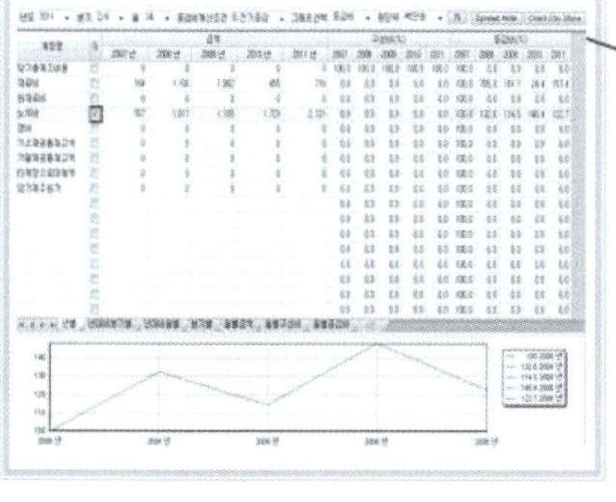

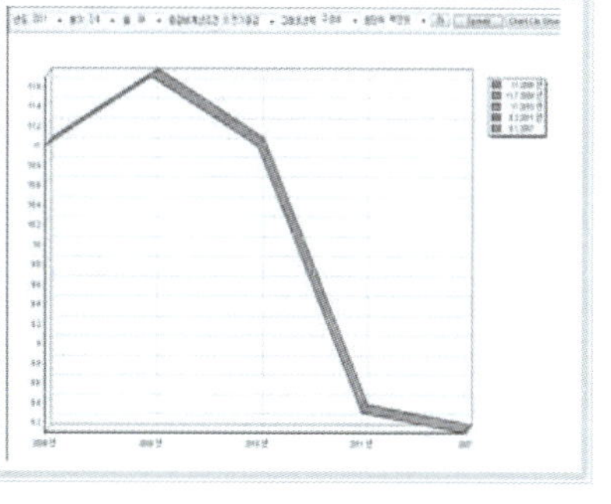

## 재무분석-추세분석-제조원가명세서분석-추이분석-계정별

1. 재무제표를 활용하여 제조원가 명세서의 재무 계정별 추이를 분석하는 화면이다.

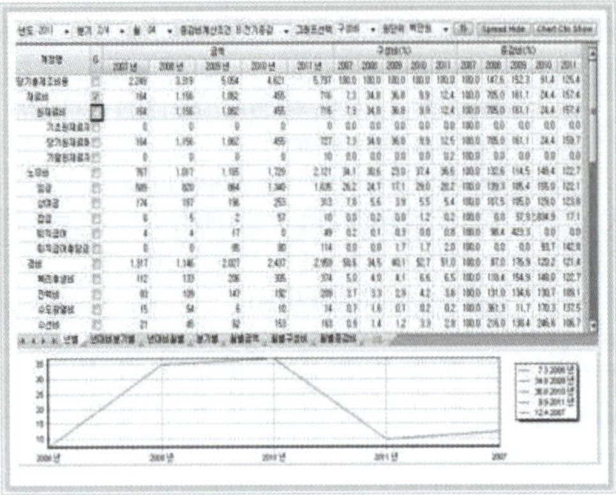

1. 재무제표를 기반으로 공식을 등록하여 계산하는 계정별 추이분석 화면이다.
2. 재무분석-추이분석-제조원가명세서 분석-추이분석-계정별로 실행한다.
3. 년, 월, 분기 등과 원단위를 선택한다.
4. 증감비 계산조건, 그래프 등을 선택한다.
5. 그리드에서 분석하려는 계정코드를 선택하면, 그래프 분석자료가 표시된다.

sunyeng.co.kr

## 재무분석-추세분석-제조원가 명세서 분석-추이분석-계정별

1

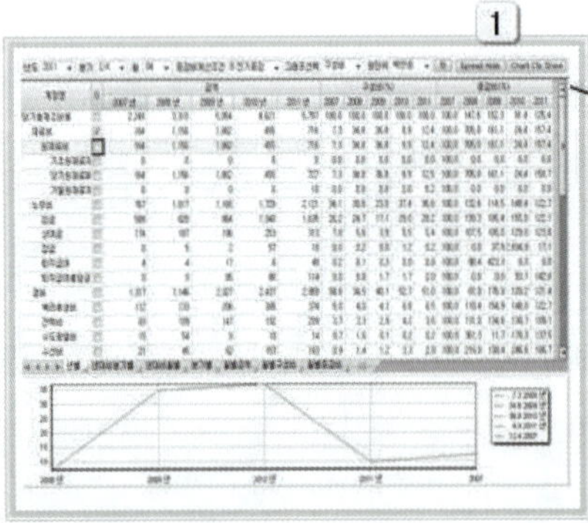

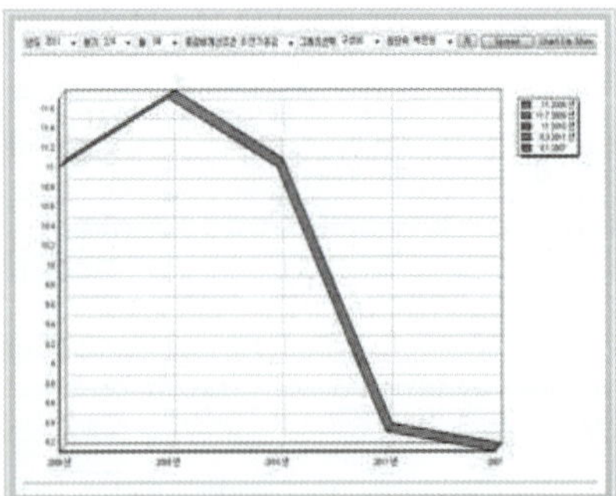

sunyeng.co.kr

## 재무분석-추세분석-현금흐름표 분석-추이분석-대표계정

1. 재무제표를 활용하여 현금흐름표의 대표 계정별 추이를 분석하는 화면이다.

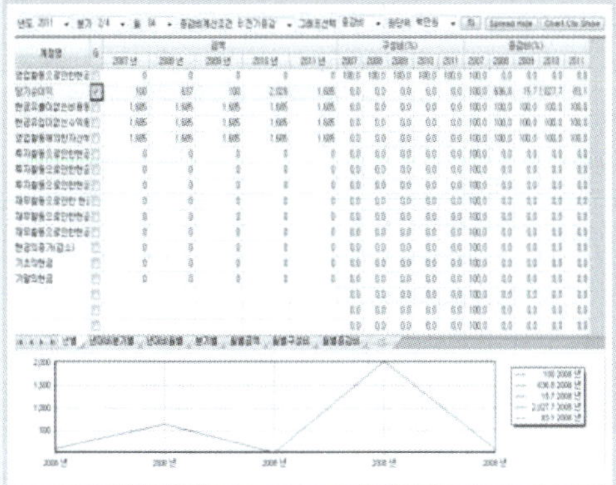

1. 재무제표를 기반으로 공식을 등록하여 계산하는 계정별 추이분석 화면이다.
2. 재무분석-추이분석-현금흐름표 분석-추이분석-대표계정으로 실행한다.
3. 년, 월, 분기 등과 원단위를 선택한다.
4. 증감비 계산조건, 그래프 등을 선택한다.
5. 그리드에서 분석하려는 계정코드를 선택하면, 그래프 분석자료가 표시된다.

sunyeng.co.kr

## 재무분석-추세분석-현금흐름표 분석-추이분석-대표계정

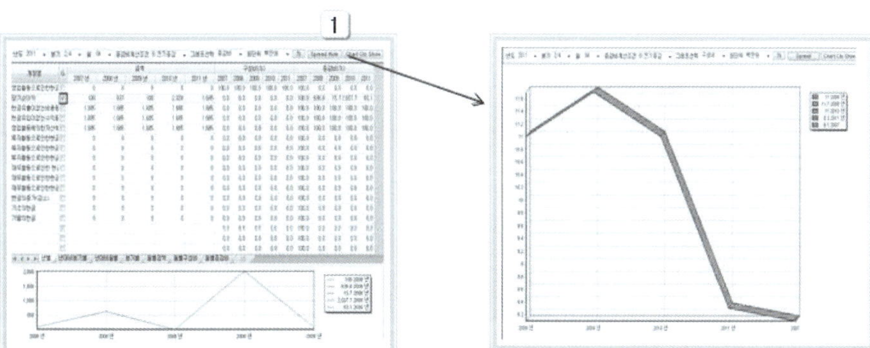

sunyengi.co.kr

## 재무분석-추세분석-현금흐름표 분석-추이분석-계정별

1. 재무제표를 활용하여 현금흐름표의 재무 계정별 추이를 분석하는 화면이다.

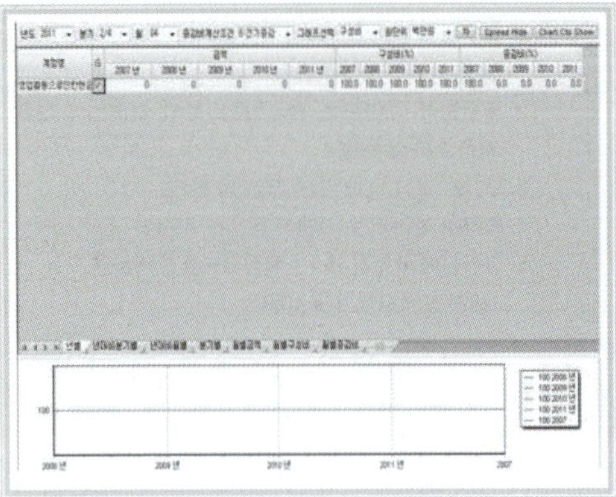

1. 재무제표를 기반으로 공식을 등록하여 계산하는 계정별 추이분석 화면이다.
2. 재무분석-추이분석-현금흐름표 분석-추이분석-계정별로 실행한다.
3. 년, 월, 분기 등과 원단위를 선택한다.
4. 증감비 계산조건, 그래프 등을 선택한다.
5. 그리드에서 분석하려는 계정코드를 선택하면, 그래프 분석자료가 표시된다.

sunyengi.co.kr

## 재무분석-추세분석-현금흐름표 분석-추이분석-계정별

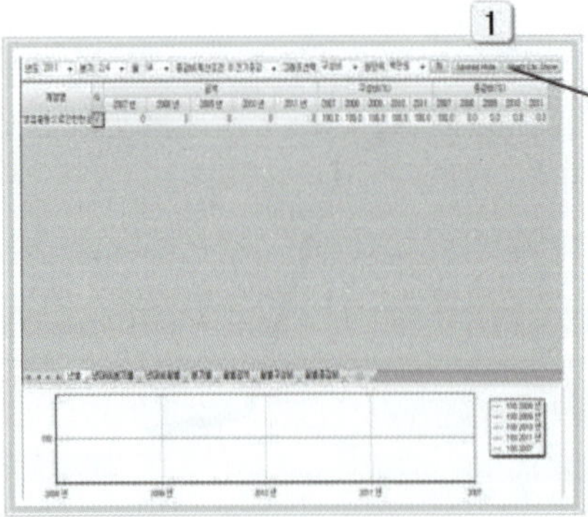


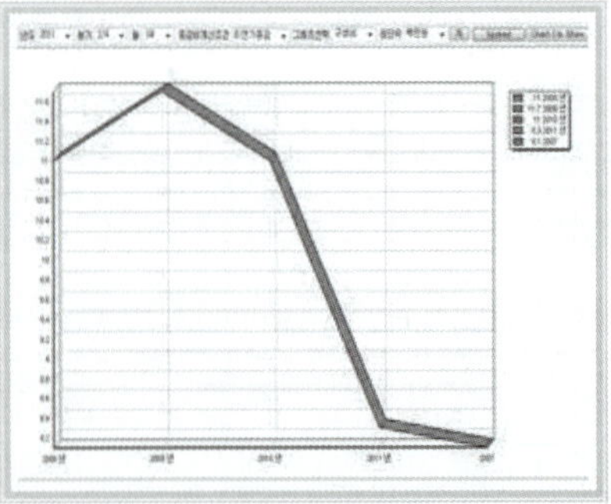

sunyeng.co.kr

## 재무분석-Radar Chart-비율분석 계산

1. Radar Chart에서 사용하는 비율을 사전에 계산하여 화면에서 계산시간을 단축하기 위한 화면이다.

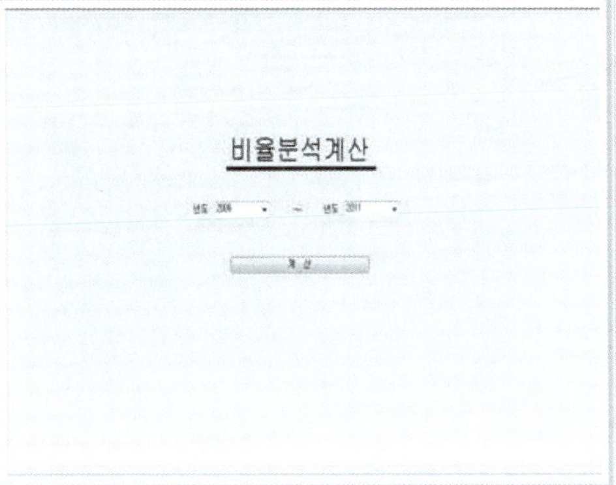


1. 비율분석 공식에 의거하여 사전에 계산하는 화면이다.
2. 재무분석-Radar Chart-비율분석 계산을 실행한다.
3. 년을 Form-To로 선택한다.
4. 계산 버튼을 누르면 계산을 실행한다

sunyeng.co.kr

## 재무분석- Radar Chart- Radar Chart

1. 재무제표를 활용하여 이익잉여금의 재무 계정별 추이를 분석하는 화면이다.

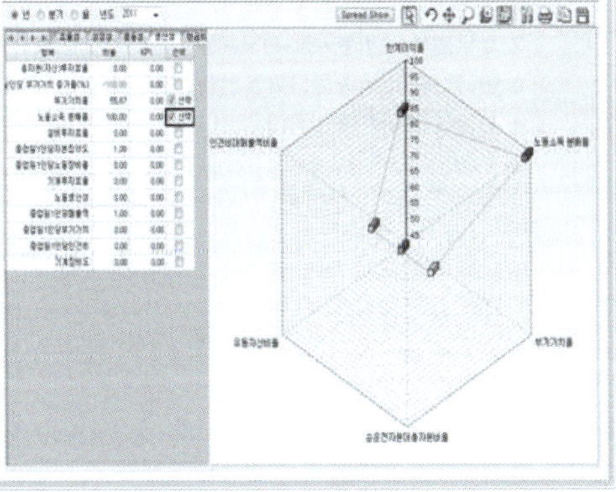

1. 재무제표를 기반으로 공식을 등록하여 계산하는 계정별 추이분석 화면이다.
2. 재무분석-추이분석-이익잉여금 분석-추이분석-계정별로 실행한다.
3. 년, 월, 분기 등과 원단위를 선택한다.
4. 증감비 계산조건, 그래프 등을 선택한다.
5. 그리드에서 분석하려는 계정코드를 선택하면, 그래프 분석자료가 표시된다.

sunyeng.co.kr

## 재무분석- Radar Chart- Radar Chart

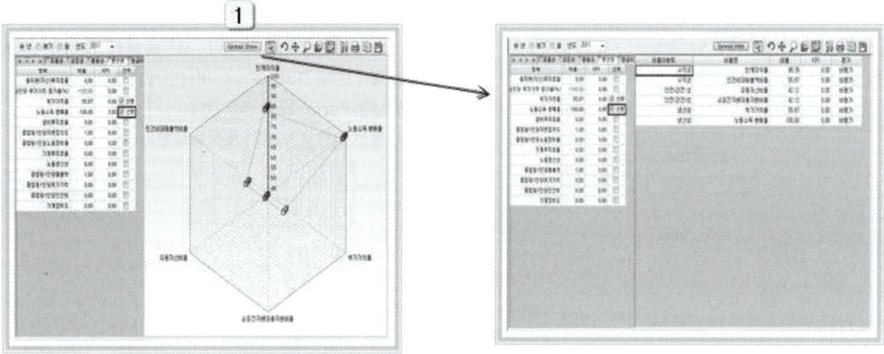

sunyeng.co.kr

## 재무분석-손익분기점-한국은행 기준

1. 손익분기점을 한국은행기준으로 분석하는 화면이다.

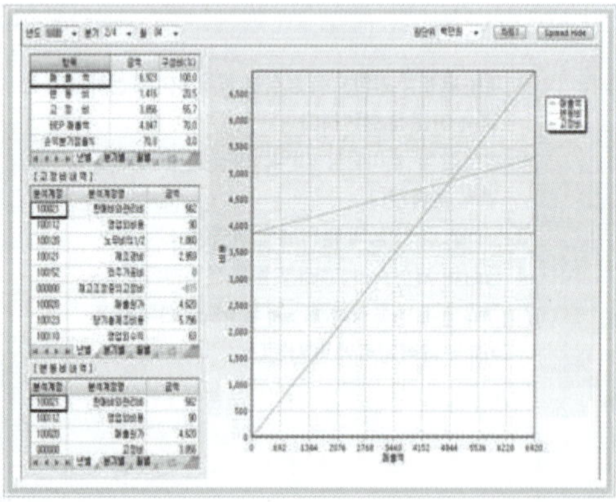

1. 손익분기점을 한국은행 공식을 적용하여 분석하는 화면이다.
2. 재무분석-손익분기점-한국은행 기준별로 실행한다.
3. 년, 월, 분기 등과 원단위를 선택한다.
4. 상단 조회 버튼을 누른다.

## 재무분석- 손익분기점-한국은행 기준

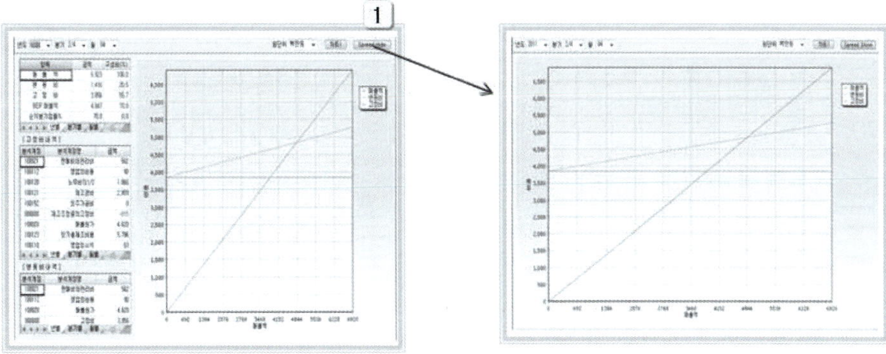



## 재무분석- 손익분기점-회계계정기준

1. 손익분기점을 회계계정 기준으로 분석하는 화면이다.

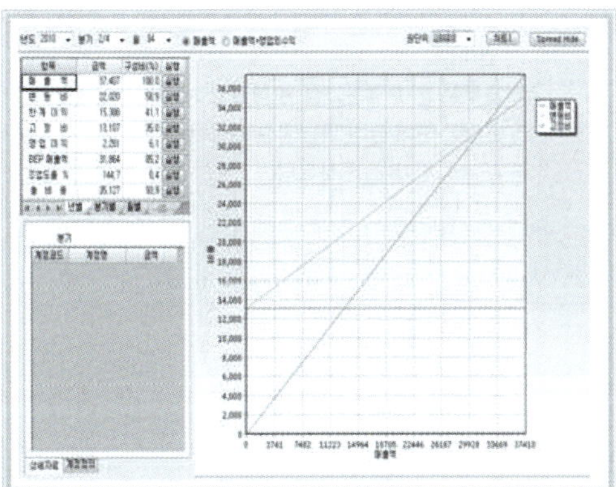

1. 손익분기점을 회계계정 기준을 적용하여 분석하는 화면이다.
2. 재무분석-손익분기점-회계계정 기준별로 실행한다.
3. 년, 월, 분기 등과 원단위를 선택한다.
4. 상단 조회 버튼을 누른다.

sunyengi.co.kr

## 재무분석-손익분기점-회계계정 기준

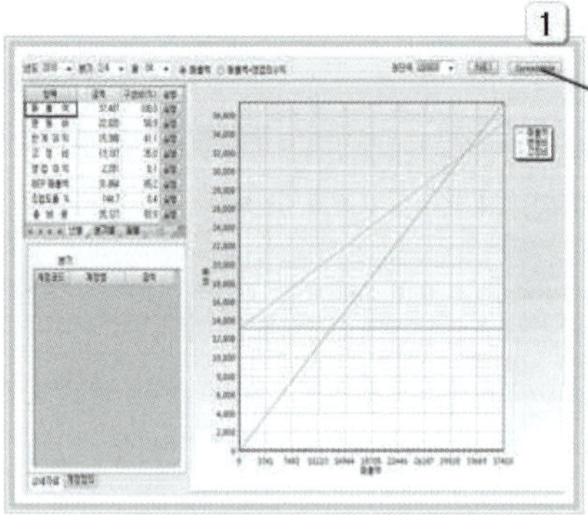

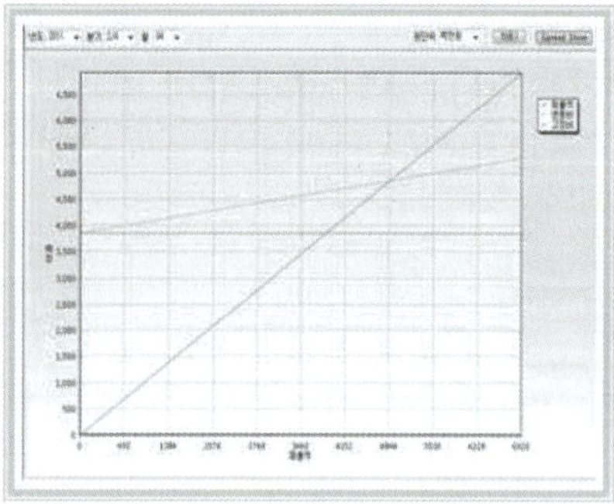

sunyengi.co.kr

## 재무분석-손익분기점-분석계정 기준

1. 손익분기점을 분석계정 기준으로 분석하는 화면이다.

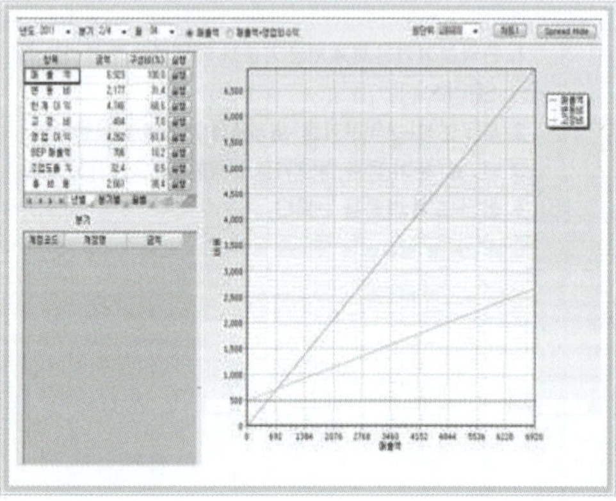

1. 손익분기점을 분석계정 기준을 적용하여 분석하는 화면이다.
2. 재무분석-손익분기점-분석계정 기준별로 실행한다.
3. 년, 월, 분기 등과 원단위를 선택한다.
4. 상단 조회 버튼을 누른다.

# 재무분석-손익분기점-분석계정 기준

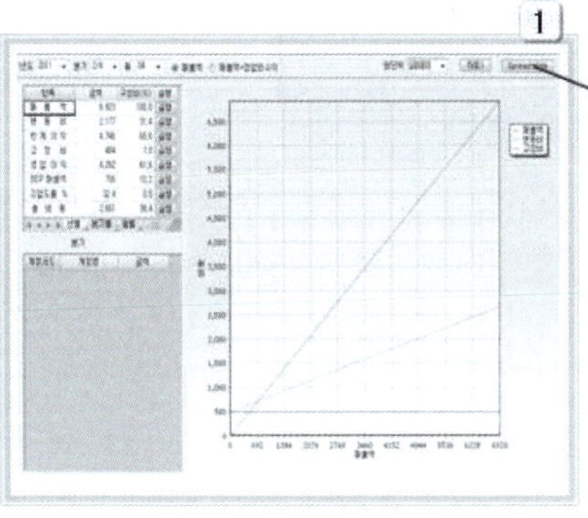



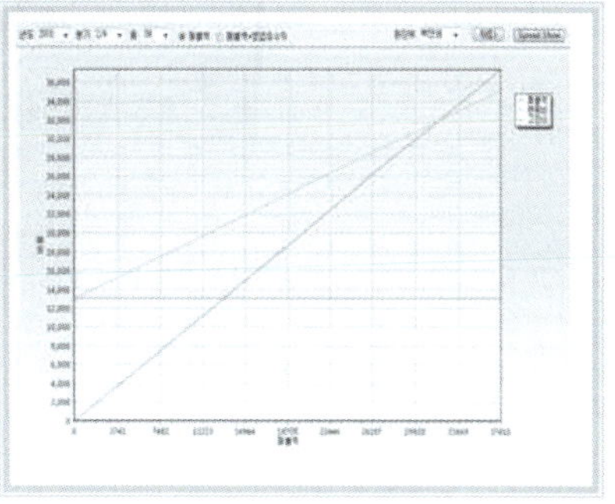

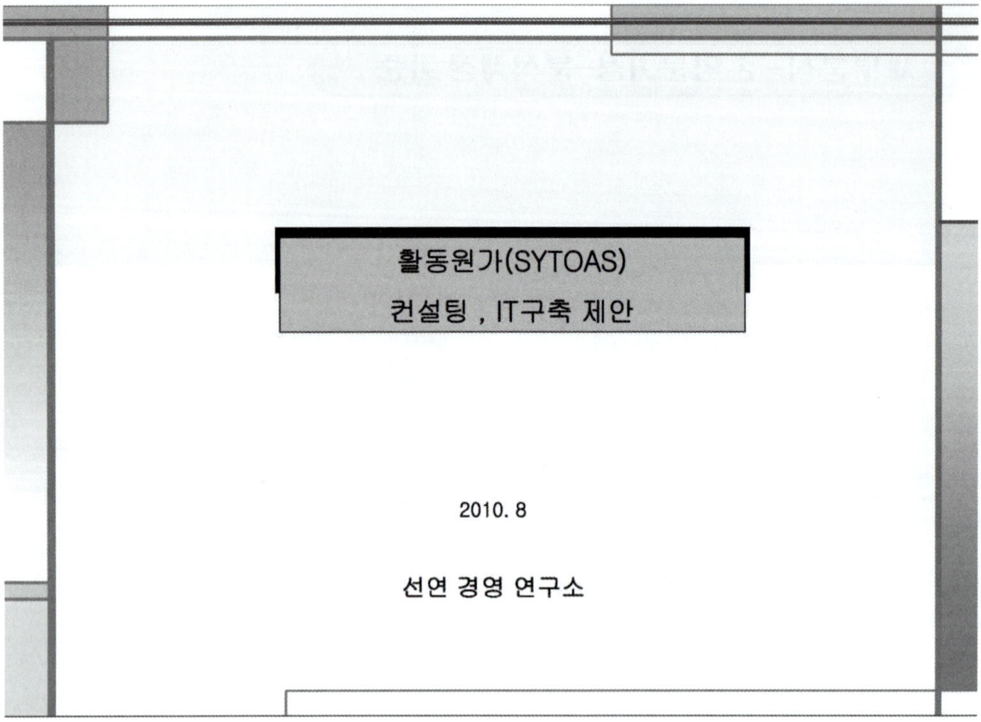
활동원가(SYTOAS)
컨설팅 , IT구축 제안
2010. 8
선연 경영 연구소

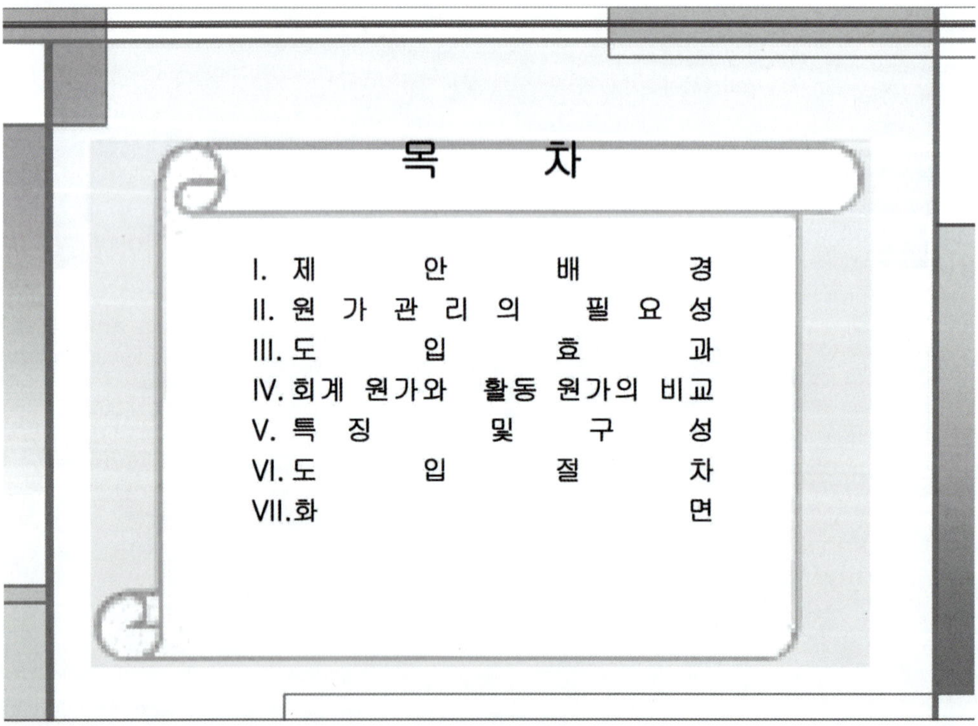
목 차
I. 제안 배경
II. 원가관리의 필요성
III. 도입 효과
IV. 회계 원가와 활동 원가의 비교
V. 특징 및 구성
VI. 도입 절차
VII. 화면

## Ⅰ.제 안 배 경

◈ 경영/경제환경 변화에 따른 의사 결정의 신속성

국내외의 경영 환경 및 경제 환경의 변화에 따라서 기업의 경영 의사 결정에서 경영 수익성 기반의 의사 결정 .

◈ 원가 관리을 통한 수익성 확성

1. 경영 성과와 이익 제고로 기업 생존
2. 기업 경쟁력 확보
3. 양질의 서비스를 고객에게 지속적 공급
4. 경영 관리 능력 확충으로 근로 유지 및 창출
5. 임직원의 핵심 관리 인재 육성으로 업무 가치 향상
6. 목적을 위한 업무의 계획과 실적의 구현
7. 원가 절감 10%는 매출액 90%의 향상과 동일한 효과

## Ⅰ. 제 안 배 경

◈ 원가 정보를 활용한 전사적 자원 분석에 기초 자료화

영업정보, 생산정보, 구매자재정보, 인사정보, 급여정보, 총무정보, 재무정보의 경영분석 시에 기초가 되는 원가자료로서의 활용

❖ 경영혁신, 개선을 위한 기초

기업의 경영혁신, 개선 활동을 하기 위한 기초 자료로 활용

❖ 원가 관리를 진행하면서 경영 개선

기업의 원가 도입을 진행하면서 기업의 경영 개선 효과

## II. 원가 관리의 필요성

▣ 회사의 경영전략달성과 관리목적에 적합한 원가관리제도(도구)의 구비

**땅을 파기 위해서는**

- 삽
- 포크레인이 있어야 하고

**나무를 자르기 위해서는**

- 톱
- 도끼가 있어야 하듯이

**원가관리를 위해서는**

- 원가를 측정하기 위한 도구
- 원가의 아픈 원인을 진단(분석)하는 도구
- 개선활동을 할 수 있는 도구가 필요함.

맨손, 감으로 하는 경영(관리) ⇨ 도구에 의한 경영(관리) 데이타에 의한 경영(관리)

## II. 원가 관리 필요성

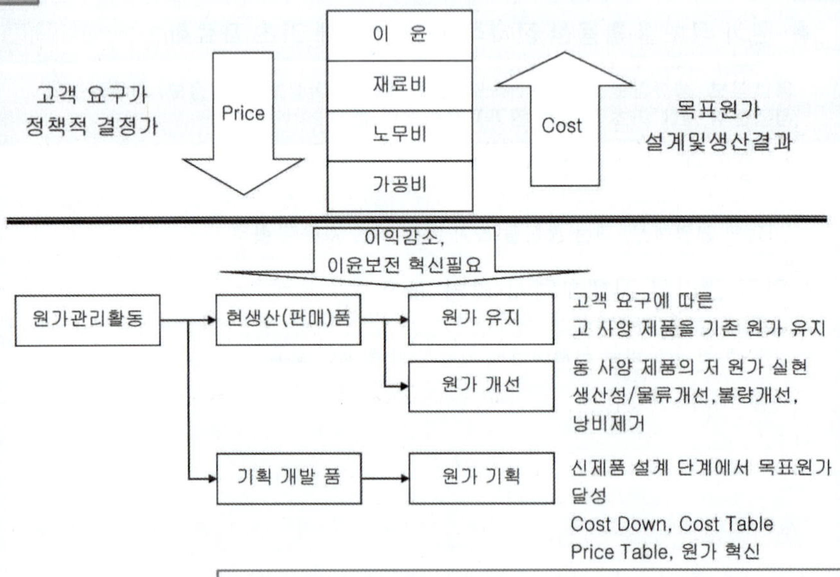

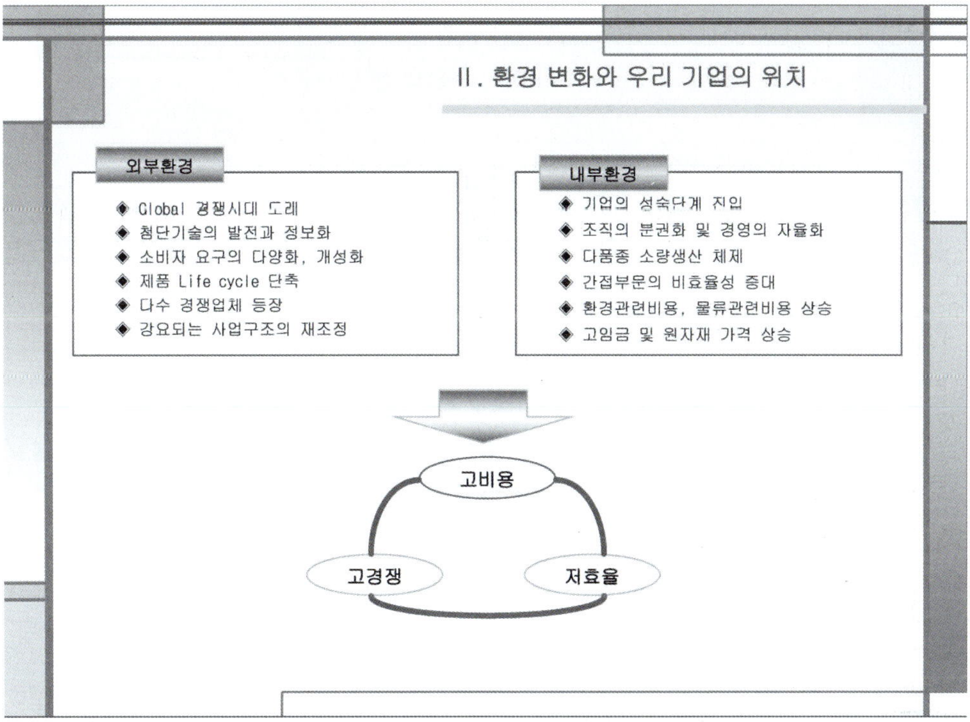
II. 환경 변화와 우리 기업의 위치
외부환경
◆ Global 경쟁시대 도래
◆ 첨단기술의 발전과 정보화
◆ 소비자 요구의 다양화, 개성화
◆ 제품 Life cycle 단축
◆ 다수 경쟁업체 등장
◆ 강요되는 사업구조의 재조정
내부환경
◆ 기업의 성숙단계 진입
◆ 조직의 분권화 및 경영의 자율화
◆ 다품종 소량생산 체제
◆ 간접부문의 비효율성 증대
◆ 환경관련비용, 물류관련비용 상승
◆ 고임금 및 원자재 가격 상승
고비용
고경쟁
저효율

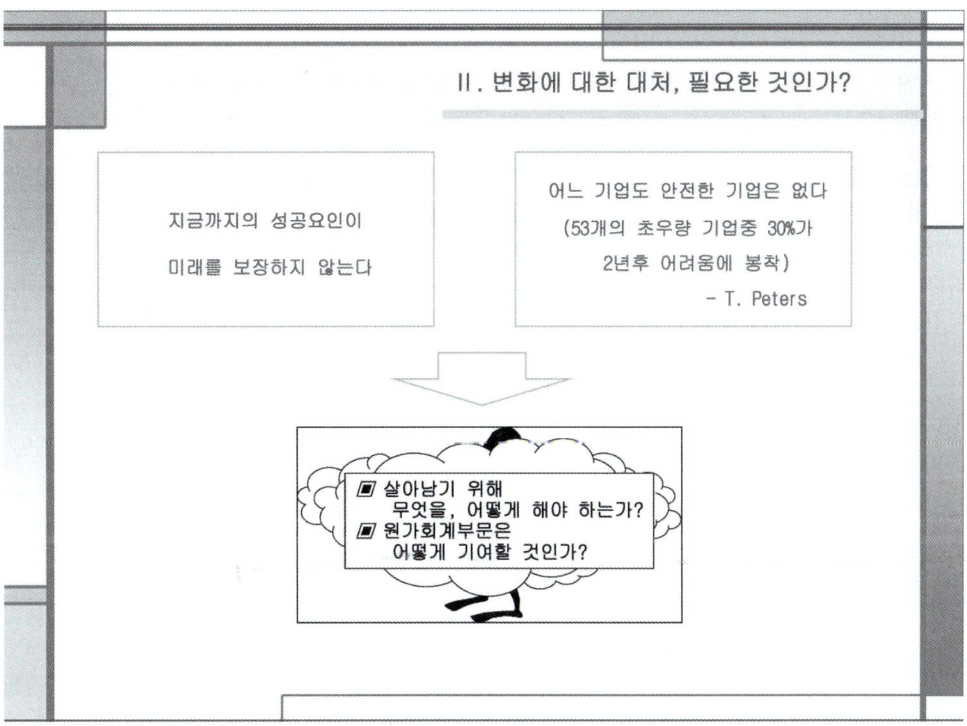
II. 변화에 대한 대처, 필요한 것인가?
지금까지의 성공요인이
미래를 보장하지 않는다
어느 기업도 안전한 기업은 없다
(53개의 초우량 기업중 30%가
2년후 어려움에 봉착)
- T. Peters
▣ 살아남기 위해
무엇을, 어떻게 해야 하는가?
▣ 원가회계부문은
어떻게 기여할 것인가?

## II. 기업의 생존 부등식

살아남으려면 (동식물 모두 포함) > ◈ 환경변화에 적응해야 하고 ◈ 강한 경쟁력이 필요

생존부동식

상품의 가치 (V) 〉 상품의 가격 (P) 〉 상품의 원가 (C)

소비자 혜택 (V 〉 P) | 생산자 혜택 (P 〉 C)

## II. 핵심 성공 요인으로서의 원가

▣ 고객은 항상 최적의 품질을, 가장 저렴한 가격으로, 가장 빠르게 공급 받기를 원한다

$$\text{가치}\uparrow = \frac{\text{품질}\uparrow \times \text{서비스}\uparrow}{\text{원가}\downarrow \times \text{시간}\downarrow}$$

## II. 경영자의 고민

◆ 제품별/고객별/서비스별/유통경로별 정확한 원가는 얼마인가?

◆ 원가를 유발시키는 원인을 무엇인가?

◆ 경영의사결정시 제공되는 원가정보를 신뢰할 수 없다.

◆ 원가절감을 위해 무엇을 해야 하는가?

◆ 동기부여 및 성과평가를 위한 바람직한 기준은 무엇인가?

◆ 원가정보는 경쟁력 향상에 어떤 도움을 주는가?

◆ 전략을 달성하기 위한 원가정보의 바람직한 활용방안은 무엇인가?

◆ 원가 정보를 어떠한 방향으로 활용 및 응용을 하여야 하는가?

## II. 원가의 시작점 – 생각을 바꾸자

◆ 고정관념을 깨뜨리자
-원가관리는 원가부서에서나 하는 것?, 생산현장에서나 하는 것?
아니다 모든 부서가 함께 하는 것이다

◆ 불가능한 이유보다 가능한 방법을 찾자
-생산현장의 정보가 제대로 작성되지 않아서
-자재 수불이 제대로 이루어지지 않아서

◆ 잘못된 것은 즉시 고치자
-원가를 집계할 수 있는 틀을 갖추자

◆ 근본원인을 추구하자. "왜"를 다섯번 반복하자

◆ 개선개혁의 가능성이 무한하다는 신념을 갖자

◆ 모든 사물을 보는 눈을 바꾸자

◆ 항상 미래를 보자

◆ 생각을 바꾸면 새로운 세상이 열린다는 확신을 갖자

## Ⅲ. 도입 효과

◆ 코스트 테이블을 기반으로 한 원가 구현 종류

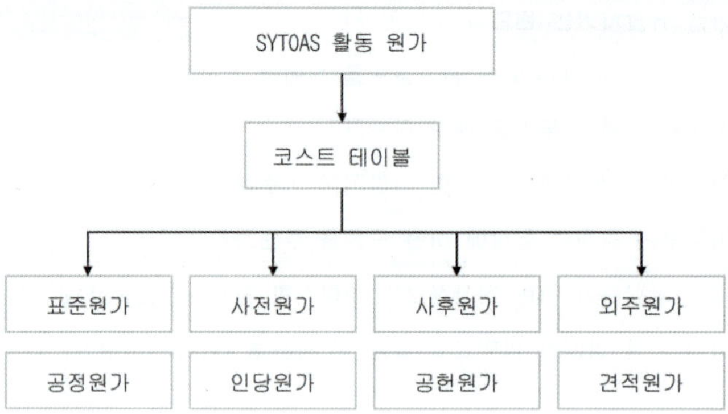


## Ⅲ. 도입 효과

◆ 전사적 자원 분석 시스템을 통화 의사 결정의 정보화

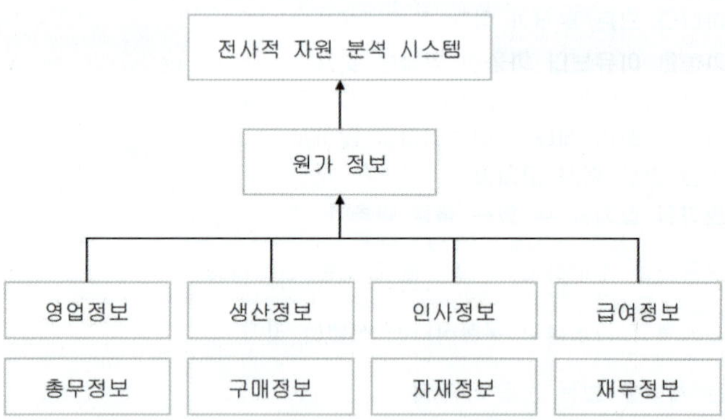

## III. 도입 효과

◈ 매출에 대한 원가 산출
1. 매출에 대한 사전원가 산출
2. 매출에 대한 사후원가 산출
3. 매출에 대한 사전/사후 원가의 Gap 분석으로 원가 절감 방안 산출

◈ 예상 원가 산출
1. 제품(상품)에 대한 예측 원가 산출
2. 업체 견적 요구에 대응한 견적 원가 산출
3. 입찰 시에 입찰가 대한 대응 입찰 예상 원가 산출

◈ 공정별 원가 산출
1. 업무 공정에 대한 원가 추출로 경영 의사 자료 제공
2. 생산 공정에 대한 원가 추출로 경영 의사 자료 제공

◈ 사원별 원가 산출
1. 부문별 원가 추출로 경영 의사 자료 제공
2. 직무별 원가 추출로 경영 의사 자료 제공

◈ 업무일지를 활용한 원가 산출
1. 시간별 원가 추출로 경영 의사 자료 제공

## III. 도입 효과

◈ IT개발자에 의한 원가 구축이 아니라 경영 컨설턴트에 의한 원가 구축으로 인한 경영 혁신 및 원가 혁신을 동시에 가능하게 할 수 있음

◈ 다양한 컨설팅 기법을 활용한 원가 구축으로 다양한 컨설팅 기법을 회사에 접목하여 회사의 성장에 기여할 수 있음

◈ 전사적 자원 분석 시스템을 동시에 구축 함으로 인한 IT분석 시스템(BSC, BI, BPM 등)에 구축 비용 절감

◈ 원가 도입으로 인한 도입 비용 및 컨설팅 비용의 절감 효과

## Ⅳ.회계 원가와 SYTOAS활동 원가의 비교

| | 전통적 회계원가 | SYT 활동원가 |
|---|---|---|
| 방법론 | 기본 가정에 의한 원가 대상 직접 배부 | 직무분석에 의한 배분<br>BOM기법 활용<br>다양한 컨설팅 방법론의 활용 적용 가능<br>TDABC 활용 |
| 대상 | 회계정보 기준 | ERP 정보의 자원 활용<br>업무일지 활용<br>ERP 정보 외의 회사의 내외 정보 활용 |
| 배부기준 | 매출기준<br>생산량기준<br>원가 배부 기준의 한계를 갖임 | 직무분석 기준 배부/부과<br>다양한 원가동인과 원가발생의 인과 관계에 의한 배분<br>원가 배부 기준의 다양함 |
| 원가 계산의 관점 | 재무적 관점<br>- 결산원가중심<br>- 재고자산평가<br>- 결산을 위한 과정<br>- 사후적 원가 | 회사의 이익 발생, 비용발생 관점<br>- 활동 프로세스 중심<br>- 활동 프로세스별 원가<br>- 업무일지의 활용 원가 |

▶ TDABC란 업무를 진행하는 데 소모되는 비용을 '시간'을 기준으로 산정해 원가를 관리하는 경영기법

## Ⅳ. 회계 원가와 SYTOAS활동 원가의 비교

| | 전통적 회계원가 | SYT 활동원가 |
|---|---|---|
| 원가 정보의 정확성 및 신뢰성 | 정확성, 신뢰성 부재 | 정확성, 신뢰성 확고 및 검증 가능 |
| 원가정보의 다양성 | 다양성 부재 | 업종, 업무 등 활동별로 적용 가능 |
| 고객 중심 경영 지원 | 불가능 | 다양한 고객 관점, 가치 분석 |
| 원가 계산의 종류 | 사후 원가 계산 | 매출 발생의 전후에 대한 사전,사후원가계산<br>견적원가, 표준원가(예측원가), 외주원가,<br>구매원가 등 다양한 원가 구현 가능 |
| 분석 시스템 여부 | 별도로 개발 하던가 구입을 하여야 함 | 전사적 분석 시스템 제공 |
| 구축 담당 | IT개발자 | 경영컨설팅 과 IT개발자 동일 |
| 원가 혁신 | 불가능 | 가능 |

## V. SYTOAS활동 기준 원가의 특징 및 구성

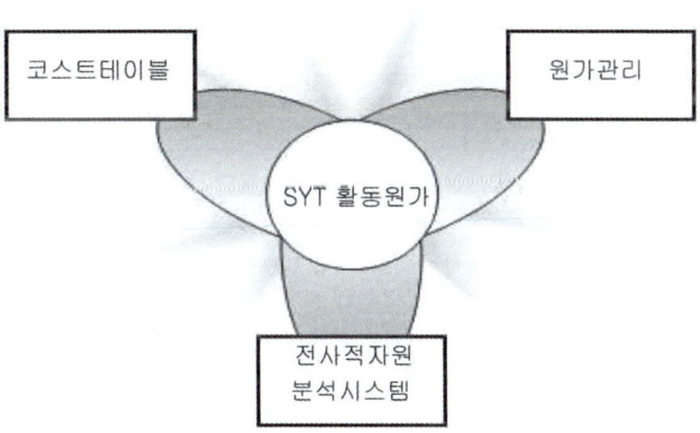


## V. SYTOAS 활동 기준 원가의 특징 및 구성

◆ 컨설팅 방법론을 활용한 원가 관리 구현

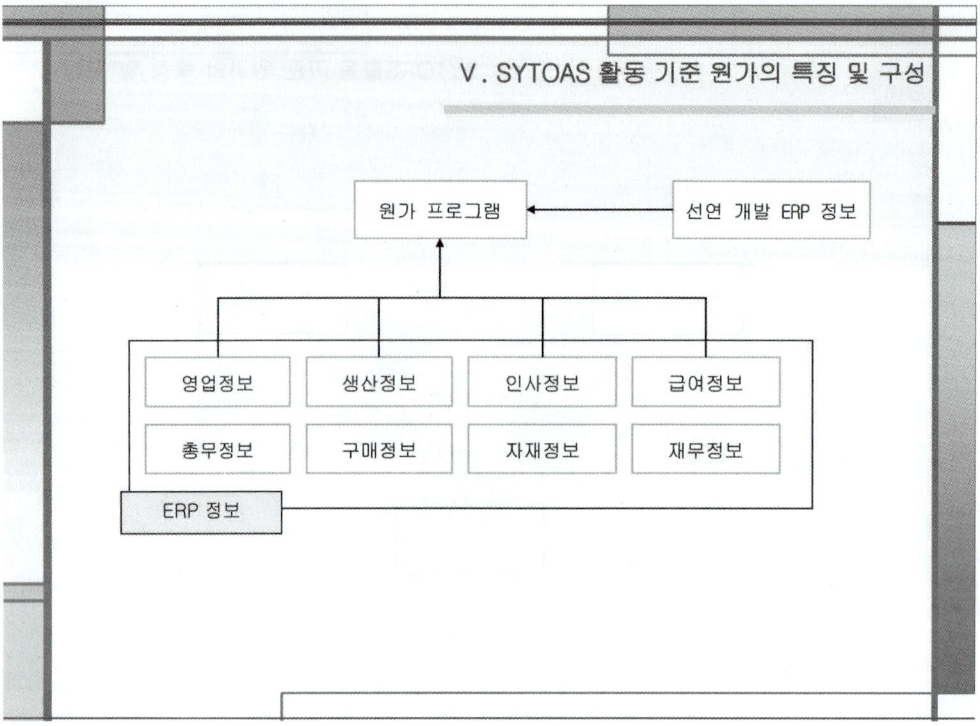
V. SYTOAS 활동 기준 원가의 특징 및 구성
원가 프로그램
선연 개발 ERP 정보
영업정보
생산정보
인사정보
급여정보
총무정보
구매정보
자재정보
재무정보
ERP 정보

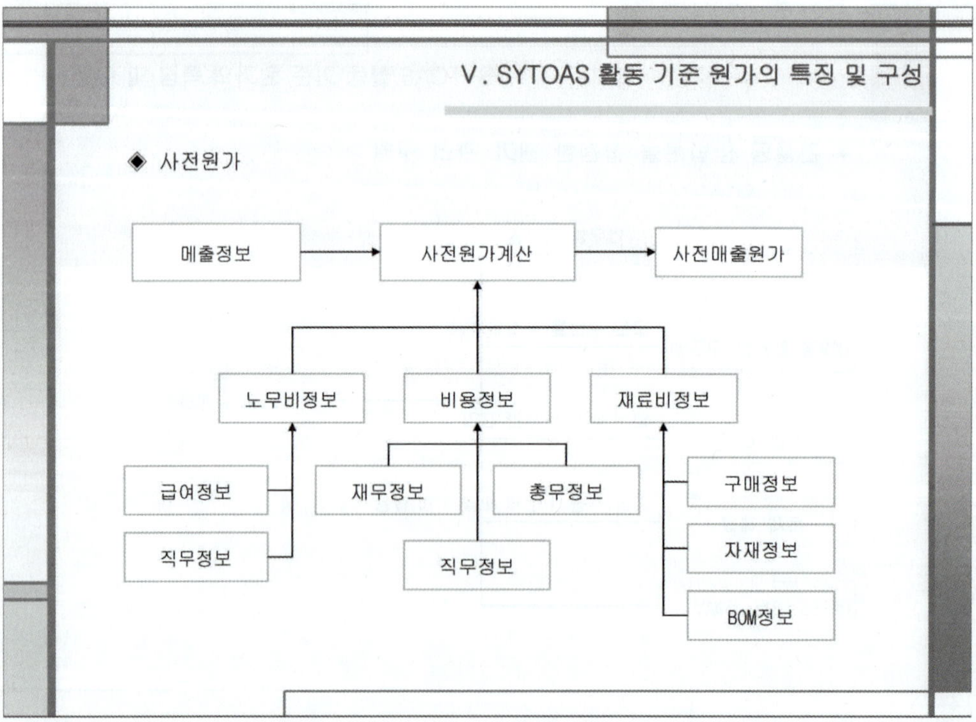
V. SYTOAS 활동 기준 원가의 특징 및 구성
◆ 사전원가
메출정보
사전원가계산
사전매출원가
노무비정보
비용정보
재료비정보
급여정보
직무정보
재무정보
총무정보
직무정보
구매정보
자재정보
BOM정보

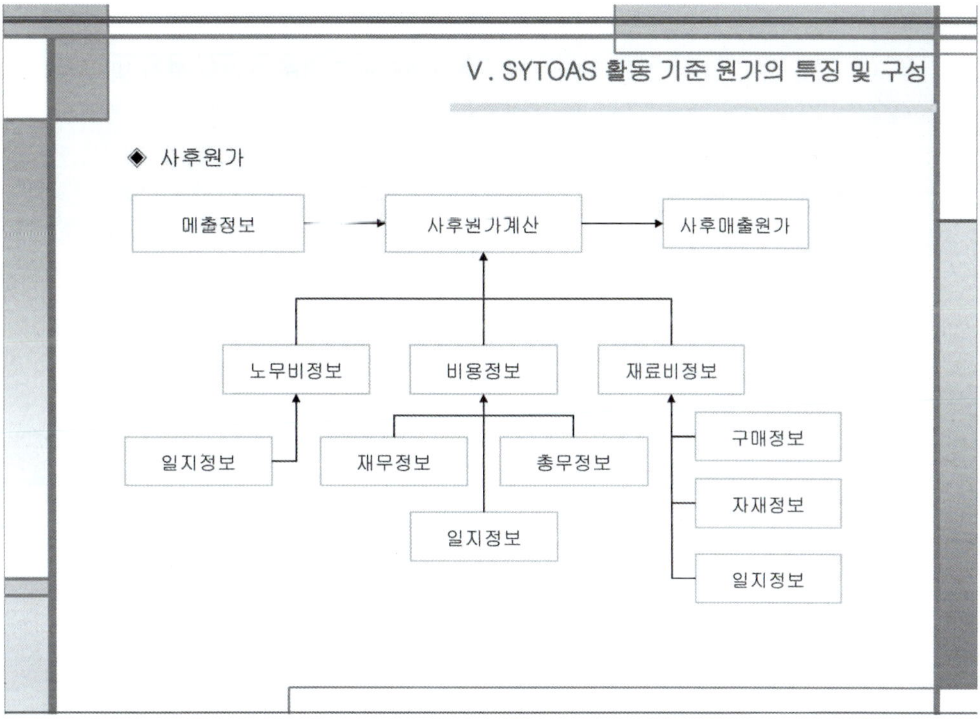
V. SYTOAS 활동 기준 원가의 특징 및 구성
◆ 사후원가
매출정보
사후원가계산
사후매출원가
노무비정보
비용정보
재료비정보
일지정보
재무정보
총무정보
구매정보
자재정보
일지정보
일지정보

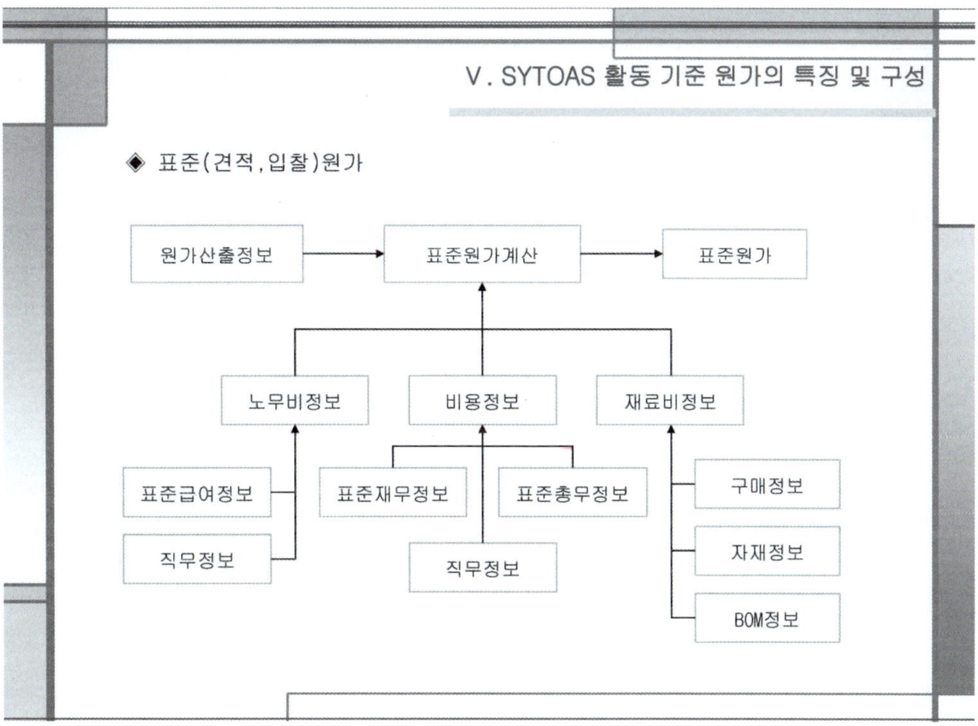
V. SYTOAS 활동 기준 원가의 특징 및 구성
◆ 표준(견적, 입찰)원가
원가산출정보
표준원가계산
표준원가
노무비정보
비용정보
재료비정보
표준급여정보
표준재무정보
표준총무정보
구매정보
자재정보
직무정보
직무정보
BOM정보

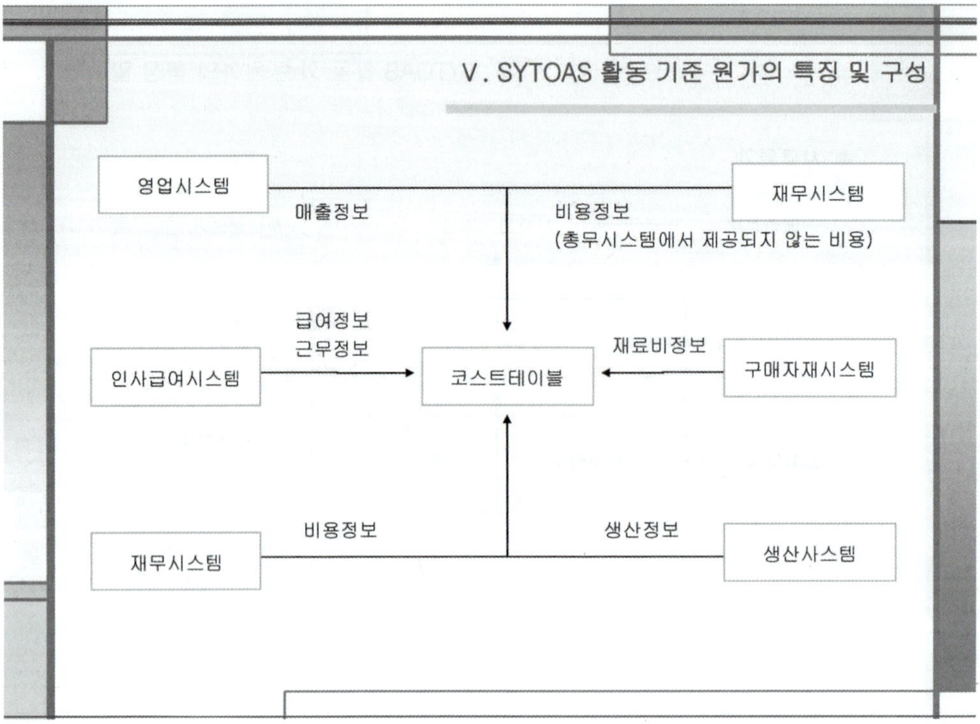
V. SYTOAS 활동 기준 원가의 특징 및 구성
영업시스템
매출정보
재무시스템
비용정보
(총무시스템에서 제공되지 않는 비용)
급여정보
근무정보
인사급여시스템
코스트테이블
재료비정보
구매자재시스템
비용정보
생산정보
재무시스템
생산사스템

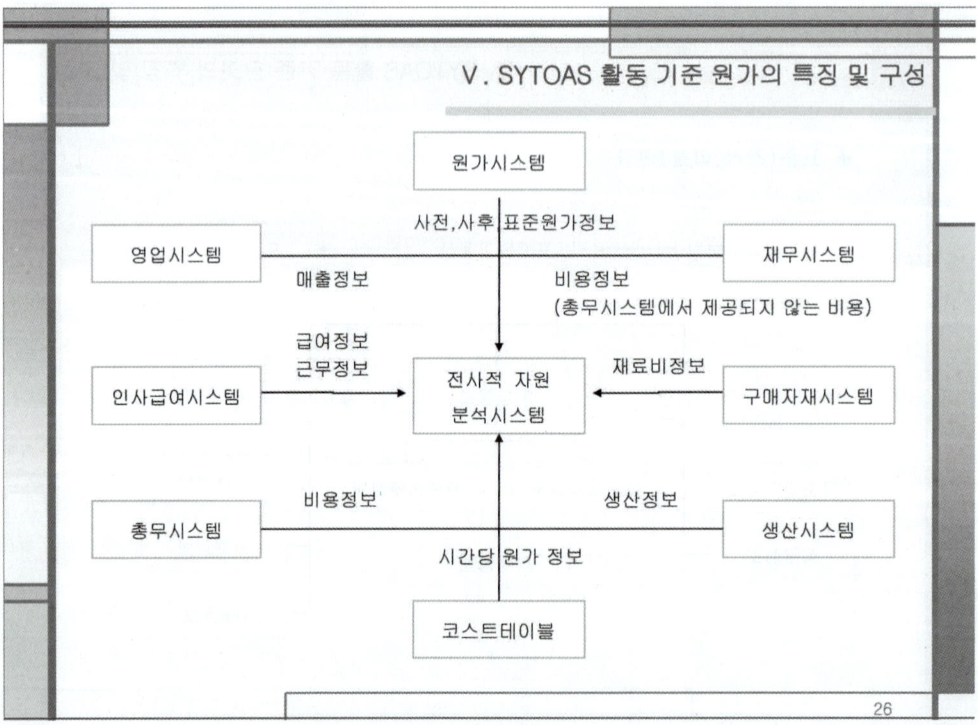
V. SYTOAS 활동 기준 원가의 특징 및 구성
원가시스템
사전,사후 표준원가정보
영업시스템
재무시스템
매출정보
비용정보
(총무시스템에서 제공되지 않는 비용)
급여정보
근무정보
인사급여시스템
전사적 자원
분석시스템
재료비정보
구매자재시스템
비용정보
생산정보
총무시스템
생산시스템
시간당 원가 정보
코스트테이블
26

## V. SYTOAS 활동 기준 원가의 특징 및 구성

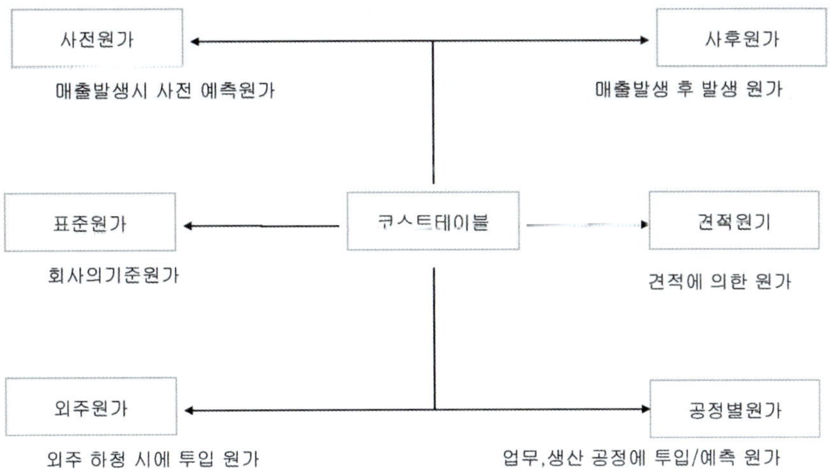


## V. SYTOAS 활동 기준 원가의 특징 및 구성

◆ 비용의 저렴화

1. 선연 자체 개발로 인한 도입 비용의 절감
2. 개발과 병행한 경영컨설팅으로 인한 비용의 절감

◆ 원가 적용성

1. 컨설팅과 IT개발를 동시에 진행하므로 개발 생산성 향상
2. 업종 및 업무, 회사 규모에 따라 원가 적용성이 가능
3. 기존 ERP시스템에서 제공이 될 수 없는 정보를 자체 개발 제공

◆ 정보 제공의 다양화

1. 원가의 발생 원인에 대한 추적이 가능함
2. 원가에 대한 단순 정보 외에 전사적 자원 정보 시스템을 통한 BSC, 재무분석 등 다양한 분석 정보 제공

◆ 교육을 통한 원가 실무자 양성

1. 원가 교육을 통한 자체 원가 담당자와 경영분석 담당자 양성
2. 회사에 필요로 하는 다양한 교육을 통한 인력의 에리트

## VI.도입 절차 – TFT 조직도

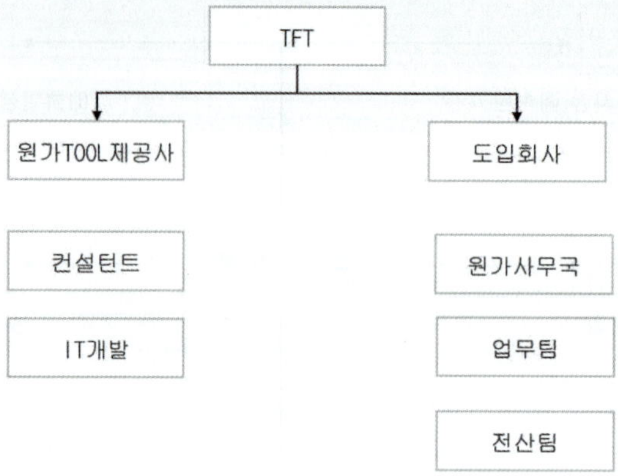


## VI.도입 절차 – 비용

◆ 도입 비용

1. 컨설텐트 비용
2. 솔루션 도입비용(개발 및 보완 프로그램은 비용에 산정 제외)

[ 요청시 견적서를 제출하겠습니다 ]

## Ⅵ.도입 절차 – 도입일정

| 항목 | 1월 | 2월 | 3월 | 4월 | 5월 | 6월 | 7월~ | ~12월 |
|---|---|---|---|---|---|---|---|---|
| 프로그램 셋팅 | → | | | | | | | |
| 자료추출 | → | → | → | → | | | | |
| 자료입력 | → | → | → | → | → | | | |
| 테스팅 | | → | → | → | → | → | | |
| 현업적용 | | | | | | | ☆ | |
| 원가교육<br>분석교육 | → | → | → | → | → | → | → | → |
| 분석시스템구축 | | | | | | | → | → |
| 프로그램개발 | | → | → | → | → | → | → | → |

프로그램 개발은 기 ERP에 추출이 불가능한 정보와 회사 적용을 위한 프로그램 보완 수정 임

## Ⅶ. SYTOAS 활동 원가 화면

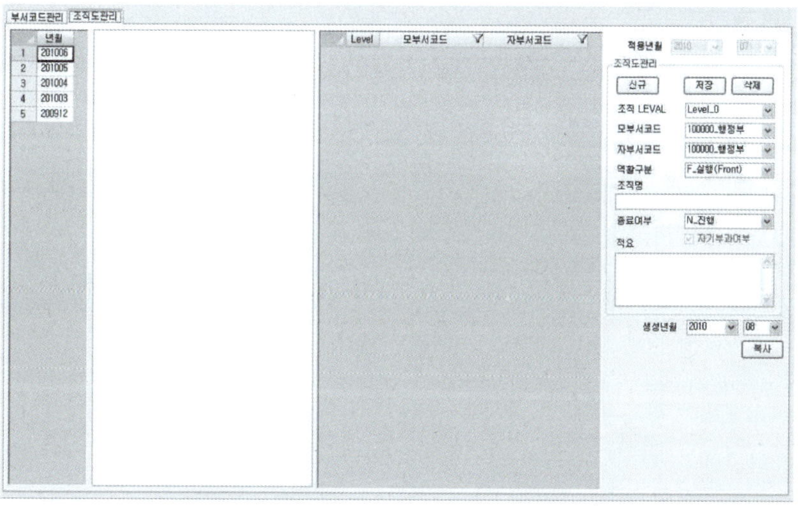

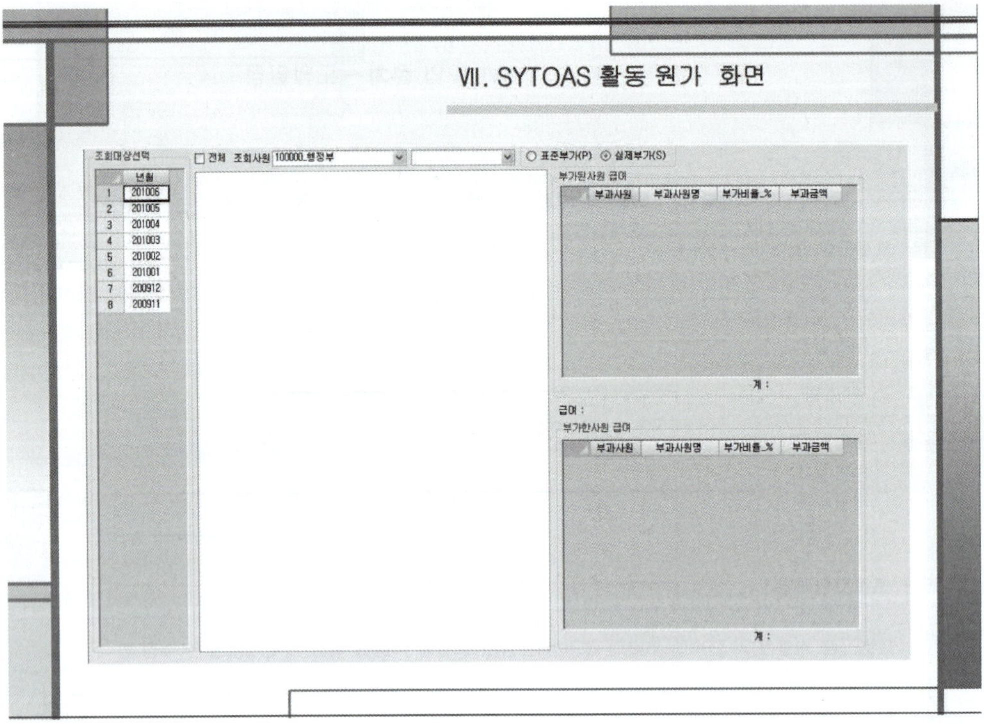
VII. SYTOAS 활동 원가 화면
조회대상선택
년월
201006
201005
201004
201003
201002
201001
200912
200911
전체
조회사원 100000_행정부
표준부가(P)
실제부가(S)
부가된사원 급여
부과사원
부과사원명
부가비율_%
부과금액
계 :
급여 :
부가한사원 급여
부과사원
부과사원명
부가비율_%
부과금액
계 :

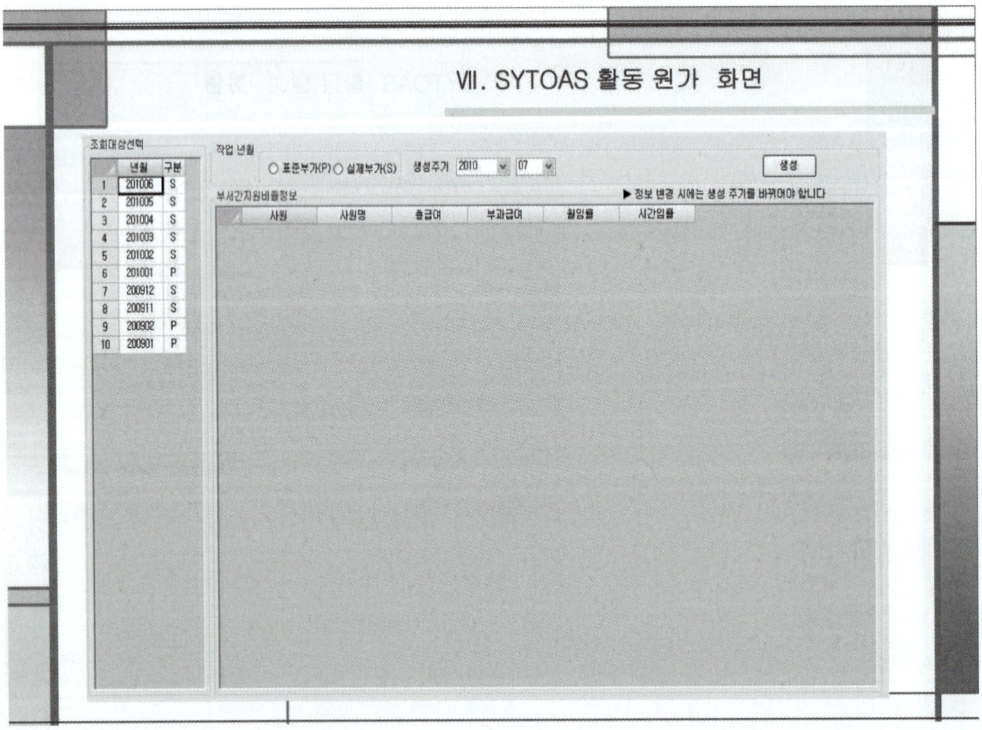
VII. SYTOAS 활동 원가 화면
조회대상선택
년월
구분
201006 S
201005 S
201004 S
201003 S
201002 S
201001 P
200912 S
200911 S
200902 P
200901 P
작업 년월
표준부가(P)
실제부가(S)
생성주기 2010 07
생성
부서간지원비율정보
▶ 정보 변경 시에는 생성 주기를 바꿔여야 합니다
사원
사원명
총급여
부과급여
월임률
시간임률

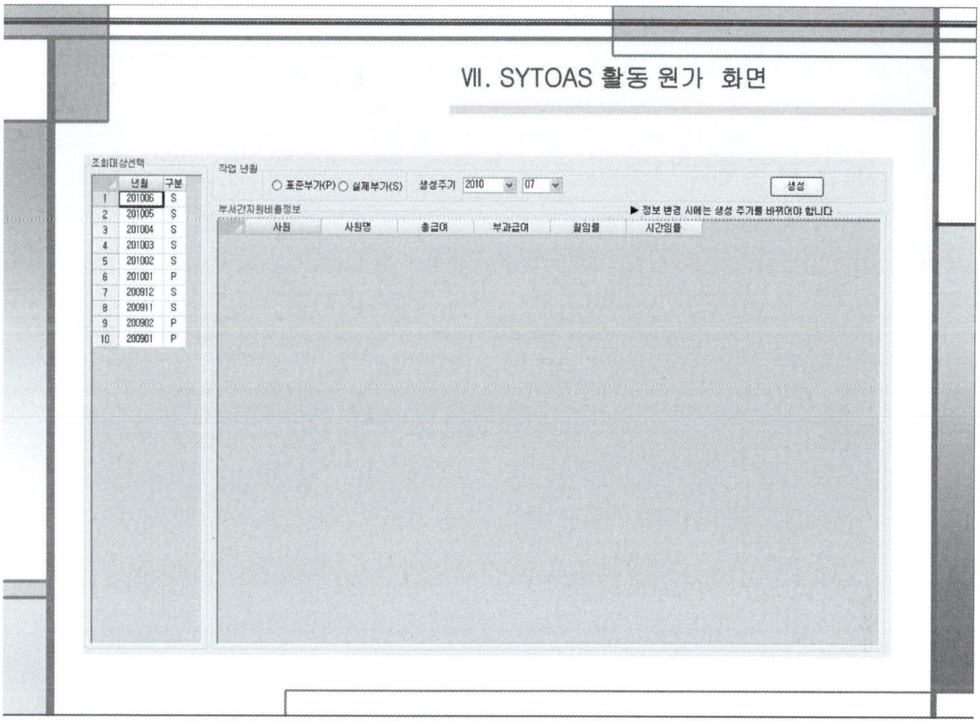
Ⅶ. SYTOAS 활동 원가 화면
조회대상선택
년월
구분
201006 S
201005 S
201004 S
201003 S
201002 S
201001 P
200912 S
200911 S
200902 P
200901 P
작업 년월
표준부가(P)
실제부가(S)
생성주기
2010
07
생성
부서간자원비율정보
▶ 정보 변경 시에는 생성 주기를 바꾸어야 합니다
사원
사원명
총급여
부과급여
할임률
시간임률

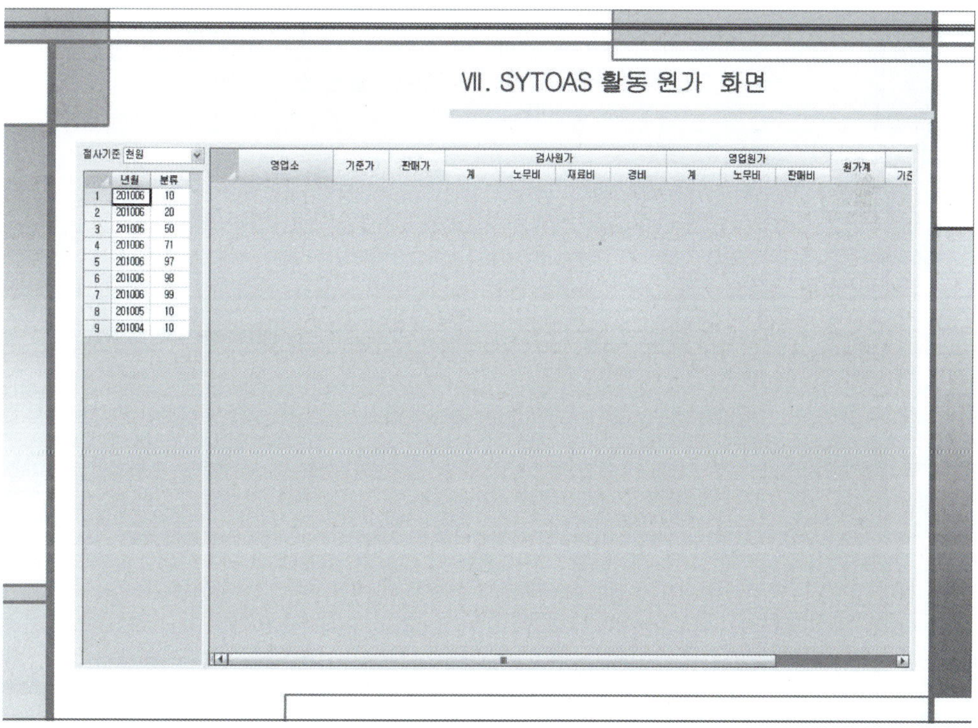
Ⅶ. SYTOAS 활동 원가 화면
철사기준
원원
년월
분류
201006 10
201006 20
201006 50
201006 71
201006 97
201006 98
201006 99
201005 10
201004 10
영업소
기준가
판매가
검사원가
계
노무비
재료비
경비
영업원가
계
노무비
판매비
원가계

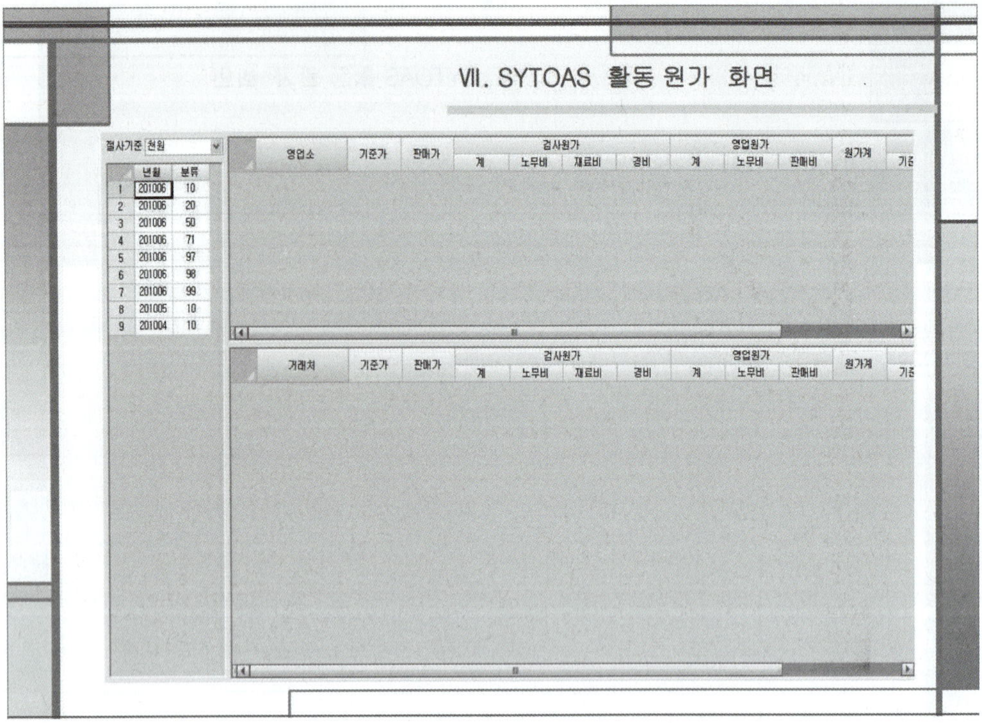
VII. SYTOAS 활동 원가 화면
절사기준 천원
년월 분류
1 201006 10
2 201006 20
3 201006 50
4 201006 71
5 201006 97
6 201006 98
7 201006 99
8 201005 10
9 201004 10
영업소 기준가 판매가 검사원가 계 노무비 재료비 경비 영업원가 계 노무비 판매비 원가계
거래처 기준가 판매가 검사원가 계 노무비 재료비 경비 영업원가 계 노무비 판매비 원가계

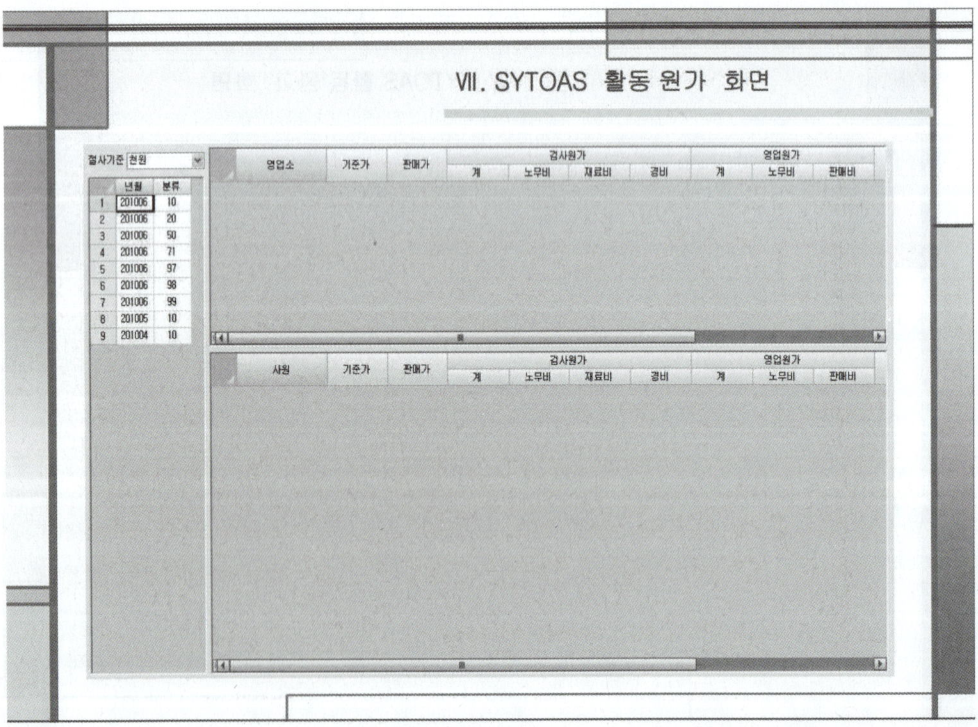
VII. SYTOAS 활동 원가 화면
절사기준 천원
년월 분류
1 201006 10
2 201006 20
3 201006 50
4 201006 71
5 201006 97
6 201006 98
7 201006 99
8 201005 10
9 201004 10
영업소 기준가 판매가 검사원가 계 노무비 재료비 경비 영업원가 계 노무비 판매비
사원 기준가 판매가 검사원가 계 노무비 재료비 경비 영업원가 계 노무비 판매비

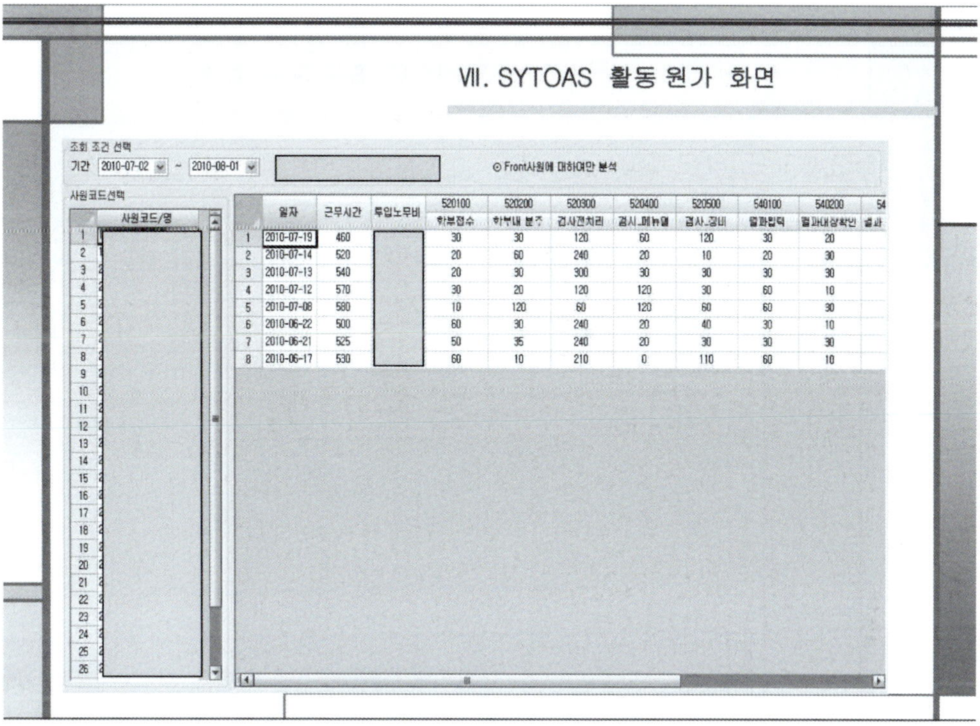

VII. SYTOAS 활동 원가 화면

조회 조건 선택

기간 2010-07-02 ~ 2010-08-01　　⊙ Front사원에 대하여만 분석

사원코드선택

| 사원코드/명 |
|---|
| 1 |
| 2 |
| 3 |
| 4 |
| 5 |
| 6 |
| 7 |
| 8 |
| 9 |
| 10 |
| 11 |
| 12 |
| 13 |
| 14 |
| 15 |
| 16 |
| 17 |
| 18 |
| 19 |
| 20 |
| 21 |
| 22 |
| 23 |
| 24 |
| 25 |
| 26 |

| | 일자 | 근무시간 | 투입노무비 | 520100 하부접수 | 520200 하부내 분주 | 520300 검사전처리 | 520400 검사_매뉴얼 | 520500 검사_장비 | 540100 결과입력 | 540200 결과내상확인 | 54 결과 |
|---|---|---|---|---|---|---|---|---|---|---|---|
| 1 | 2010-07-19 | 460 | | 30 | 30 | 120 | 60 | 120 | 30 | 20 | |
| 2 | 2010-07-14 | 520 | | 20 | 60 | 240 | 20 | 10 | 20 | 30 | |
| 3 | 2010-07-13 | 540 | | 20 | 30 | 300 | 30 | 30 | 30 | 30 | |
| 4 | 2010-07-12 | 570 | | 30 | 20 | 120 | 120 | 30 | 60 | 10 | |
| 5 | 2010-07-08 | 580 | | 10 | 120 | 60 | 120 | 60 | 60 | 30 | |
| 6 | 2010-06-22 | 500 | | 60 | 30 | 240 | 20 | 40 | 30 | 10 | |
| 7 | 2010-06-21 | 525 | | 50 | 35 | 240 | 20 | 30 | 30 | 30 | |
| 8 | 2010-06-17 | 530 | | 60 | 10 | 210 | 0 | 110 | 60 | 10 | |

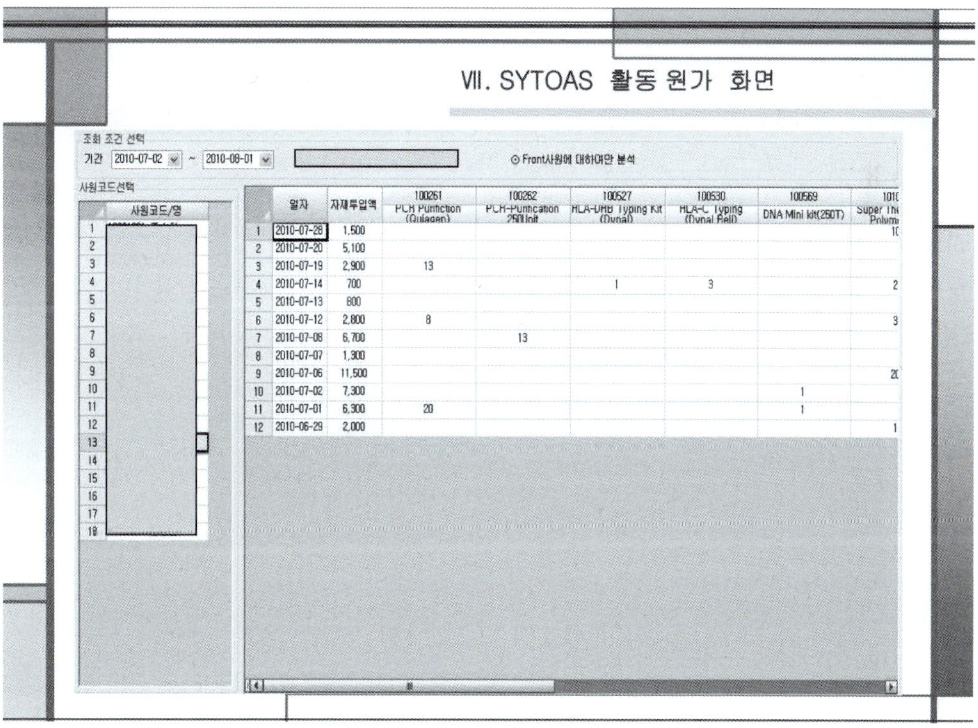

VII. SYTOAS 활동 원가 화면

조회 조건 선택

기간 2010-07-02 ~ 2010-08-01　　⊙ Front사원에 대하여만 분석

사원코드선택

| 사원코드/명 |
|---|
| 1 |
| 2 |
| 3 |
| 4 |
| 5 |
| 6 |
| 7 |
| 8 |
| 9 |
| 10 |
| 11 |
| 12 |
| 13 |
| 14 |
| 15 |
| 16 |
| 17 |
| 18 |

| | 일자 | 자재투입액 | 100261 PCR Purification (Quiagen) | 100262 PCR-Purification 250Unit | 100527 HLA-DRB Typing Kit (Dynal) | 100530 HLA-C Typing (Dynal Relli) | 100569 DNA Mini kit(250T) | 101( Super The Polym |
|---|---|---|---|---|---|---|---|---|
| 1 | 2010-07-28 | 1,500 | | | | | | 1( |
| 2 | 2010-07-20 | 5,100 | | | | | | |
| 3 | 2010-07-19 | 2,900 | 13 | | | | | |
| 4 | 2010-07-14 | 700 | | | 1 | 3 | | 2 |
| 5 | 2010-07-13 | 800 | | | | | | |
| 6 | 2010-07-12 | 2,800 | 8 | | | | | 3 |
| 7 | 2010-07-08 | 6,700 | | 13 | | | | |
| 8 | 2010-07-07 | 1,300 | | | | | | |
| 9 | 2010-07-06 | 11,500 | | | | | | 2( |
| 10 | 2010-07-02 | 7,300 | | | | | 1 | |
| 11 | 2010-07-01 | 6,300 | 20 | | | | 1 | |
| 12 | 2010-06-29 | 2,000 | | | | | | 1 |

## Ⅶ. SYTOAS 활동 원가 화면

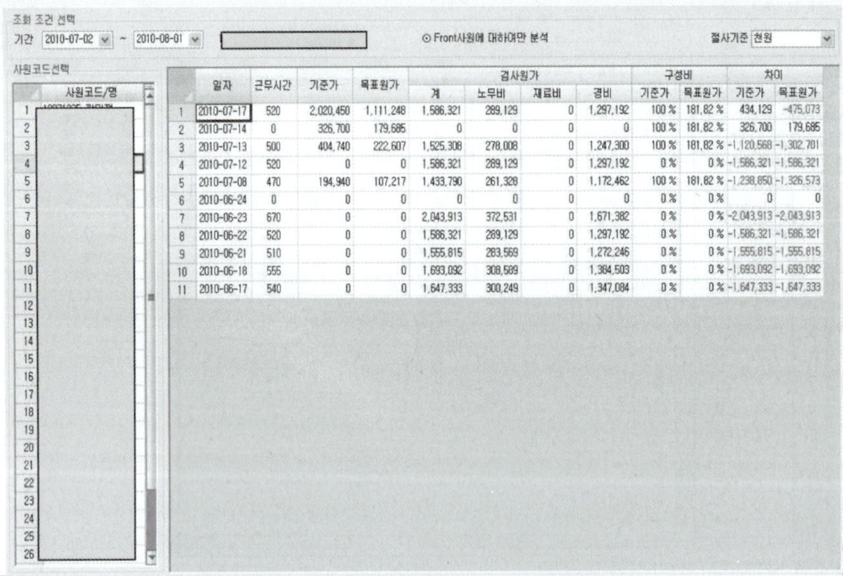


| | 일자 | 근무시간 | 기준가 | 목표원가 | 검사원가 | | | | 구성비 | | 차이 | |
|---|---|---|---|---|---|---|---|---|---|---|---|---|
| | | | | | 계 | 노무비 | 재료비 | 경비 | 기준가 | 목표원가 | 기준가 | 목표원가 |
| 1 | 2010-07-17 | 520 | 2,020,450 | 1,111,248 | 1,586,321 | 289,129 | 0 | 1,297,192 | 100 % | 181,82 % | 434,129 | -475,073 |
| 2 | 2010-07-14 | 0 | 326,700 | 179,685 | 0 | 0 | 0 | 0 | 100 % | 181,82 % | 326,700 | 179,685 |
| 3 | 2010-07-13 | 500 | 404,740 | 222,607 | 1,525,308 | 278,008 | 0 | 1,247,300 | 100 % | 181,82 % | -1,120,568 | -1,302,701 |
| 4 | 2010-07-12 | 520 | 0 | 0 | 1,586,321 | 289,129 | 0 | 1,297,192 | 0 % | 0 % | -1,586,321 | -1,586,321 |
| 5 | 2010-07-08 | 470 | 194,940 | 107,217 | 1,433,790 | 261,328 | 0 | 1,172,462 | 100 % | 181,82 % | -1,238,850 | -1,326,573 |
| 6 | 2010-06-24 | 0 | 0 | 0 | 0 | 0 | 0 | 0 | 0 % | 0 % | 0 | 0 |
| 7 | 2010-06-23 | 670 | 0 | 0 | 2,043,913 | 372,531 | 0 | 1,671,382 | 0 % | 0 % | -2,043,913 | -2,043,913 |
| 8 | 2010-06-22 | 520 | 0 | 0 | 1,586,321 | 289,129 | 0 | 1,297,192 | 0 % | 0 % | -1,586,321 | -1,586,321 |
| 9 | 2010-06-21 | 510 | 0 | 0 | 1,555,815 | 283,569 | 0 | 1,272,246 | 0 % | 0 % | -1,555,815 | -1,555,815 |
| 10 | 2010-06-18 | 555 | 0 | 0 | 1,693,092 | 308,589 | 0 | 1,384,503 | 0 % | 0 % | -1,693,092 | -1,693,092 |
| 11 | 2010-06-17 | 540 | 0 | 0 | 1,647,333 | 300,249 | 0 | 1,347,084 | 0 % | 0 % | -1,647,333 | -1,647,333 |

## Ⅶ. SYTOAS 활동 원가 화면

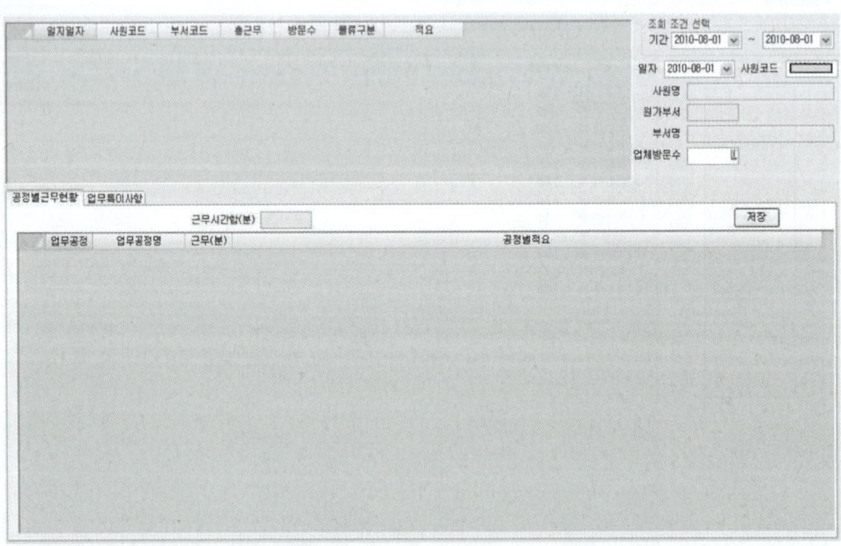

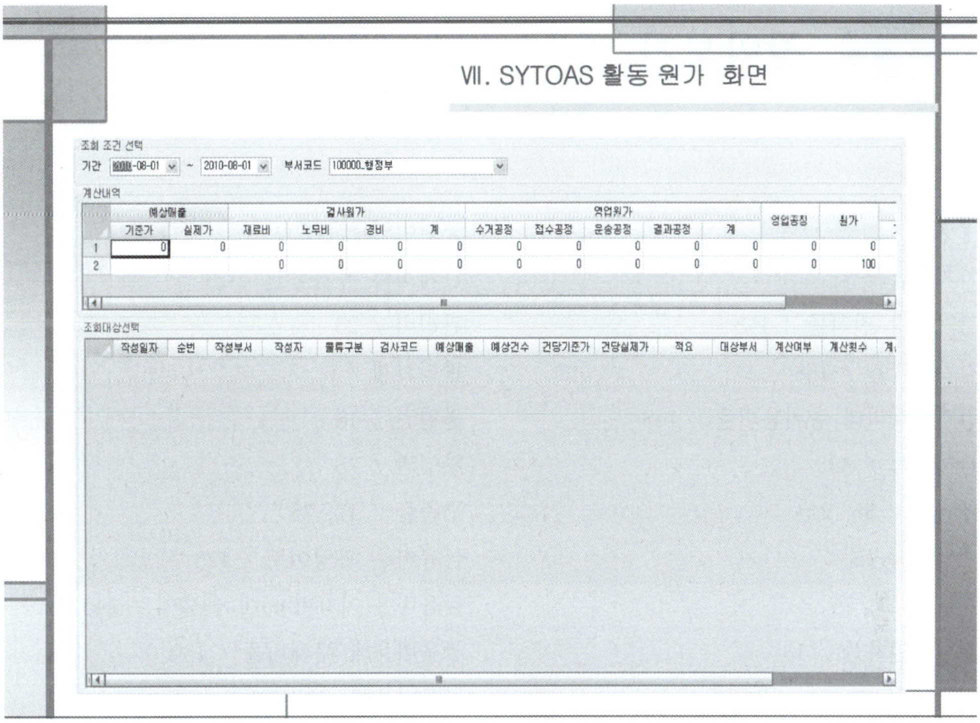
Ⅶ. SYTOAS 활동 원가 화면
조회 조건 선택
기간 ~ 2010-08-01 부서코드 100000_행정부
계산내역
예상매출 검사원가 영업원가 영업공정 원가
기준가 실제가 재료비 노무비 경비 계 수거공정 접수공정 운송공정 결과공정 계
1 0 0 0 0 0 0 0 0 0 0 0 0 0
2 0 0 0 0 0 0 0 0 0 0 100
조회대상선택
작성일자 순번 작성부서 작성자 물류구분 검사코드 예상매출 예상건수 건당기준가 건당실제가 적요 대상부서 계산여부 계산횟수

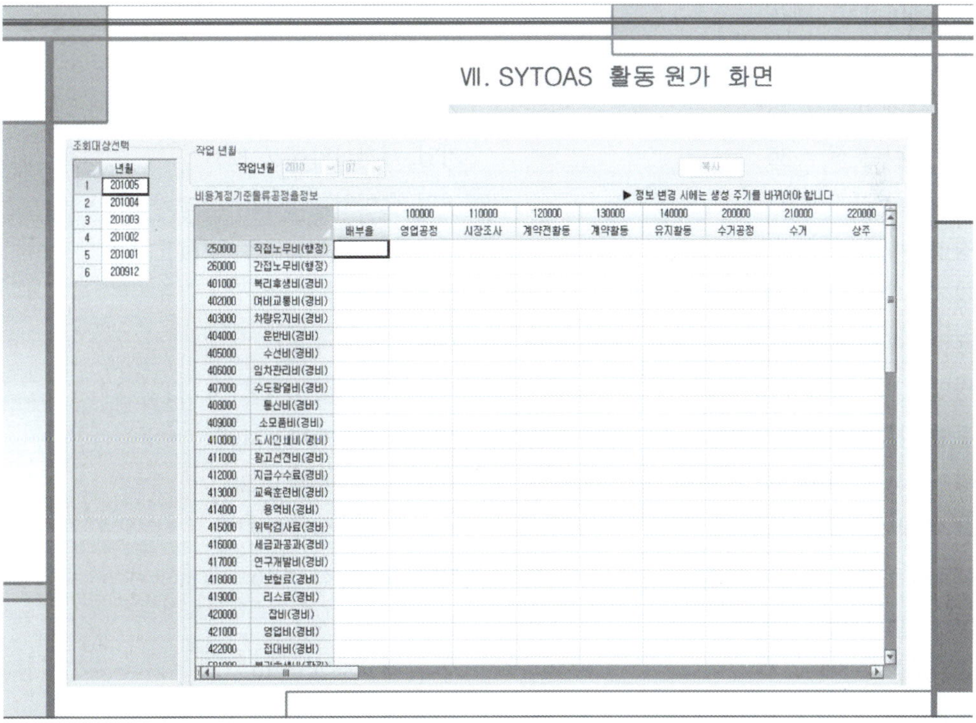
Ⅶ. SYTOAS 활동 원가 화면
조회대상선택
년월
1 201005
2 201004
3 201003
4 201002
5 201001
6 200912
작업 년월
작업년월 2010 07
복사
비용계정기준물류공정율정보
▶ 정보 변경 시에는 생성 주기를 바뀌어야 합니다
배부율 100000 영업공정 110000 시장조사 120000 계약전활동 130000 계약활동 140000 유지활동 200000 수거공정 210000 수거 220000 상주
250000 직접노무비(행정)
260000 간접노무비(행정)
401000 복리후생비(경비)
402000 여비교통비(경비)
403000 차량유지비(경비)
404000 운반비(경비)
405000 수선비(경비)
406000 임차관리비(경비)
407000 수도광열비(경비)
408000 통신비(경비)
409000 소모품비(경비)
410000 도서인쇄비(경비)
411000 광고선전비(경비)
412000 지급수수료(경비)
413000 교육훈련비(경비)
414000 용역비(경비)
415000 위탁검사료(경비)
416000 세금과공과(경비)
417000 연구개발비(경비)
418000 보험료(경비)
419000 리스료(경비)
420000 잡비(경비)
421000 영업비(경비)
422000 접대비(경비)

# 찾아보기

**▌사▐**

**| 자 |**

## 차

**| 타 |**



**| 파 |**



**| 하 |**



**| 기타 |**

새로운 경영분석 프로그램(TBI)을 활용한

# 실전 경영분석

**초판 1쇄 발행** | 2012년 4월 10일

**지 은 이** 설동조 · 허정욱 · 양경수 · 문승권 · 김명호 · 윤선한
**펴 낸 이** 오상훈
**펴 낸 곳** 교우미디어

**주　　소** 서울시 동대문구 약령시로 8 교우빌딩 2층
**전　　화** (02) 925-2866, (02) 925-2861~2
**팩　　스** (02) 925-2860
**이 메 일** kyowoo@kyowoo.co.kr
**홈페이지** www.kyowoo.co.kr
**등록번호** 제305-2011-000007호



ISBN 978-89-968148-8-7 13320　　　　값 20,000원
**교우미디어**는 교우사의 임프린트 출판브랜드입니다.